Melissa Pierson
Frauen und Pferde

SERIE
PIPER

Zu diesem Buch

Es ist ein weit verbreitetes Phänomen: Schon als Mädchen fühlen sich viele Frauen von Pferden magisch angezogen. Während
sie der nächsten Reitstunde entgegen fiebern und sich vom Brief-
papier bis zum Zimmerposter alles nur noch ums Pferd dreht, entwickelt sich oft eine Leidenschaft, die ein Leben lang anhält.
Doch was steckt hinter dieser Faszination, der so viele Frauen er-
liegen? Melissa Pierson, selbst begeisterte Reiterin, spürt mit
ihrer umfassenden Betrachtung den verschiedenen Aspekten
eines komplexen Beziehungsgeflechts nach. Dabei beleuchtet sie
die kulturhistorische Bedeutung von Pferden als Transport- und
Fortbewegungsmittel ebenso wie ihre Symbolik in der Kunst,
Literatur und Poesie. Geheimnisvoll bleibt die Psychologie der
Anziehungskraft, die sich gerade zwischen Frauen und Pferden
entfaltet und die eine bemerkenswerte Facette im Verhältnis zwischen Mensch und Tier darstellt.

Melissa Pierson ist Journalistin und schreibt für zahlreiche po-
puläre Magazine, unter anderem für »Vogue«, »Harper's« und
»Village Voice«. Sie lebt mit ihrem Mann, dem Schriftsteller Luc
Sante, in Brooklyn. Ihr erstes Buch »Über die Leidenschaft, ein
Motorrad zu fahren« erschien 1998 auf deutsch.

Melissa Pierson
Frauen und Pferde

Eine Leidenschaft

Aus dem Amerikanischen von
Gabriele Herbst

Piper München Zürich

Die Übersetzerin dankt Heike Kühn und Nadir Shah,
der ihr manches nachsehen musste.

Von Melissa Pierson liegen in der Serie Piper vor:
Über die Leidenschaft, ein Motorrad zu fahren (2831)
Frauen und Pferde (3659)

Ungekürzte Taschenbuchausgabe
Piper Verlag GmbH, München
April 2003
© 2000 Melissa Holbrook Pierson
Titel der amerikanischen Originalausgabe:
»Dark Horses and Black Beauties: Animals, Women, a Passion«,
W. W. Norton, New York 2000
© der deutschsprachigen Ausgabe:
2001 Hoffmann & Campe
Umschlag/Bildredaktion: Büro Hamburg
Isabel Bünermann, Julia Martinez/
Charlotte Wippermann, Kathrin Hilse
Foto Umschlagvorderseite: Peter Correz/Getty Images
Foto Umschlagrückseite: Curis Felver
Satz: Utesch GmbH, Hamburg
Druck und Bindung: Clausen & Bosse, Leck
Printed in Germany   ISBN 3-492-23659-6

www.piper.de

Ein Hänfling, der im Bauer singt,
Zum Zorne alle Himmel bringt.
Ein Schlag, in dem sich Tauben regen,
Läßt tiefste Höllengründe beben.
Ein Hund, der hungert vor dem Haus,
Sagt den Ruin des Staats voraus.
Ein Pferd, an dem man Unrecht tut,
Ruft Himmel an um Menschenblut.

William Blake,
aus »Weissagungen der Unschuld«

Diese Pferde ... diese Kinder, die Plak-
kerei und der Spaß bei all dem. Das
Gerede über »steile Schultern« und
das Geschwätz über »breite Krup-
pen«, das Mißverhältnis von kleinem
Gewinn und riesigem vergeblichem
Aufwand bei den Ghymkhanas, der
Kampf mit den Pferden, völlig ge-
trennt vom Ritual des Putzens – das
unser Glück und unsere Freude ist. All
das gehört Dir und mir, und die meisten Menschen finden daran keinen
solchen Geschmack ... Wie recht ich
daran tue, ein Buch über »Mädchen
und Pferde« zu schreiben.

Enid Bagnold, Brief, 1934

Inhalt

Zeitmaschine

1 Ich hätte nichts dagegen, sie noch einmal zu erleben – die erste große Liebe. Jede von uns hat ihre eigene Geschichte, und jeder entgleitet sie irgendwann, rutscht in die hinterste Ecke einer Schublade, zusammen mit mehreren kaputten Schlüsselanhängern. Schwer zu glauben, dass sie einstmals das pulsierende Zentrum des bekannten Universums war, diese Liebe, und dass die Energie daraus hervorbrach wie jene Protuberanzen aus der Sonne, die Tausende von Kilometern in den Raum hinausschießen. Doch das ist ewig her.

Geblieben sind Bruchstücke des Beweises, dass ich dieses Leben geführt habe, und mit ein wenig Amateurarchäologie vermag ich aufzustöbern, was jetzt, nachdem die Regenfluten der Zeit das meiste davon weggewaschen haben, noch da ist. In diesem Jahr – ich stehe an der Schwelle zum reifen Erwachsenenalter – beseitigt meine Mutter zu meinem Entsetzen ein weiteres Stück meiner Geschichte. Sie hat mein altes Zimmer neu tapeziert, das Zimmer, in dem ich seit 1976 nicht ein einziges Mal mehr gewohnt habe, und deshalb die Wandvitrinen abgenommen, die sie mir gekauft hatte, als meine Pferdesammlung über alle anderen Möbelstücke hinausgewuchert war. Als ich neulich bei einem Besuch mein Zimmer in diesem entblößten Zustand erblickte, schrie ich unwillkürlich auf: »Wo sind meine Pferde?«, und stürmte dann in den Keller, wo ich mich vergewisserte, dass sie noch da waren, sicher in Papiertüten verstaut. Dennoch schoss mir der Gedanke durch den Kopf, sie müssten traurig sein, dass sie jetzt an diesem Ort waren.

Es gibt auch noch ein paar Schleifen in einer Schublade, so, wie man sie bei Kinder-Reitturnieren bekommt, wo alle eine bekommen; da einige davon blau (in den USA die Farbe der Siegerschleifen) und nicht gelb oder weiß sind, glaube ich eher, dass meine kleine Schwester sie gewonnen hat.

Ein anderer Raum im Keller verlangt mehr Phantasie für die historische Rekonstruktion, da auf den ersten Blick nichts auf seine frühere Bedeutung als Hauptquartier des »Pferdeclubs« hindeutet. Dieser Club hatte nur zwei Mitglieder, wie uns das Archivmaterial mitteilt, und seine Lebensdauer war relativ kurz, da eines der beiden die unausgesprochenen Regeln brach, indem sie tatsächlich *ein Pferd bekam*. Fortan hatte sie keine Zeit mehr, die sie in Gesellschaft ihrer Freundin in deren Keller verbringen konnte, um lehrreiche Exponate aufzustellen und das Sammelalbum auf den neuesten Stand zu bringen. Und selbst wenn sie es tat, hätte sie sich zweifelsohne die verletzten Blicke und neidischen Sticheleien der Freundin gerne erspart. Alles, was geblieben ist, wenn man den Raum genau untersucht, sind einige mit Textmarkern geschriebene Wörter über leeren Nägeln: HUFKRATZER, ALUMINIUMRENNEISEN.

Das ist es, was von allem übrig ist. Von dem Wunsch und dem Drang, vom Sehnen und vom Träumen, von den Monaten und Jahren im Bann eines Tieres.

Es ist nicht meine Art, unzulässig zu simplifizieren, aber wenn man mir mit dem Pranger drohte, würde ich sagen, dass sich Carl Gustav Jung auf ein einziges Wort reduzieren lässt: Unfug! Und zwar zum Teil deshalb, weil er den einen Archetyp missachtet, der die Kultur durchdringt wie eine Wurzel, die nur darauf wartet, überall durch den Boden zu brechen und Tausende genetisch identischer Pflanzen auszutreiben, und die breite Masse staunen lässt, als ob sich jedes Mal, wenn sie wieder auftaucht, eine Art Wunder vollziehe. Andererseits ist es vielleicht wirklich ein Wunder.

Margaret Cabell Self, Verfasserin von mehr als einem Dutzend Bücher, Anthologien und einer Enzyklopädie über Pferde und Reitkunst, gibt dem Beginn des Zeitalters der »Leidenschaft« für das Pferd (im Gegensatz zum pragmatischen, das Jahrtausende dauerte) ein genaues Datum: März 1942. Dies ist zufällig das Datum, an dem die US-Kavallerie aufgelöst wurde und ab welchem Zivilisten in die Mannschaften für internationale Springwettbewerbe aufgenommen werden durften. »Zur selben Zeit geschah etwas Eigenartiges. Fast gleichzeitig und praktisch im ganzen Land entdeckten plötzlich Kinder aller Altersstufen die Romantik und Faszination des Pferdes.«

Differenzierend könnte man hinzufügen, dass die Jungen durch den Krieg, der alle seine Werkzeuge mit dem Anstrich von Romantik und Faszination versieht, mit dem Pferdethema bereits gut vertraut waren. Jetzt waren es die Mädchen, die plötzlich die Ruinen des verlassenen Schlachtfeldes durchstreifen durften.

Gleichzeitig war jedoch eine Befreiung des Pferdes aus seiner Zweckbestimmung notwendig, seine Loslösung vom heiligen Kreislauf der Ökonomie, bevor das Tier – mit Ausnahme derjenigen, die in noch lebensfähigen Branchen wie Pferderennen gebraucht wurden – schließlich den Frauen überlassen wurde. Die letzte Zählung von Ackerpferden in den Vereinigten Staaten führte das Landwirtschaftsministerium 1959 durch; sie ergab 3 089 000 Tiere. Die US-amerikanische Pferdepopulation erreichte 1918 ihren Höchststand; damals gab es 21 550 000 Arbeitspferde in Stadt und Land.

In *Horses of Today* (1964) erklärt Self, was der ersten Generation dieser Kinder unter dem Einfluss der Liebe zum Pferd widerfuhr:

>»Sie merkten, dass der Weg hin zu einem guten oder auch nur passablen Reiter eine langwierige, mühselige, oftmals unangenehme und zuweilen mit Schrecken verbundene Prozedur war. Insbesondere die Jungen, die weniger Geduld hatten als die Mädchen und denen die Schulen Zerstreuung in Form des organisierten Schulsports boten, verloren häufig das Interesse. Für die Mädchen jedoch war Reiten der ideale Sport. Sie gaben sich damit zufrieden, immer im Kreis herum zu traben, während sie ›Pferdesprache‹ zu sprechen lernten. Die psychologische Triebkraft war enorm – nicht nur dass sie oben auf einem Pferd saßen, sondern sie entdeckten auch, dass sie mit Geduld und Ausdauer lernen konnten, ein Tier zu lenken, das weitaus größer und stärker war als sie selbst. Überdies war das ein Sport, in dem sie als Geschlecht keinen Wettbewerbsnachteil hatten. Oft bewiesen sie sogar größeres Einfühlungsvermögen, sodass sie die Jungen übertrumpften, vor allem auf dem Turnierplatz.«

Jemanden finden, mit dem man reden kann. Wissen Sie, welch eine verzweifelte, qualvolle Suche das sein kann? Wir sind Herdentiere wie unsere Freunde, die Hunde, und das Gefühl, allein zu sein, ist als Warnzeichen allerhöchster Dringlichkeit in unsere DNS hineingeätzt: Bleibe nicht an diesem Ort. Wir zappeln, kratzen die Farbe von der Tür, winseln, als ob uns das Herz gleich bräche, und das tut es auch.

Ich habe kürzlich eine alte Farm mit einem Stück Land gekauft. Ich gehe über die verlassenen Weiden und in den Wald, wo ich Dinge erblicke, die plötzlich Erinnerungen wachrufen. Früher kannte ich die Namen der Bäume; ich wusste, wie man die Stängel von Sassafrasblättern aussaugen muss und wann die Waldlilien blühen. Ich wusste alle Dinge zu benennen. Ich habe das Gefühl, durch Wald zu laufen, obgleich nicht durch diesen Wald.

Aus dem großen Ahorn in der Mitte der gepflasterten Terrasse meiner Eltern ragte ein Ast heraus, wie geschaffen als Hochsitz für eine junge Schriftstellerin. Meine Bleistifte und Radiergummis schwangen in einem Korb, der mit einer Schnur an den Ast gebunden war, hin und her; meine Mutter rief mir mit besorgter Stimme zu, ich solle herunterklettern oder ich würde herunterfallen und mir den Hals brechen. Ich blieb oben und schrieb Geschichten über Jungen (die besten Protagonisten, weil sie alles machen durften), die wegliefen und mit ihrem treuen Hund im Wald lebten. Weit weg von ihren Müttern. Und weit weg von dem Gefühl, in einer Welt voller Menschen allein zu sein.

Es gab irgendwo einen besseren Ort, und es gab jemanden, der Verständnis hatte, auch wenn es ein Tier war, das nicht unsere Sprache, sondern eine überlegene, tiefgründigere sprach.

Und dann fiel mir das Bild eines Pferdes in die Augen. Darin lag etwas, das unterhalb der Hörschwelle, unterhalb jedes Denkens vibrierte. Hier war etwas, das mich davontragen konnte, mich und all die Ausgestoßenen, die niemanden fanden, mit dem sie reden konnten.

Zuerst ist es also ihr Anblick, der uns in seinen Bann zieht, ihr Anblick und ihr Blick. Eine gebieterische Schönheit, kein

Zweifel. Wir wissen nicht, wie wir es nennen sollen – Kunst, Genialität –, aber wir denken einfach: Das ist das Tollste, was ich je gesehen habe. Man verliebt sich ganz in sie, ein wenig aus der Distanz, ganz ähnlich, wie wenn man zum ersten Mal bewusst einen Jungen anschaut: Details, die sich zu einem einzigen verführerischen Bild zusammenschließen, einschließlich der knubbeligen Knie, der so reizend verrutschten weißen Socken, der verstohlene Blicke aussendenden Augen unter blonden Wimpern. Die Bestandteile des Pferdes, wenn schon nicht des Jungen, fügen sich zu einem absolut perfekten Gleichgewicht zusammen (und wenn ich meine ästhetischen Theorien auf sie zu projizieren scheine, dann rümpfen Sie ruhig die Nase, aber Pferde sind auch nach jedem Rümpfen nicht weniger grandios, Sie werden sehen).

Pferde sind eine aufreizend unvereinbare Mischung aus Kraft und Zartheit, Größe und Zerbrechlichkeit. Sie flößen Furcht ein, sogar wenn sie selbst davon erfüllt sind. Sie sind wild, und sie sind ganz leicht zu zähmen. All diese Paradoxien signalisiert ihr Körper: eine Fessel, um die man die Hand schließen kann, und schlanke Beine, die den fassartigen Bauch und den muskulösen Rumpf tragen; das Spiel der empfindlichen Ohren und das Beben der Nüstern; die kunstvoll geschwungene Linie des Halses mit der Draperie einer präraffaelitischen Mähne; die Raschheit, das Tänzeln; die Augen, oh, diese Augen – unergründliche Teiche des Taxierens und des Ausdrucks und mit die größten im Tierreich, die viele für das Schönste überhaupt an einem Pferd halten. Eingerahmt werden sie von wunderschönen Wimpern. Sogar die männlichen Tiere sind schön, wie auch die weiblichen stark sind, und so scheinen Pferde dasselbe Geheimnis zu bergen wie kleine Mädchen, das Geheimnis ihrer wandelbaren Eigenschaften, und wenn die ganze Welt sie ihnen absprechen wollte. Die relative Größe dieser Augen, um es einmal wissenschaftlich zu betrachten, spricht auf einer primitiven Ebene unseren Pflegeinstinkt an; die Jungtiere vieler Spezies locken uns mit Augen, die im Verhältnis zu ihrem Gesicht groß sind (man denke auch an den Kitsch von der Sorte Sammelpuppe und Hundewelpe auf Porzellanplatte).

Das Beste: Die Augen rufen stumm. Sie beobachten uns, wenn wir uns nichts mehr wünschen als gesehen zu werden.

Uns ergreift also der Wunsch, näher zu kommen, und es ist ein Wunsch, der eher einem Bedürfnis gleichkommt. Aus der Nähe entdecken wir dann mehr: die dicken Adern, die über die fein geformten Knochen des Gesichts laufen, das samtene Maul, der hinreißende Duft von Süße, durch die Nüstern geblasen. Wir saugen es ein, dieses berauschende Parfüm. Wir lassen unsere Hände über den Körper und sein warmes Fell gleiten, das sich an unseren Fingern festzusaugen scheint. Und wir reden mit dem Pferd, das allem Anschein nach lauscht. Zumindest sagt es nicht nein.

Der Stall – das ist zunächst einmal ein süßer Geruch: das Heu, die Futtermelasse, der Mist, die tausend Atemstöße seiner Bewohner, Atemstöße aus einem dunklen, feuchten Innenraum, der, so stellt man sich vor, irgendwie Heimstatt von Wildblumen sein muss. Es gibt Dreck. Obwohl alle draußen ständig über den Dreck jammern – oh nein, nicht schon wieder! –, spricht hier kein Mensch davon. Ein Mädchen läuft den ganzen Tag mit einem grünbraunen Streifen über der Wange herum, der in ihrem Mundwinkel verschwindet. Heuhalme haften an den Kleidern; an den Stiefeln klebt Mist. Es gibt reichlich Gelegenheit sich zu verletzen, Kratzer und blaue Flecken und Brandwunden von Seilen und mit Sicherheit Blasen. Die Muskeln ächzen: Schwing die Gabel, wirf den Strohballen, schieb die Schubkarre den Misthaufen hoch, wiener das Sattelzeug, bis es glänzt. Der überwältigende Schmerz, wenn ein Pferd seinen Huf mitten auf deinem Fuß abstellt. Der Schlag aufs Steißbein, der Knacks des Ellbogens, wenn du zum hundertsten Mal im Sand landest. Der Schweiß, der dir ausbricht, wenn du noch eine Runde im ausgesessenen Trab ohne Bügel reiten sollst.

Kleine Mädchen sind zerbrechliche Wesen. Sie lieben ihre Puppen und ihren Putz. Ihnen fehlt jede natürliche Aggressivität. Sie fürchten sich vor Spinnen und toten Mäusen.

Sie bewahren ihre Geheimnisse gut, wenn sie den Stall verlassen.

Erste Anzeichen

———————◀◦▶———————

2 Mütter zerbrechen sich den Kopf: Woher kommt das nur? Sie haben es ihren Töchtern nicht mit der Muttermilch eingeflößt oder zum Geburtstag geschenkt. Sie haben keine Gutenachtlieder davon gesungen und aus keinem Buch darüber vorgelesen. Sie haben ihres Wissens das Wort nicht in den Mund genommen. Doch plötzlich existiert nichts anderes mehr als ein Thema: Pferde. Ihre Töchter haben den Verstand verloren; sie verhalten sich ganz und gar närrisch.

Nichts Geringeres als eine Verwandlung des gesamten Selbst geschieht. Die Mädchen sind, in ihren eigenen Augen, zu Pferden geworden. Zwei Beine statt vier zu haben ist ein bloßes Stäubchen auf der Oberfläche des Unterfangens; in einem synkopierten Rhythmus erzeugen auch Vorderbeine allein einen Galopp, der Meile um Meile weitertragen könnte. Die Töchter entdecken endlich, warum ihr Haar lang ist. Ein Aufwerfen des Kopfes, und es wird zur Mähne am Hals. Das Magazin *Time* führte das Phänomen 1950 auf die Wirkung der »Hopalong-Cassidy«-Western zurück, »… sogar bis hin zu dem pferdeähnlichen Galoppieren, das unter siebenjährigen Mädchen (die auch gelegentlich wieherten) genauso zum Muss geworden war wie eine betont lässige Haltung unter den Debütantinnen der 20er Jahre«. Bei der plötzlich erwachenden Leidenschaft handelt es sich nicht um einen Modefimmel, und es hätte auch nie aus einer so filmhaft weit entfernten Welt wie dem Kino stammen können. Sie entspringt vielmehr aus der tiefen Quelle der Wasser, die das Leben selbst mit Leben erfüllen.

Für andere wirkt die kindliche Verhaltensänderung einfach niedlich. Ein Mädchen erklärt seinen Eltern allen Ernstes, dass sie, wenn sie rennt, ein Pferd ist; wenn sie mit einem Band im Haar rennt, ist sie ein *wildes* Pferd. Für sie ist das nicht niedlich. Sie hat zum ersten Mal gelebt.

Eingeschlossen, eingepfercht, im Augenblick ohne Möglichkeit zur Verwandlung, etwa im Klassenzimmer, brauchen Mädchen ein anderes Medium. Der Bleistift tanzt endlos über den Seitenrand, erschafft Herde für Herde. Manche spezialisieren sich auf Köpfe, die Stirnlocke einmal so und einmal so. Die Ehrgeizigeren zeichnen ganze, stehende Gestalten, auch wenn die Sprunggelenke nicht ganz nach der Natur geraten. In eben diesem Augenblick sind Tausende und Abertausende kleiner Mädchen über ihren Aufsatz gebeugt, darüber brütend, ob die Fessel wirklich so lang und so schräg ist. Es ist, als ob es ihr Auge beleidige, auf etwas zu blicken, das nicht die bezaubernde Form eines Pferdes hat.

Wie rasch sie zu vollendeten Autodidakten werden! Evolution, Geschichte, Biologie – nichts ist ihnen zu hoch oder zu weit, solange es nur zu tun hat mit ... Bevor sie wissen, wozu ihr Körper geschaffen ist, wissen sie um die Fortpflanzungsfunktionen, und sie haben auf Bildern unzählige Male gesehen, wie ein Hengst eine Stute bespringt oder ein Fohlen auf dem halben Weg nach draußen ist, noch eingehüllt in die graue Membran der Fruchtblase. Dies ist Teil ihrer geheimen Einweihung in den Lauf der Welt, die sich weitgehend ohne Wissen ihrer Eltern und Freundinnen vollzieht. Es ist ihre Einführung in Kot und Unrat und Stöhnen und Blut, das letzten Endes den wahren Kern von allem ausmacht.

Angehende Pferdenärrinnen lesen vielleicht ihre Schullektüre nicht, aber sie haben vierhundert Seiten starke Enzyklopädien über Pferde gelesen. Sie können Ihnen erklären, dass manche Kaltblutrassen auf das Zeitalter der Ritter zurückgehen, wo schwere Pferde gebraucht wurden, die das Gewicht eines Ritters in voller Rüstung tragen konnten; genauso wissen sie, dass der Wandel der Kriegsführung bald leichten und schnellen Tieren den Vorzug gab. Sie haben die Evolutionsstammtafeln, die Zuchtlinien und die Farbtafeln studiert. Sie hätten einen Haufen Geld sparen können, wenn Sie gewusst hätten, dass der einzige Band der familieneigenen *Encyclopaedia Britannica*, in den sie jemals freiwillig hineinschauen würden, der Band »P« ist.

Papier gewinnt Bedeutung, viele, viele Blätter Papier, die einer keimenden Archivierungsleidenschaft Nahrung geben. Beim Besuch in einer Futtermittelhandlung (sie haben zwar kein Pferd – *noch nicht*, wie sie bei sich stets hinzufügen –, aber immerhin eine Möglichkeit gefunden, in eine Futtermittelhandlung zu kommen) sammeln sie alle Broschüren von Futtermittelherstellern und alle Anforderungsformulare für weitere Informationen über alles Mögliche bis hin zu Elektrozäunen und Containerställen. Der Postbote bringt täglich die

Wunschbücher mit dem Stoff, aus dem die Pferdeträume sind – Versandkataloge für den Reitsportbedarf wie den State-line Tack- und den Valley Vet- und den Riding Right-Katalog und Ausgaben von Pferdezeitschriften wie *Horse & Rider, Equus, Horse Illuminated, Western Horseman, Young Rider.* Postkarten, Zeitungsausschnitte, Anleitungsblätter – das erste Sammelalbum ist schon lange voll, und das zweite und dritte sind im Entstehen begriffen.

Hinter diesem Wissensdurst steckt ein derart starker Antrieb, dass sogar die trockenste veterinärmedizinische Abhandlung zu einer köstlichen Lektüre wird. Sie fressen immer mehr in sich hinein. Gleichgültig, wie viel es da draußen noch geben mag – und es ist unglaublich, wie viel es über das Thema »Pferd« noch gibt –, sie wollen auch das begierig aufsaugen.

Immer mehr Regale werden nötig. Jeder Ort in einem Zimmer, wo das Auge nicht auf Darstellungen des Lieblingstieres fällt, ist vergeudeter Platz. Daher die Eile, ihn mit Figuren zu füllen. Alle Materialien sind recht – Plastik, Papiermaché Porzellan –, doch das non plus ultra ist das Breyer-Pferd. Es war einstmals die uneingeschränkte Domäne kleiner Mädchen und wird beim Hersteller heute ausschließlich von Frauen entworfen. Die Liebe zum Detail, die dieser Plastikfigur so verschwenderisch gewidmet wird, zahlt sich nun durch einen hohen Umsatz bei erwachsenen Käufern aus; diese staffieren es nach ihrem persönlichen Geschmack aus und nehmen damit an Wettbewerben teil, auf denen die Konkurrenz nicht weniger scharf ist als auf einem echten Turnierplatz. Sie können dafür genauso viele Ausrüstungsgegenstände wie für ein echtes Pferd kaufen – Eimer, Decken, Striegel und Mähnenkämme, Sattelzeug, Heuballen, Hindernisse, Halfter –, doch wenn Sie Mist haben wollen, machen Sie ihn selbst (das Rezept für maßstabsgerechte Pferdeäpfel: glänzend oliv angemalte Maiskörner, in Gruppen zu drei oder vier Stücken zusammengeklebt). Mähnen und Schweif wird auf Zentimetern Leben eingehaucht, wenn man Strähne für Strähne echtes Haar anklebt. Bei den Modellschauen haben die Mitglieder der Jury oft Erfahrung als Kampfrichter bei echten Turnieren, sodass sie beispielsweise wissen, dass Sie Ihr Pferd beim »Fassrennen« an dieser speziellen Stelle nicht in diesem speziellen Winkel hätten aufstellen dürfen. Das sind Modellpferde für Menschen, die keine Pferde halten können.

Träumen, sehnsüchtiges Träumen. Manchmal geschieht es am hellichten Tag, doch die Träumerin schlafwandelt deswegen nicht weniger. Wenn eine Mutter nicht zu ihrer Tochter durchdringt, dann deshalb, weil sie, obwohl sie in der Küche steht, gerade ihren ganzen Mut zusammennimmt, um die Auffahrt zu diesem komischen Haus hinaufzugehen, zu dem sie auf dem Weg zu ihren Klavierstunden immer hinstarrt, das einzige in der ganzen Gegend mit mehr als einem Fitzelchen Grund – und mit, siehe da, zwei bejahrten Ponys auf der mit Stacheldraht umzäunten Wiese hinter dem Haus. Sie wird an die Tür klopfen, und die alte Dame, die ihr öffnet, wird sie sogleich hereinbitten, ihr ein paar altbackene Zitronenplätzchen vorsetzen, und ihr gestehen, dass sie sich einsam fühle und nach junger Gesellschaft sehne und – das muss man sich mal vorstellen –, ihre Pferde auch. »Möchtest du eines von ihnen haben?«, wird sie fragen.

Über Nacht verwandelt sich ihr Zuhause. Es scheint so klar, so ganz und gar wahr: Der Geräteschuppen ist jetzt das Heim eines Ponys, das im tiefen Stroh steht, aus dem Fenster schaut und darauf wartet, dass sie kommt und es in den seitlichen Garten lässt, der jetzt mit doppelten Stangen eingezäunt ist, obwohl das gesamte Grundstück nur ein paar hundert Quadratmeter umfasst und inmitten einer in Hunderte anderer solcher Grundstücke aufgeteilten Gegend liegt. Als sie morgens aufwacht und hinauseilt, nur um zu erkennen, dass im Geräteschuppen immer noch bloß Schaufeln, Schlitten und der Rasenmäher stehen, sinkt sie ins Gras und weint.

Der Grund des Seins

———◄○►———

3 Kern der Sache ist ein glücklicher Zufall des Körperbaus. Hätte das Pferd nicht diesen langen und angenehm geschwungenen Rücken und Beine von genau dieser Tragkraft, wären uns mehr als fünftausend Jahre Literatur, zahllose Mythen, eine Unmenge Kunstwerke und eine ganze Kultur mit eigener Sprache und eigenen Sitten entgangen. Und vieles andere mehr. Sophokles erklärte schon damals, die Zähmung des »raunackigen Pferdes« zu einer der größten Errungenschaften der Menschheit. Wenn wir uns Zeit nehmen, können wir nachrechnen, was wir davon gehabt haben.

Anders als die Nachkommen des Wolfes, die sich zu einer

wechselseitig nützlichen Partnerschaft mit dem Menschen zusammentaten, zogen die Pferde schon den Kürzeren, noch bevor sie jemand überhaupt gefragt hatte, ob sie das Spiel mitspielen wollten. Was ihnen die Domestizierung brachte, war zumeist der milliardenfache Tod im Krieg, bei der Arbeit und als Opfer für diverse Götter. Und das alles für ein bisschen Getreide und Heu, während das höher geschätzte Gras überhaupt nichts kostete. Wären sie den Bedürfnissen des Menschen nicht so sehr entgegengekommen, wäre ihre Art schon vor vielen Jahrtausenden durch die Jagd ausgerottet worden. Das wiederum hätte ihnen hauptsächlich viele Jahrtausende Elend erspart. Wenn es unwahrscheinlich klingt, dass der Mensch der Altsteinzeit mit seinen groben Werkzeugen und seiner geringen Kopfzahl dies einer schnellen und weit verbreiteten Tierart hätte antun können, dann denke man nur an die Kalksteinfelsen von Solutré im Burgund, eine prähistorische Fundstelle, in deren Nähe nur eine Handvoll Familien siedelten, vor der sich aber die Knochen *Zehntausender* Pferde türmen. »Auf der ganzen Erde sollst du glücklich sein und vorgezogen sein allen übrigen Geschöpfen, denn dir soll die Liebe werden des Herrn der Erde« so steht es im Koran geschrieben. Heute erklärt eine wohlhabende Frau ihrem Kind, warum ihr Hannoveraner in seiner Box bleiben muss, statt nachts mit den anderen Pferden im Freien grasen zu dürfen: »Oh, dazu ist er viel zu wertvoll.« Möge mich der Herr vor dieser Art der Bevorzugung verschonen.

Wie diese Welt aussehen würde, hätte es keine Pferde gegeben, kann man sich nicht vorstellen; es ist erst lumpige achtzig oder neunzig Jahre her, dass alles, aber auch alles von ihren Muskeln und Knochen abhing. Ich blicke aus meinem Fenster auf Land hinaus, das, wie es scheint, leise aber unaufhaltsam von Ahorn- und Eichenbäumen zurückerobert wird, früher jedoch einmal durch Pferde völlig freigerodet war. Ich sitze in einem Haus, dessen Grundmauern aus Steinen bestehen, die von Pferden transportiert wurden, und dessen hölzerne Wände aus Stämmen entstanden, die, gefällt und gesägt, mit Hilfe von Pferden herbeigeschleppt wurden. Und mein Auto da drüben wird immer noch nach Pferdestärken beurteilt.

So gebraucht zu werden, so anpassungsfähig, sanft, nützlich, zäh, leicht zu halten, robust und stark zu sein, führt zu exaltierter Überhöhung. »Kannst du dem Roß Kräfte geben oder seinen Hals zieren mit einer Mähne? Kannst du es springen lassen wie die Heuschrecken? Schrecklich ist sein prächtiges Schnauben. Es stampft auf den Boden und freut sich, mit Kraft zieht es aus, den Geharnischten entgegen. Es spottet der Furcht und erschrickt nicht und flieht nicht vor dem Schwert. Auf ihm klirrt der Köcher und glänzen Spieß und Lanze. Mit Donner und Tosen fliegt es über die Erde dahin und läßt sich nicht halten beim Schall der Trompete. Sooft die Trompete erklingt, wiehert es ›Hui!‹ und wittert den Kampf von ferne, das Rufen der Fürsten und Kriegsgeschrei.« So weit das Buch Hiob; eine etwas neuere Lobpreisung von James Whitcomb Riley trägt den Titel *The Hoss*:

Love the Hoss from hoof to head,	Ich lieb' das Ross von Huf bis Kopf,
From the head to hoof and tail to mane	von Kopf bis Huf, von Schweif bis Mähn'.
I love the Hoss, as I have said,	Ich lieb das Ross – ein alter Zopf –
From head to hoof and back again.	von Kopf bis Huf und unbeseh'n.
I love my God the fust of all,	Ich liebe Gott, Anfang und Ende
Then him that perished on the Cross;	ewiglich,
And next my wife and then I fall	dann den am Kreuz gestorb'nen Spross,
Down on my knees and love the Hoss.	dann meine Frau, und dann fall' ich auf meine Knie und lieb' das Ross.*

* Übersetzt von Gabriele Herbst

»Du sollst fliegen ohne Flügel ...« Auch das menschliche Herz fliegt hoch, wenn es seinen göttlichen Gefährten erblickt, voller Ehrfurcht über dieses so freizügig gegebene Geschenk der Kraft. Tränen fließen beim Anblick dieser Anmut. Nur die Erhöhung zur Unsterblichkeit im Mythos (Bucephalos, Pegasus, das heilige Einhorn) wird dem gerecht. Und nur eine dem entgegengesetzte Wirklichkeit kennzeichnet es als unseren Besitz.

So gebraucht zu werden, so anpassungsfähig, sanft, nützlich, zäh, leicht zu halten, robust und stark zu sein, führt zu gewissenlosem Schinden und Quälen. Großbritannien war vor diesem Jahrhundert als »die Hölle der Pferde« bekannt; doch es ist schwer zu ergründen, warum einzig dieses Land dazu auserwählt gewesen sein soll. 1533 schrieb Laurentius Rusius in *Hippiatrica Sive Marescalia* über die richtige Methode, ein schwieriges Pferd gefügig zu machen:

> »Das faule Pferd sperre man vierzig Tage lang im Stall ein, darauf besteige man es mit großen Sporen und einer starken Peitsche; der Reiter kann auch eine Eisenstange von drei oder vier Fuß Länge und in drei gut geschärften Haken mündend zur Hand nehmen, und wenn das Pferd sich weigert, vorwärtszugehen, gräbt er einen dieser Haken in die Kruppe des Pferdes und zieht es vorwärts ... ein Helfer kann ihm eine glühende Eisenstange unter den Schwanz halten, während der Reiter mit aller verfügbaren Kraft die Sporen einsetzt.«

Andere historische »Heilmittel« für das widerspenstige Reittier: eine Katze oder einen Igel unter den Schweif binden, am Schwanz vor den Pflug spannen, alle möglichen ätzenden Substanzen auf alle möglichen Stellen auftragen, Gebisse mit Stacheln oder mit so langen Anzügen verwenden, dass ein ganz geringer Druck den Kiefer des Pferdes brechen konnte, Bretter mit hervorstehenden Nägeln benutzen. Das moderne

Zeitalter hat die zu erwartenden Verfeinerungen gebracht, hauptsächlich in Form von Elektrizität und Drogen, doch Abwandlungen der früheren Mittel werden immer noch verbreitet angewandt.

Was man als unvermeidliche Nebenwirkungen der traditionellen Arbeit, zu der Pferde herangezogen wurden, bezeichnen könnte, war kaum weniger schlimm. Mit Sicherheit aber war die Zahl die betroffenen Tiere größer. Erst vor kurzem erkannte man beispielsweise, dass die Geschirre, die in Sumer, Chaldäa und dem alten Ägypten, Griechenland, Rom und in der gesamten westlichen Welt (ausgenommen nur China) bis weit ins zehnte Jahrhundert hinein benutzt wurden, dem »ineffizienten« Kehl-und-Brustgurt-Typus entsprachen, der bewirkte, dass dem Pferd bei jedem Schritt der Atem wegblieb, weil ihm das Geschirr auf die Luftröhre drückte.

Dann gab es – immer wieder und unvermeidlich – Krieg. Vom Blutzoll der Pferde auf den Schlachtfeldern menschlicher Kriege lässt sich kaum ein Begriff machen. Auf Napoleons Russlandfeldzug verlor eine Division im Verlauf von nur zwei Monaten 18 000 von 43 000 Pferden; auf dem Rückzug von Moskau im Jahr 1812 starben 30 000 Pferde, hauptsächlich an Kälte und Entbehrung. Der Krieg auf der iberischen Halbinsel veranlasste Wellington dazu, dieser den Beinamen »das Pferdegrab« zu geben: Allein die 14. Leichten Dragoner verloren 1564 Pferde (von 1840 insgesamt), während der Verlust an Soldaten 654 betrug. Der Burenkrieg kostete rund 500 000 Pferden, Maultieren und Eseln das Leben. (Weil sie wegen Quarantänebestimmungen nicht wieder zurück gebracht werden konnten, erschossen die Australier bei Kriegsende alle ihre überlebenden Militärpferde, die älter als zwölf Jahre waren.) Im Zweiten Weltkrieg verlor Deutschland in den zweitausend Tagen des Krieges durchschnittlich 865 Pferde am Tag – 52 000 allein in der Schlacht um Stalingrad. (Ganze Bibliotheken von Büchern sind über diesen Krieg geschrieben worden, ohne dass die Millionen umgekommener Tiere Erwähnung fänden.) An einem Tag im Jahr 1939 verlor die Pommersche Kavallerie 2000 Pferde in dreißig Minuten; wie ein Zeuge schildert, war die Straße nach Warschau von Tausenden toter und verendender Pferde gesäumt. Der sie vernichtende Angriff der polnischen Kavallerie auf deutsche Panzerdivisionen stellt heute geradezu ein Paradebeispiel für groteske Sinnlosigkeit dar. Auffällig ist, dass diese sehr parteiische Buchhaltung erst im 19. Jahrhundert einsetzt.

Ein Schauplatz, der der biologischen Natur des Pferdes – das extrem empfindlich auf Geräusche, Gerüche und Berührungen reagiert; ein Beutetier, das ganz auf die Wahrnehmung potenzieller Gefahren, sollten sie am weit entfernten Horizont auftauchen, ausgerichtet ist – weniger zuträglich ist als ein Krieg, lässt sich nicht denken, höchstens vielleicht das Innere eines Kohlebergwerks.

Grubenponys zogen die Loren in den schwarzen und staubigen Stollen und kamen nie ans Tageslicht. 42 000 von ihnen schufteten sich in britischen Kohlegruben zu Tode, wo sie bis 1971 eingesetzt wurden. In *Germinal* beschrieb Emile Zola das Bergwerk aus der Sicht des Grubenpferdes:

»Bald lag Trompette wie eine tote Masse auf den Eisenplatten des Fußbodens. Noch immer bewegte er sich nicht. Das endlose schwarze Loch, der tiefe, vom Lärm hallende Raum schien wie ein Alp auf ihm zu lasten. Man machte sich gerade daran, das Tier loszubinden, als der eben ausgespannte Bataille herbeitrottete und seinen Kopf vorstreckte, um den so plötzlich von der Erde herabgefallenen Gefährten zu beschnuppern ... Ohne Zweifel witterte er an ihm den guten Duft frischer Luft, den vergessenen Duft sonnenbeschienenen Grases. Und plötzlich brach er in ein schallendes Gewieher aus, in einen Jubellaut, der wie ein zärtliches Schluchzen klang. Das war sein Willkommensgruß, die

Freude über die alten Dinge, deren Hauch zu ihm drang, und zugleich die Klage über den neuen Gefangenen, der lebend nicht wieder ans Tageslicht gelangen würde.«

Während manche Menschen speziell diese Tiere des Mitleids für wert hielten, teilten die anderen diese Empfindung weniger für die Millionen Pferde und ihre Verwandten, die vor ihren Augen ihrer alltäglichen Arbeit nachgingen, vielleicht weil Mitleid mit einigen von ihnen bald dazu geführt hätte, dass alle es eingefordert hätten und das Leben knirschend zum Stillstand gekommen wäre. Jede Großstadt, jedes Städtchen und jedes Dorf wimmelte von Pferden, die Lieferwagen, Abfallkarren, Wagen, ein- und zweiachsige Kutschen, Feuerwehrspritzen und Straßenbahnen und Krankenwagen zogen. Im Verlauf des Jahres 1916 starben in den Straßen New Yorks 16 000 von ihnen.

1866 gründete Henry Bergh die *American Society for the Prevention of Cruelty to Animals* nach dem Vorbild der britischen *Royal Society for the Prevention of Cruelty to Animals*, die im Jahre 1824 entstanden war. Beide Vereinigungen setzten sich vorwiegend für eine humane Behandlung von Pferden ein, da diese die bei weitem sichtbarsten Opfer von Misshandlungen waren; den Anstoß gab für Bergh, dass er in St. Petersburg mit ansehen musste, wie ein gestürztes Karrenpferd geschlagen wurde. Das Emblem der *ASPCA* zeigt einen Schutzengel über einem zu Boden gegangenen Karrenpferd, der die Peitsche eines Kutschers, der auf das Tier einschlagen will, aufhält. 1877 veröffentlichte Anna Sewell *Black Beauty* (auf Deutsch erstmals 1949 veröffentlicht und 1998 neu aufgelegt), die in der Ich-Form erzählte Geschichte vom Abstieg eines Kutschpferdes und einiger seiner Leidensgenossen. Ein Buch, das sie nicht als Kinderliteratur betrachtete, sondern als Belehrung für Kutscher. Obwohl es in Amerika als »Onkel Toms Hütte für Pferde« angekündigt wurde – und schließlich auf der Bestsellerliste der englischsprachigen Bücher Platz sechs belegte –, erreichte es mit seiner Klage weder das beabsichtigte Publikum, noch zeigte es die gewünschte Wirkung. Dies lag teilweise daran, dass *Black Beauty* bald als Kinderbuch galt, und Kinder lenken keine Lieferkarren oder Prachtkarossen. Moralische Skrupel wegen des Schicksals von Tieren blieben lange den Kindern vorbehalten, als etwas, aus dem man schließlich herauswächst. Ein Grund dafür ist wahrscheinlich, dass wir es auf diese Weise vermeiden, die Hilfsmittel opfern zu müssen, die das Leben praktisch und wirtschaftlich machen. Die Botschaft des Buches verhallte weit gehend ungehört (abgesehen vielleicht von der Abschaffung der brutalen Angewohnheit des Aufsatzzügels), und nur die sich verändernden Zeiten – in Gestalt des Erlösers der Rosse, des Verbrennungsmotors – sollten das Los der Pferde durchgreifend verbessern. Dies spiegelt sich in einem ungewöhnlich mitfühlenden Leitartikel des in New York erscheinenden *Independent* von 23. Februar 1914 wider:

»Wenn wir von unserem Horst aus den Broadway hinunterschauen, bietet sich uns ein erfreulicher Anblick. Die Straße ist blockiert von Fahrzeugen, so daß sie aussieht wie ein Gebirgsbach voller verkeilter Baumstämme. Väterchen Frost, der Erzfeind aller Zivilisation, hat uns in der Nacht besucht und die Fahrbahn kundig so präpariert, daß der Verkehr so viel als möglich behindert und gefährdet wird. Erstens überzog er das Pflaster mit einer dünnen, harten Eisschicht, dann bedeckte und verbarg er sie mit einer ein Fuß dicken Schicht Pulverschnee. Dadurch strampeln sich die Pferde ab, strengen sich aufs Äußerste an, winden sich hin und her, werfen die Köpfe, mit schäumenden Mäulern wegen der am Gebiß reißenden Hände, die Haut über ihren Flanken bebend unter den wiederholten Schlägen der Peitschenschnur in den Händen des wütenden Kutschers. Die Tiere tun meist ihr Bestes, um die blockierten Räder zum

Rollen zu bringen, doch dort ist eines, das aufgegeben hat und auf der Seite liegt, lieber auf dem weichen Schnee stirbt, als sich weiter abzumühen. Da ist noch eines, dessen Beine in entgegengesetzter Richtung ausgerutscht sind, so daß es nun hilflos mit weit gespreizten Gliedern dasteht. Und dort ist ein Pferd, ein schmuckes, hochgezüchtetes Geschöpf, das endgültig zu Boden gegangen ist, offensichtlich mit einem gebrochenen Bein.

Es ist wie gesagt ein erfreulicher Anblick, relativ gesehen, denn es liegen nur drei Pferde am Boden, und insgesamt sind nicht mehr als ein Dutzend auf der Straße. Vor einigen Jahren hätten wir vielleicht noch fünfzig Pferde im Schnee sich abmühen und quälen sehen.«

Welch seltsame Dualität, die blüht und gedeiht und nur dem menschlichen Geist entsprungen sein konnte: ein Tier, zugleich höchst geschätzt und zutiefst verachtet. Diese Geschichte hell glänzender Liebe lässt sich nicht trennen von dem, was in die Kehrseite der Medaille eingeprägt ist – unter dem Schatten einer Dunkelheit, die wir in uns selbst lieber nicht erkunden und infolgedessen auch in unseren Taten nicht sehen möchten.

Dann gibt es diejenigen, die zutiefst dankbar sind, dass sie in der zweiten Hälfte des 20. Jahrhunderts und in einem der Weltteile geboren wurden, in denen Maschinen Tiere als Antriebs- und Transportmittel ersetzt haben. Jetzt brauchen sie nur noch die Stadtteile zu meiden, die von Touristenkaleschen angefahren werden. Dort müssten sie schweren Herzens die fröhlichen Menschen betrachten, die sich von einer Kreatur ziehen lassen, der das Elend klar aus den Augen spricht – und deren Lahmen sie immer näher an das Ende im Schlachthaus heranbringt, ein Ende, das ihr von Anfang an bestimmt war. Sie verdrängen ihr Wissen darum, dass die tagtägliche Konfrontation mit solcher Grausamkeit, solcher Ignoranz, Sklaverei und Qual einem langsamen Ertrinken gleichkäme. Diese emotionalen Schwächlinge werden von Menschen mit ausgeprägterem Realitätssinn als sentimentale Narren geschmäht und sind dem Untergang in den Wellen des Meeres der geistigen Gesundheit geweiht. Sie malen sich ihr eigenes Ende ganz ähnlich aus wie das von Nietzsche: in die geistige Umnachtung getrieben durch den Anblick eines letzten geprügelten Pferdes. Wie ihn müsste man sie vom Hals des Tieres wegzerren, das sie retten wollen, während sich Schaulustige sammeln, um angewidert mitzuerleben, wie jemand vor ihren Augen zu einer menschenunwürdigen Existenz herabsinkt.

Sonnenaufgang

———◄o►———

4 Irgendwann nimmt es seinen Anfang, aber die Ursprünge sind kaum auszumachen. Vielleicht liegt die Wahrheit in den entwicklungspsychologischen Fachzeitschriften begraben; dort wird dargelegt, dass im Leben eines weiblichen Individuums im Alter von etwa vier Jahren etwas biologisch Vorherbestimmtes geschieht – ein Aufruhr von Zellen und chemischen Substanzen, der sich in einer plötzlichen Leidenschaft für Ponys ausdrückt. (Die Wissenschaft schweigt zu der Frage, warum es Ponys sind und nicht Hunde, Rehe oder Schafe.) Kinder haben angeblich ein mangelhaftes Zeitgefühl, doch wenn eine Sechsjährige oder eine Neunjährige nach der anderen erklärt, sie wisse genau, wann sie begon-

nen habe, Pferde zu lieben – *Es fing an, als ich vier war, als ich ein Pony auf einem Jahrmarkt, bei einem Nachbarn, in einem Bilderbuch sah* -, wird die immer wieder gleiche Altersangabe zumindest bemerkenswert.

Vielleicht sollte man dies alles unter »antizipatorischem Coping« verbuchen, dem Fachausdruck für eine »vorschwärmerische Schwärmerei«, mit der ein Mädchen für das eigentliche Objekt der Begierde – einen Jungen – übt. Aber ich glaube das nicht. Die Faktenlage spricht diesbezüglich nicht zu Gunsten der Psychologen. Wie sollte man sich sonst einen Reim auf all die Mädchen machen, die niemals aufhören, Pferde zu lieben, selbst dann nicht, wenn sie anfangen, ein begehrliches Auge auf das andere Geschlecht zu werfen? Oder auf die, bei denen diese Liebe im Lauf der Jahre neben allen anderen Lieben – zu Kindern, Eltern, Gatte, Freunden – unvermindert bestehen bleibt, genau wie diese? Jedenfalls hört sich die ganze Theorie ein wenig verdächtig an, wie eine Konstruktion, die sich zu gleichen Teilen aus Wunschdenken und bedrohter Männlichkeit speist: Er ist nicht real, dieser Drang aus dem tiefsten Innern hin zu einem riesigen, braunen Tier mit süßem Atem und weichen Lippen; er ist nur ein Üben für den Tag, an dem du deinem wahren Schicksal begegnest – *dem Mann.*

Wenn ich den anderen Mädchen im Ferienlager erzählte, dass die Initiale in meinem Namen für »Pferd« stünde, hob nicht eine von ihnen die Augenbraue; ich persönlich glaubte, dass meinem Sternzeichen Schütze, einem Geschöpf, das gleichermaßen Mensch wie Pferd war, ein deutlicher Duft von Vorherbestimmung entströmte. Natürlich tat ich im Sommerlager nichts, um den Eindruck abzuschwächen, dass es sich für nichts anderes zu leben lohnte, trotz des Umstandes, dass die Veranstaltung eine »umfassende Campingerfahrung« vermitteln sollte, einschließlich obligatorischen Schwimmunterrichts in einem eiskalten See als frühmorgendlichem Programmpunkt. (Und warum nicht am Nachmittag? Da muss man die Leiter fragen, die sich ein Vergnügen daraus machten, alle Feriencampteilnehmerinnen zusammenzurufen, wenn eine dabei ertappt worden war, dass sie Trinkwasser in Flaschen von Zuhause hortete, weil das Wasser im Lager nach faulen Eiern schmeckte und dem üblichen Lagertrunk, allgemein als Käfersaft bekannt, diese Bezeichnung durch schockierende Ähnlichkeit zu Recht eintrug. Die Missetäterin musste das Wasser öffentlich ins Gras schütten, begleitet von einer aufrüttelnden Rede, wie wertvoll es sei, etwas durchzustehen und auf Begünstigungen zu verzichten, an denen nicht alle teilhaben konnten.) Eines Morgens brachte ich es kein weiteres Mal mehr über mich zuzusehen, wie meine Schenkel blau wurden, und sagte den Betreuern, ich sei krank und könne nicht schwimmen. Ich war daher früh für die Reitsunde um halb elf gerüstet und brachte die Zwischenzeit damit zu, meiner Auserwählten mit Namen Esmeralda süße Nichtigkeiten ins Ohr zu flüstern. Doch ich wurde ertappt, bevor ich aufsteigen konnte, und ein ausgestreckter Finger wies mich zurück in meine Hütte. »Wenn du zu krank zum Schwimmen bist, bist du auch zu krank zum Reiten.« Ich sah ein, dass es zwecklos gewesen wäre, eine Binsenweisheit dagegen zu halten, dass man nämlich nie zu krank zum Reiten sein kann, und begab mich daher in mein Bett und weinte stundenlang. Danach war Eiswasser nur noch der Preis für eine Stunde auf dem Pferderücken, und der schien mir wirklich nicht allzu happig.

Eine Frau erzählt mir ihre Geschichte, eine weitaus bessere, weil man ihr als Mädchen sagte, dass sie ein Pferd sei. Sie ritt das erste Mal im Alter von einem Jahr und nahm mit sechs an Turnieren teil. Ihre Eltern brachten, wie sie berichtete, einem Hund und einem Pferd bei, auf sie aufzupassen, als sie kaum laufen konnte. Sie besitzt Bilder, die sie als Säugling zeigen, der zwischen den langen Beinen von Tieren umherkrabbelt. Heute sagt sie, dass sie sich unbeholfen, ja seltsam vorkommt, wenn sie auf eigenen Beinen läuft – nur auf einem Pferd fühlt sie sich wirklich anmutig.

Jeana Yeager, die Pilotin, die gemeinsam mit Dick Rutan zum ersten Mal in einem motorisierten Gleitflugzeug die Welt nonstop umrundete, schreibt über ihre Erinnerungen in *Voyager*:

>»Der erste Satz, den ich sprach, war: ›Ich will ein Pferd.‹ ... In Fort Worth lebten wir, bis ich vier Jahre alt war, dann zogen wir nach Garland, nördlich von Dallas. ... Hinter unserer Garage wuchs eine amerikanische Glyzinienart, deren Zweige stark genug für mich zum Klettern waren. Ich nahm meine Spielzeugpferde, kletterte auf den Baum und war dort drei oder vier Stunden in mein Spiel versunken. ... Als wir ... [nach] Oxnard in Kalifornien umzogen, nahm ein kleines Zimmer die Rolle des Glyzinienbusches ein. ... In diesem Raum verteilte ich ordentlich mein ganzes Spielzeug. Meine Palomino-Pferde ebenso wie die Grauen, die Rappen, die Schimmel und die Füchse. Jede Gruppe war nach Größe und Namen geordnet. Sogar mit verbundenen Augen konnte ich jedes der Tiere finden.«

Ich glaube nicht, dass so viele Jahre später noch irgendetwas anderes mit so genauen, so lebhaften Erinnerungen verknüpft sein könnte.

Ein Pferd namens Wonder – geschrieben von »Joanna Campbell«, zweifelsohne das Pseudonym eines Konsortiums unterbezahlter Ghostwriter – ist der erste Band der *Vollblut*-Reihe der »Taschenbücher für junge Erwachsene« um die Hauptperson der jungen Ashleigh Griffin. Das Umschlagbild zeigt sie, in einer Box bei einer Zuchtstute sitzend, die sich schützend über sie beugt, während sie den Kopf eines neugeborenen Fohlens wiegt und ihm eine Saugflasche hinhält. Da in diesem Segment der Verlagsproduktion nichts ohne gründliche Marktforschung geschieht, kann man sicher sein, dass die Szene die Wunschvorstellung eines als bedeutend eingeschätzten Anteils der jungen, weiblichen Leserschaft genau trifft.

Der Charakter der Heldin muss bereits auf den ersten Seiten eines solchen Buches klar umrissen sein, gewöhnlich unter Verwendung symbolischer Kürzel. So ist Ashleigh am raschesten dadurch beschrieben, wie sie nicht ist – nämlich wie ihre Schwester. »Während Ashleigh auf ihrem Pony durch die Gegend gesaust war, hatte Caroline auf der Terrasse gesessen und ein Buch gelesen oder Nagellack ausprobiert.« Oder, wie man zwischen den Zeilen liest: »Mädchenzeugs – i – bäh!«

Noch ein Beispiel fällt mir ein, in dem Nagellack eine ähnliche Grenzlinie zwischen dem Pferdemädchen und dem Mädchenmädchen zieht. In *Velvet, das Mädchen mit dem Pferd* lackiert sich Velvets große Schwester die Nägel (und die des kleinen Bruders Donald). So erfahren wir durch ein einziges Bild, dass sie wohl nicht zu einer wahren Heldin werden wird, die sich gegen alle Widerstände – und ihre Geschlechterrolle – durchsetzt und sich als einzigartig unter den Mädchen auszeichnet.

Und an irgendeiner Stelle gibt das Buch den Schlüssel preis. Es erweckt den Traum zum Leben. Man merkt vielleicht gar nicht, dass man etwas anderes als einen weiteren Satz liest, der dieselbe Funktion hat wie alle Sätze, also als Baustein einer Geschichte dient. Doch seine friedliche Oberfläche bricht auf, um die Wahrheit zu enthüllen – obwohl er doch viel zu *simpel* klingt, um die Wahrheit hinter einem derart langen und breiten Geheimnis zu sein. »Ashleigh hielt Pferde nicht für so dumm, wie manche behaupteten. Man musste sie nur verstehen und sie dazu bewegen, einem Liebe und Vertrauen zu schenken – dann benahmen sie sich großartig.« Man beachte diese Wörter: *verstehen, Liebe, Vertrauen*. Dann erahnt man die Wahrheit. Nicht die ganze, weil sich die Wahrheit niemals auf einen Schlag enthüllt, wie man sehr wohl weiß. Aber man ahnt etwas von dem Samenkorn, aus dem sie erwächst.

Es geht noch weiter. Ein anderes Motiv, ein anderes Stück dessen, was wir als Wahrheit bezeichnen könnten. Da gibt es das unterprivilegierte Mädchen, für das Pferde einen unerreichbaren, verlockenden Traum von Freiheit und Schönheit repräsentieren, abgehoben von der täglichen Realität ihres verelendeten Stadtviertels. Dies ist die Ausgangssituation in *Not on a White Horse*, einem 1988 erschienenen Roman von Nancy Springer, dessen Protagonistin Rhiannon DiAngelo in einer ärmlichen Kohlebergwerksstadt bei ihrem arbeitslosen, alkoholsüchtigen Vater lebt.

Das Motiv eines Pferdes in einer vorstädtischen Wohnsiedlung – mit anderen Worten, Pferde dort zu halten, wo man unmöglich welche halten kann – ist Balsam auf eine unablässig schmerzende Wunde. Daher entdeckt Rhiannon in dem erwähnten Buch eine ganze Pferdeherde am Ende einer gesperrten Straße, und dazu die Märchenfigur des netten Besitzers, der beharrlich behauptet, dass sie »geritten werden müssen«. Dieselbe Standardfigur taucht auch in *Velvet, das Mädchen mit dem Pferd* auf, aber andererseits war praktisch jeder Aspekt der präadoleszenten Pferdeverehrung schon in Enid Bagnolds Buch eingemeißelt, sodass gar nichts Neues mehr kommen konnte. Der Mann, der Selbstmord begeht, überlässt seine Pferde der bitterarmen Velvet. Dahinter verbirgt sich die Phantasie, dass jemand zu *sehen* vermag, wie sehr man Pferde liebt, und sie einem einfach gibt – eine Rückkehr in die edengleiche Welt der Kindheit, als einem die Mutter alle Bedürfnisse von den Augen ablas und erfüllte, ohne darum gebeten werden zu müssen.

Die Phantasie von Pferden in der Vorstadt heißt, die Natur ins Dasein zu träumen, mit einer Bewegung das Vorhandene wegzuwischen und es durch etwas Besseres, etwas Vorherdagewesenes, etwas Urtümlicheres zu ersetzen: Pferde. Mit ihnen lässt sich die Welt nach eigenem Geschmack neu ordnen.

Es gibt das Klischee – Mädchen und Pferde, was? Zwinker, zwinker – und dann das Antiklischee des Klischees – nein, *in Wirklichkeit* geht es um kleine Mädchen und Macht. Sie wollen eben zur Abwechslung mal einem tausendpfündigen Tier sagen, wo es langgeht und eine Zeit lang obenauf sein. Aber Mädchen fühlen sich genauso unbesiegbar, wenn der Kuchen schlichtweg perfekt aus dem Spielzeugbackofen kommt. Auf jede Simplifikation kommt eine entsprechende Komplikation. Zum Glück ist es nur selten so wie in dem Film *Alles Glück dieser Erde*, einer blutleeren Fortsetzung von *Velvet, das Mädchen mit dem Pferd*, in dem Velvets Nichte (eine verdrießliche Tatum O'Neil) in die britische Olympiamannschaft aufgenommen wird. In einer (wie ich glaube) unbeabsichtigt komischen Szene begreift die junge Sarah Brown, dass sie das Fohlen, auf das sie ein Auge geworfen hat, geschenkt bekommt. Tier und Mädchen rennen in Zeitlupe aufeinander zu, eine Anspielung auf einen alten Werbespot, in dem durch die hinausgezögerte Vereinigung eines Mannes und einer Frau, die sich auf einer ähnlichen blumenübersäten Wiese entgegenlaufen, sexuelle Ekstase suggeriert wird.

Pferde mögen also in den Wunschvorstellungen von Mädchen nicht auf gleicher Stufe mit Jungen konkurrieren, aber Pferde ersetzen diese auch nicht; wenn man die einschlägige Literatur als repräsentativ betrachten darf, dann wollen Mädchen einen ganzen Haufen Dinge auf einmal: das Verständnis ihrer Eltern, einen ganz bestimmten Jungen *und* ein eigenes Pferd. Natürlich muss der Junge pferdenärrisch sein. Exemplarisch für dieses Genre ist Patricia Calverts 1982 erschienener Roman *The Stone Pony*, in dem Jo Beth lernt, um ihre tote Schwester zu trauern, ihr Pferd zu reiten und die Zuneigung eines Jungen namens Luke anzunehmen.

Die wahre Komplexität des weiblichen Begehrens bringt wohl am besten der Werbeslogan für die britische Spielzeugserie *My Beautiful Horses* auf den Begriff. Nach seiner Definition sind die drei Säulen des Mädchenseins: »Putzen, umsorgen und sammeln.« Das trifft den Nagel auf den Kopf. In der Tat gibt es an diesen Figuren viel zu putzen und zu pflegen, da ihre knallbunten Mähnen und Schweife auf dem Boden schleifen, genau wie die Barbie-Pferde, die im Paket mit Bürsten und Haarspangen angeboten werden.

Doch jede Liebe ist im Grunde sowohl sexuell als auch sozial oder vielleicht ist in einem noch tieferen Grunde das Soziale sexuell. Da wir nicht wissen, wo diese Dinge in unserem täglichen Leben beginnen und enden, werden wir sie in Bezug auf Mädchen und Pferde auch nicht voneinander abgrenzen. Nicht nur eine Mutter hat die Beziehung zu ihrem Baby als die größte Liebesaffäre ihres Lebens bezeichnet und ihr Gesicht in seinen Bauch vergraben, seinen besonderen Duft eingesogen, sich nach seiner Berührung gesehnt, Trennungen gefürchtet. All das ist zu verbreitet und erinnert so sehr an sexuelles Verlangen, dass wir das wohl kaum weiter ausführen müssen. Walter Farleys Klassiker *Blitz, der schwarze Hengst*, in dem es ein kleiner Junge schafft, den wilden Unbezähmbaren nur durch seine Geduld und Liebe zu zähmen, hat deswegen solchen Erfolg, weil es sich auf die nackte Essenz zweier Schlüsselthemen der Liebe zu Pferden reduziert: die wechselseitige Rettung und die ultimative Phantasie überhaupt (die sich an jedes beliebige Objekt der Begierde anpassen lässt) – gemeinsam auf einer unbewohnten Insel zu stranden.

Durch die Domestizierung haben wir die Pferde zugleich so weit infantilisiert, dass sie ständige Pflege und Versorgung benötigen. Je weiter sie von ihrem natürlichen Lebensraum entfernt sind, desto abhängiger werden sie – sie müssen gefüttert und geputzt werden, und ihr Kot muss in einem Rhythmus weggebracht werden, der dem eines Neugeborenen Konkurrenz macht. So spielen in unsere Beziehung zu ihnen notwendigerweise Themen wie Pflege, Liebe, Begehren, Kontrolle und alle damit einhergehenden Verwicklungen, ebenso Analoga jedes Aspekts menschlicher Beziehungen hinein. Da überrascht es nicht, dass sich unter den gegenwärtigen Darstellungen des Pferdes eine Untergruppe findet, die man nur als Pferdepornografie bezeichnen kann – prachtvolle doppelseitige Farbbilder zum Herausnehmen als Pin-up: Kalender, die jeden Monat eine andere Rasse zur Schau stellen; Sammelteller und Sweat-Shirts mit unglaublich stolzen Hengsten, die die Nüstern witternd blähen und unter denen Schriftzüge stehen wie »Nebelgeist«.

Ich erinnere mich nicht mehr genau, wann ich meinem Schicksal in den Augen eines Pferdes begegnet bin. Vielleicht war es am vierten Juli, den wir immer bei Freunden meiner Eltern begingen: Sie betrieben einen Reiterhof. Sie war eine anerkannte Autorität für amerikanische Morgan-Reitpferde und später Vollblüter sowie Autorin zahlreicher Bücher über Pferde. Gleichzeitig war sie eine Frau, die ich bewundern und fürchten zugleich lernte, als ich dort Reitstunden zu nehmen begann. Eine ihrer Angestellten (alle weiblich) gab mir Unterricht, doch ich suchte immer sie und schielte aus dem Augenwinkel zu ihr hin, um sie bei der Arbeit mit Pferden oder fortgeschrittenen Schülern zu beobachten. Doch am Anfang erinnere ich mich nur an das jährliche Sommerfest mit, wie es mir vorkam und vielleicht auch war, Hunderten von Gästen, Kindern überall und verzinkten Tränktrögen voller Eis und Limonade und Bier und den »Rubber City Retreads«, die Dixieland spielten. Wir gaben der Shetlandponystute Bier und ritten sie; ihr Name war Black Beauty. Eine Zeit lang liebte ich sie.

Damals

5 In einem »Kapitel für junge Frauen« seines *The People's Home Medical Book* von 1915 rät Dr. T. J. Ritter Mädchen, die an der Schwelle zum Erwachsenenalter stehen: »Körperliche Bewegung im Freien ist das Beste«, und von den verschiedenen Möglichkeiten ist »Reiten (...) gut und ebenso die Versorgung eines Pferdes, das Putzen, Füttern etc. Dies ist ein sehr gutes und wertvolles Heilmittel für Mädchen, die an Bleichsucht leiden.« Da das medizinische Wissen damals, wie heute anscheinend auch noch, oft sehr widersprüchlich war (vom Wirklichkeitsbezug ganz zu schweigen), behauptet ein anderes Gesundheitshandbuch aus derselben Zeit, dass Reiten für die weibliche Anatomie gefährlich sei: Es führe zu »einer unnatür-

lichen Verhärtung der Knochen des Unterleibs, was mit Gewissheit ein schreckliches Hemmnis für zukünftige Funktionen schafft, die hier nicht näher besprochen werden müssen«.

Natürlich zollte niemand beiden Standpunkten auch nur die leiseste Aufmerksamkeit; alle taten munter weiter das, was Kultur, Tradition und persönliche Wünsche verlangten. Und so ritten und reiten Frauen seit Jahrtausenden, wenn sie auch die Pferde nicht mit der Inbrunst des späten zwanzigsten Jahrhunderts liebten.

Eine Information sollte man vielleicht all den Polo-Mannschaften mitteilen, die bis vor kurzem keine Frauen in ihre Reihen aufnahmen: Polo wurde im alten Persien und in China ursprünglich von Frauen gespielt. Allem Anschein nach machten sie ihre Sache überdies gut, wenn man dem persischen Dichter Nisami (1140-1202) glauben darf:

»Siebzig Mädchen ritten wie Löwinnen in flammendem Eifer vor ihrer Königin Schirin aufs Feld; an Mut glich eine jede dem Isfardiar, im Schießen wäre Sijawusch nicht wert gewesen, ihre Pferdedecke zu tragen, und sie spielten Polo so gut, daß sie den Ball von der kreisenden Welt mausten, ... diese zwitschernden Vögel gleich Tauben auf der Wiese, bei ihren Angriffen aber den Falken ähnlich.«

Ganz selbstverständlich machten sie ihre Sache gut. Reiten ist fast wie Fliegen, Motorradfahren oder Schießen, insofern die einschlägigen Fähigkeiten von Frauen mindestens eine Sache von hieb- und stichfester Dokumentation über mehrere Jahrhunderte oder von etwas Gleichwertigem sein müssen, bevor sie offiziell anerkannt werden – zähneknirschend und unter Zwang, versteht sich. Und verflucht seien die Präzedenzfälle, selbst wenn sie weit in die Vergangenheit zurückreichen. Im 14. Jahrhundert beschrieb Knighton (diesen Namen nennt ein Buch von 1857) Frauen von großer Schönheit, die eine Tunika, eine kleine Kappe und einen Dolch trugen und »beritten sind

mit den besten Pferden mit dem reichsten Sattel- und Zaum-
zeug, und in dieser Aufmachung ziehen sie von Ort zu Ort auf
der Suche nach Turnieren«. Da nicht bekannt ist, ob sie ein
Mythos sind oder wirklich existiert haben, wollen wir das
Thema der Amazonen beiseite lassen, uns aber in Erinnerung
rufen, dass sie Männer nur zum Zweck der Fortpflanzung und
als Sklaven um sich duldeten.

Zurück im Land des stets greifbar Realen stoßen wir auf
das Beispiel Elizabeth (Libbie) Custers, Ehefrau des bekannten Generals, die von unerschrockener Natur war und sogar
ihren Mann durch die wilden, einsamen Prärien des späten
neunzehnten Jahrhunderts begleitete. Custer schrieb über sie
an seinen Vater:

> »Libbie ist jetzt eine ausgezeichnete Reiterin, so ohne jede
> Furcht, daß sie sich nichts dabei denkt, sich in einen gurt-
> losen Sattel auf ein fremdes Pferd zu setzen. [Ihr Mann, der
> ein entschieden mittelmäßiger Reiter war, hätte da sicher
> Bedenken gehabt.] Du solltest sie einmal sehen, wie sie in
> einem derartigen Tempo über die texanischen Prärien rei-
> tet, dass sogar manche Stabsoffiziere zurückfallen.«

Über die Erdoberfläche dahinzufliegen ist ein simples Vergnügen, nicht auf ein anderes rückführbar und ohne Gleichen und
gerade wegen dieser Einfachheit von magnetischer Anzie-
hungskraft. Sich die Kraft eines anderen Wesens zu Nutze zu
machen, um sich ein Erlebnis zu verschaffen, das der absoluten
Freiheit unter Vermeidung ihres finalen Umschlagens in den
Tod so nahe kommt, ist eine Sucht. Dies muss es sein, was
Catherine Cavender, eine Frau aus dem Kansas des späten
neunzehnten Jahrhunderts meinte, als sie euphorisch ihre
Kindheit beschrieb: »Unsere Freude war das Reiten! Wilde
Jagden über die Prärie, unsere Wangen vom Wind mit dem
Rot der Natur gefärbt!« Gesundheitlicher Nutzen ist eine Sa-
che, Ekstase eine ganz andere.

Ebenso wie die Lockerung von Beschränkungen, seien es soziale oder physische oder beide. Der amerikanische Westen bot Gelegenheiten für diese wohltuende Erleichterung, an denen es im Osten mangelte. So machte sich 1867 Joe (oder Jo) Monaghan aus New York auf nach Montana, als Mann verkleidet. Sie arbeitete im Silberbergbau und als Schafhirtin, bevor sie sich auf das Einreiten von Wildpferden verlegte, wobei sie ein solches Geschick an den Tag legte, dass sich die *Boise City Capital News* anlässlich ihres Todes im Jahr 1903 zu der Erklärung veranlasst sah: »Kein Pferd war zu wild oder bösartig, dass es nicht durch Little Jos Hände unter Sattel und Hintern hätte genommen werden können.« Möglicherweise trat sie in einer Wildwestshow auf, wo sie mindestens sechzehn Frauen kennen lernte, die in jener Zeit nachgewiesenermaßen bei Rodeos oder Wettbewerben gegen Männer antraten; sie gehörten zu den ersten Amerikanerinnen, die Profisportlerinnen wurden. So rau am Rande der Zivilisation, wie es der Westen bekanntermaßen war, kann das nicht leicht für sie gewesen sein, und tatsächlich suchte man häufig Vorwände, um Frauen auszuschließen. Als der schlagkräftigste davon erwies sich der Tod der Zureiterin Bonnie McCarroll, die beim Pendletonround-up-Rodeo abgeworfen und totgetrampelt wurde. Die Veranstalter beschlossen daraufhin, Frauen die Teilnahme zu verbieten, ungeachtet dessen, dass zahlreiche Männer bei Rodeos umgekommen waren, ohne dass dies eine ähnliche Reaktion zur Folge gehabt hätte. In diesem Jahr wurde der Rodeo-Dachverband *Rodeo Association of America* gegründet, und es war wohl kein reiner Zufall, dass er Veranstaltungen mit Frauen weder begrüßte noch zuließ. Also ergriffen die Frauen die Initiative und gründeten 1948 die *Girls Rodeo Association* (um einer veränderten Geisteshaltung Rechnung zu tragen, wurde sie 1982 in *Women's Professional Rodeo Association* umbenannt).

Ähnliche Schlachten wurden und werden immer noch auf dem Gebiet des professionellen Rennreitens geschlagen, und weil es hier um mehr Geld geht, ist der Krieg umso blutiger. Zuweilen buchstäblich. Weiblichen Jockeys hat man die Fenster eingeworfen, ihre Pferde gegen die Bande geknallt und in zumindest einem Fall eine Peitsche übers Gesicht gezogen. Sie wurden boykottiert und verhöhnt. Und all das von den Männern, die bei ihrer Suche nach Gründen für die Verbannung von Frauen aus der Rodeo-Arena anfänglich behaupteten, dass Männer Frauen gegenüber einen Schutzinstinkt hätten und dass die Gefahren, denen sich die Frauen dann natürlich ständig aussetzten, ihre Ritterlichkeit so sehr beanspruchten, dass sie an ihren eigentlichen Aufgaben gehindert wären. (»Es ist riskant, eine Männerrolle zu spielen und sich mit feurigen Vollblütern abzugeben. Doch auch mehrmals dem Tode knapp entronnen zu sein schreckte Mrs. Hubbard nicht ab« von ihrer Arbeit als Trainerin und Händlerin, wie *The American Magazine* 1930 eine frühe Grenzüberschreiterin pessimistisch charakterisiert.) Der Wahrheit näher kommt die nackte Angst eines Jockeys, der Ende der sechziger Jahre mit dem Satz zitiert wurde: »Wenn man auch nur eine einzige Frau in einem einzigen Rennen mitreiten lässt, dann sind wir alle tot.«

Diese Angst war stark übertrieben; überdies hätte ihn die Kenntnis der Geschichte vor seiner Angst bewahrt. Bereits 1804 war der erste Geschlechterkampf über vier Meilen ausgetragen worden. Der Parvenu war die zweiundzwanzigjährige Alicia Meynell, die eine gewichtige Wette über tausendfünfhundert Pfund auf dem Rücken trug. Ihr Gegner vermasselte den Start, indem er ihr Pferd rammte und davonjagte, und obwohl die junge Dame – und nicht zu vergessen ihr Reittier – drei Meilen lang in Führung lag, hielt sie ihr ausgepumptes Pferd zurück, bevor sie die Ziellinie überquerte. Der, der auf sie gesetzt hatte, weigerte sich, für seine Wette geradezustehen. Im Jahr darauf fand sie einen anderen Jockey, der bereit war, die potenzielle Demütigung, gegen eine Frau zu verlieren, auf sich zu nehmen, und das war gut so, denn genau das musste er hinnehmen.

In den fünfziger Jahren – wiederum parallel zu der endgültigen Verdrängung von Pferden aus ihrer zentralen Rolle in Militär und Wirtschaft – bemühten sich zahlreiche Frauen um einen Job auf der Rennbahn. Man kann sich die Art der Abfuhren und das dabei übliche Zartgefühl lebhaft vorstellen. Doch als die Ersten erfolgreich waren, gestanden manche Trainer ein, dass ihnen vielleicht die ganze Zeit etwas gefehlt hatte: »Das, was am meisten für sie spricht, sind Geduld und eine echte Zuneigung zu Pferden, die die meisten Männer einfach nicht haben«, sagte einer in Larry Adlers *Young Women in the World of Race Horses*; ein anderer fügte hinzu: »Unsere Pferde scheinen besser auf Mädchen als auf Männer anzusprechen. Ich weiß nicht warum, aber die Pferde scheinen die Liebe zu spüren, die die Mädchen ihnen entgegenbringen ... Uns ist bei vielen unserer Pferde eine Verbesserung der Form aufgefallen, wenn sie von einem Mädchen statt von einem Mann versorgt wurden.« Verknüpft man dies mit Belegen, die mittlerweile weit über Zufallstreffer hinausgehen, dass weibliche Jockeys und Trainerinnen Männern mindestens ebenbürtig sind, dann müsste die Logik fordern, dass es im Rennsport von Frauen wimmeln müsste, wenn sie ihn nicht sogar dominierten. Dass dies weit von der Realität entfernt ist, ist nur ein weiterer Beweis dafür, dass wir keine logischen Lebewesen sind. Ein einziger Verhaltensantrieb scheint mächtiger zu sein als Geld, und das ist der Widerstand gegen Veränderungen. Dies würde erklären, warum man Beryl Markham, Pilotin und Autorin von *Westwärts mit der Nacht* und Besitzerin der ersten Trainerlizenz, die an eine Frau in Afrika vergeben wurde, ein viel versprechendes Pferd wegnahm und einem männlichen Trainer übergab, obwohl ihre Fähigkeiten ihr nicht weniger als sechs Kenia-Derby-Gewinne einbringen sollten. Weil es nicht anders zu erklären *war*.

Vielleicht könnte man es als eine Art moderner Saturnalien sehen, dass es in unserer Zeit zu einem Akt des Feminismus geworden ist, eine um die Jahrhundertwende als rückwärts gewandt verspottete Aktivität auszuüben. Ob Frauen im Herren- oder im Damensitz reiten sollten, war vor hundert Jahren ein heiß umstrittenes Thema. 1910 legte eine gesetzgebende Körperschaft in Georgia einen Gesetzentwurf vor, der Frauen verbieten sollte, zum Reiten einen so genannten Herrensattel zu benutzen – es sei denn, sie war Zirkusartistin, und *diese* Sorte bewegte sich bekanntlich ohnehin schon außerhalb der Schicklichkeitsgrenzen.

In England galt: Um König Edward nicht durch einen derart widrigen Anblick zu erzürnen, wurde es Frauen untersagt, im Herrensitz im Londoner Hyde Park zu reiten, wenn sich der König dort aufhielt. Und die Leitartikel wurden hingeworfen wie ein Fehdehandschuh. »Wenn der Damensattel für Reiter und Pferd das Beste ist, warum tragen dann nicht Männer Röcke und bedienen sich seiner?«, fragte eine Frau im Jahr 1899; mit noch deutlicheren Worten trumpfte Elizabeth Yorke Miller 1901 in *Munsey's Magazine* auf: »Darf die Frau im Herrensitz reiten? Nun, rein menschlich gesehen, warum sollte sie nicht tun, was sie will? Niemals findet man Männer zurückgezogen in feierlichem Beratschlagen, ob der Mann dies oder jenes tun darf. Jeder entscheidet für sich selbst nach bestem Wissen und Gutdünken, und es gibt keine ermüdende Debatte über das Thema.« Eine Zuschrift aus dem Jahr 1910 vertritt die Meinung: »Die physiologische Ausstattung der Frau unterhalb der Gürtellinie ist nicht der richtige Körperbau für einen guten Knieschluß.« Die ermüdende Debatte ging weiter. 1912 belehrte eine an einen einschlägigen Artikel in *Country Life* angefügte Anmerkung der Redaktion die Leser: »Man muß sich sehr wohl vor Augen halten ... daß der Hauptgrund, weshalb Damensättel von Frauen benutzt werden – und wahrscheinlich immer werden – im zarten Körperbau der Frau selbst liegt ... unbestreitbare Tatsache bleibt, daß Medizinern zufolge der physische Organismus der Frau im allgemeinen genommen nicht für die Belastung des Quersitzes im Herrensattel ausgelegt ist.« Um 1923, als Ivy Madison *Riding Astride for Girls* veröffentlichte, war der Damensattel endlich seltener zu sehen und weniger umstritten. »Es ist eine wohlbekannte Tatsache, daß nichts Wertloses überlebt,« schreibt die Autorin mit maßlosem Optimismus, »und da der Herrensattel sich nicht nur behauptet hat, sondern auch von der Mehrheit der Mädchen dieser Generation übernommen worden ist, muß er mehr Vorzüge haben als anfänglich behauptet.« Er machte auch eine »Eskorte« überflüssig, wie sie von einer angemessen ausstaffierten Dame früherer Jahrhunderte benötigt wurde und die ein Artikel von 1902 über »Frauen aus dem Süden beim Jagdreiten« wie folgt schildert:

> »Eine Frau begab sich damals zur Jagd, angetan mit einem langen, weiten Rock, der fast auf dem Boden schleifte, einer kurzen Jacke, bis zur Kehle zugeknöpft und einem Hut, der an Königin Ginevra beim Ritt mit Lancelot in der Frühzeit des Jahres denken ließ. Eine wippende Feder und ein nachwehender Schleier vervollständigten einen überaus eleganten Aufzug, der jedoch für seinen vorgeblichen Zweck völlig ungeeignet war. Ihre ›Eskorte‹ in knielangen Reithosen und Dreispitz ritt zu ihrer Linken, um ihr im Falle des möglichen Verrutschens ihres Sattels mit seinem rechten Arm Beistand leisten zu können.«

Doch in den harten Jahren, in denen die Frauen gezwungen waren, diese Einschränkungen in Kauf zu nehmen und im Seitsitz zu reiten, um nicht als »eine wilde Kreatur mit einem schockierenden Mangel an Schamgefühl [zu erscheinen], deren einziger Grund für die Übernahme [des Herrensattels] der Wunsch sein muß, männliches Betragen nachzuäffen und ungebührlich aufzufallen«, entwickelten sie eine Kultur, eine

Sprache, eine Meisterschaft, die wie Fossilien in tiefen Schichten versunken wären, gäbe es nicht die Bemühungen einiger unerhörter Archäologinnen.

Zentral-Ohio ist eben. Topfeben. Straßenkarten dieses Gebiets sehen aus wie schematische Karozeichnungen, so schnurgerade sind die Straßen. Warum sollten sie auch Kurven machen, wenn das Land so flach ist? Man kann schon Stunden, bevor man dort ist, sehen, wo man hinkommt. Das Vorankommen beim Fahren bemisst sich an der Zahl der endlosen Ackerfurchen der Felder beiderseits der Straße, und ab und zu kommt man durch einen Ort wie Bucyrus, mit Bäumen und kleinen Backsteinhäusern und der weit verbreiteten Imbisskette »Dairy Queen«, aber nicht sehr oft. Meistens ist es einfach flach. Aber wenn man die Siedlung an einer Straßenkreuzung namens Brokensword erreicht, ist man am Sitz der *World Sidesaddle Federation* angekommen.

Die Organisation unterhält eine Website, gibt ein Nachrichtenblatt mit dem Titel *Aside World Magazine* heraus und besitzt eine Bibliothek mit historischen Dokumenten, die nach Vereinbarung geöffnet ist. All das ist untergebracht auf dem oberen Treppenabsatz vor der Schlafzimmertür des kleinen Hauses im Cape-Cod-Stil, das der Gründerin der Organisation gehört. Sie hat sich der Mission verschrieben, die Traditionen der Reitkunst im Damensattel am Leben zu erhalten, und zu diesem Zweck informiert das Nachrichtenblatt in größter Detailtreue über die Reitkleidung, die höchstwahrscheinlich üblich war – keine echte »Amazone« trug jemals berüschte Liebestöter nach Art von Alice im Wunderland unter ihrem Reitrock. Dass man sie heutzutage bei immer mehr Veranstaltungen mit Damensattelwettbewerben sieht, ist dämlich und beleidigend. Es ist beleidigend für das Andenken an die Meisterschaft und Ernsthaftigkeit von Reiterinnen wie Marie Louise Thompson, die in den ersten Jahren des zwanzigsten Jahrhunderts »22 Springwettbewerbe für Damen von Devon bis zum Madison Square Garden und zurück in Folge gewann. Sie spielte Polo. Sie überwand bei einem Turnier in Brockton mit einem Pferd namens Confidence ein 1,75 Meter hohes Hindernis und stellte damit einen Weltrekord auf, der bis jetzt von keiner Reiterin eingestellt wurde. Und all das im Damensattel.« Es ist zudem beleidigend für das Bemühen, die Geschichte zu bewahren und zu verstehen. Der Mangel an einschlägigem Respekt bedeutet, sich in dem Narzissmus heutiger Phantasievorstellungen zu aalen, der alles auf das Niveau der historischen Genauigkeit von *Dr. Quinn – Ärztin aus Leidenschaft* bringt.

Die Geschäftsführerin der *World Sidesaddle Federation*, die sich auf dem Wohnzimmersofa von der Julihitze ausruht, während ich die Bücher und Akten oben in der Bibliothek, praktisch die gesamte bekannte Literatur über das Thema, durchstöbere, liefert mir später einige Erläuterungen. Ich habe Schwierigkeiten, die beiden Pole in Brokensword, Ohio, zusammenzubringen: eine Reitweise für Damen von einem gewissen sozialen Rang, die aus offensichtlich gutem Grund vor siebzig Jahren aus der Mode kam, und eine Bewegung zu ihrer Wiederbelebung, angesiedelt im amerikanischen Maisgürtel. Es geht darum, etwas zu retten, das Frauen gemacht haben oder zumindest sich zu eigen gemacht haben, sagt sie; es geht darum, die Macht zu genießen, die in dem Gefühl steckt, schön und elegant zu sein. Es geht um einen Akt der Rückgewinnung, der zu einem Akt der Verherrlichung wird: Es ist wichtig, weil wir wichtig sind. Ich fuhr geläutert und erleuchtet von Brokensword weg, über die langen Straßen eines flachen Landes.

Die Mythen haben sich verhärtet, wie Staub, der äonenlang zusammengepresst wird, sich zu Stein verhärtet. Ihren Anfang nehmen sie in der Wahrheit oder dem, was wir gerne dafür halten und was beides zuweilen in einem Wunder zusammenfällt: Frauen sind geduldig, sanft und mitfühlend; sie scheinen Pferde intuitiv zu verstehen, und umgekehrt. Hoch zu Pferd verkörpern sie den »Inbegriff der Macht, die im Zaum gehalten wird von Güte«, wie die anonyme Verfasserin (das Exemplar in der Bibliothek von Brooklyn trägt den mit Bleistift handschriftlich eingetragenen Vermerk »Mrs. Stirling (?) Clarke«) von *The Ladies' Equestrian Guide, or, The Habit & the Horse: A Treatise on Female Equitation* es 1857 ausdrückte. »In der Hand einer Dame, die das Landleben gewohnt ist und infolgedessen ihre reiterlichen Übungen in der Kindheit aufgenommen hat, liegt so viel Entschlossenheit, dass eine Art Freimaurerei zwischen ihr und ihrem Pferd entsteht«, fährt sie fort. Doch hören Sie da nicht ein entferntes Grollen? Es klingt wie ein Zug oder wie eine Gefahr, die sich heranschleichen will. Darauf und danach habe ich zu lauschen gelernt. Daher seien manche Frauen, so betont die Autorin als Nächstes, alles andere als bessere oder sanftere Ausbilder, sondern seien viel zu rasch mit zu scharfen Strafen bei der Hand, sodass das Pferd danach den Anblick von Damensattel und Reitkleid für immer mit Schmerz verbinde.

Frauen sind geduldig, sanft, mitfühlend. Dennoch meldet sich eine leise Warnung. Sogar unter diesen schmeichelhaften Aufwertungen ist sie flüsternd zu vernehmen. Haben Sie es gehört? Sie war ganz leise.

Sich herantasten

6 Die unserer Wohnung nächstgelegene Bücherei lag am Highland Square, der so hieß, obwohl er gar kein Platz war, sondern nur ein Teil der West Market Street, die auf das Stadtzentrum zulief. Dort fuhren meine Eltern mich hin, wenn mein Bedürfnis nach Büchern, mein Bedürfnis nach Information und Phantasiereisen weg von dem Ort, an dem ich war, sich zu einem nervtötenden Quengeln steigerte. Heute hege ich den Verdacht, dass ich eine Sucht nach dem Geruch von Bindeleim entwickelt hatte; andererseits war der durchdringende Duft des Luftstoßes, der das Gesicht traf, wenn man die erste Glastür aufzog, einfach der Äther der Erregung. Ich konnte nicht glauben, dass dieser Laden es zuließ,

dass man seine Waren – die besten überhaupt, außer Süssig-
keiten – mit nach Hause nahm, ohne dafür zu bezahlen. Ich
konnte mitnehmen, was ich wollte, nur begrenzt auf fünf Bän-
de pro Ausleihe.

Es mochte dort Bücher über andere Themen geben, genau
wie es zweifellos auch Bücher für Erwachsene gab. Doch in
meinen Augen war es eine Bibliothek für Tierbücher, und es gab
Miniaturausführungen der Drahtgeflechtsessel mit orange-
farbenen Sitzkissen drauf, wie sie in den sechziger Jahren mo-
dern waren, nur für mich, damit ich mich mit einem Stapel
Bücher zu meinen Füßen hineinsetzen konnte. Die Ecken der
Blätter waren so abgenutzt, dass sie sich in Samt verwandelt
hatten. Die ganz spezielle Farbe der Bilder vergisst man nie.
Braun, grün. Die Welt, in der ich leben wollte, war braun und
grün. Ab und zu war ein Schuss Gelb dabei.

Das Hauptthema schlechter alter Filme ist die Heldin, deren
Pferd mit ihr durchgeht, sie in ein Gestrüpp abwirft und sie
wehklagend zurücklässt, damit der männliche (bessere) Reiter
sie finden und retten kann. Manchmal muss er versuchen, die
Zügel ihres davonpreschenden Rosses in vollem Lauf zu erhaschen, während sie auf das in Panik erstarrte O ihres Mundes
reduziert wird.

Diese Szenen entlocken der jungen Reiterin ein gebührend
verächtliches Schnauben. Sie weiß aus Erfahrung, die sie in
ihrem Reitstall gesammelt hat, dass diese Rollen mehr als
wahrscheinlich umgekehrt verteilt wären; irgendwie ahnt sie,
dass der Grund, weshalb so wenige Jungen reiten, darin liegt,
dass sie (wie sie vielleicht viel später, als Erwachsene einräumen werden) Angst vor Pferden haben. Auch deshalb würde
es ihr schwer fallen, ihren Hohn zu zügeln: Jeder weiß doch,
dass ein Pferd, wenn man ihm vom ersten Schritt an zeigt, wer
der Boss ist, wie Wachs in der Hand ist. Wovor soll man da
Angst haben?

Wenn sie den Fernseher einschaltet, dann, um Pferdeopern zu sehen, wegen der Pferde. Noch besser sind Sendungen wie *Flicka*, wo die Leute dem Pferd nicht dauernd in die Quere kommen; sogar *Mister Ed* ist in Ordnung, obwohl es der natürlichen Würde des Pferdes wenig angemessen ist (und sie grübelt ständig darüber nach, wie die das mit den Lippenbewegungen wohl machen – sieht für sie so aus, als nähmen sie etwas, das auf der Haut brennt, oder vielleicht auch Draht). Doch fast jedes Cowboybild wird ihr durch die Rösser schmackhaft gemacht. Und bei *Bonanza* gibt es sogar Nahaufnahmen.

In seinen Memoiren *Horses in the Green Valley* schildert Vian Smith, was er beim Anschauen von Pferdefilmen empfand:

»Die kleine Fernsehmattscheibe hat die Stelle der Samstagsmatinee eingenommen, doch der Western besteht weiter, ist bei den jungen Leuten genauso populär wie bei uns im Kino. Die Grobheiten bestehen ebenfalls weiter. Es bringt mich immer noch auf, wie die Pferde herumgerissen werden, die verwirrt oder gedemütigt wirken; ich sorge mich immer noch um die Pferde, die zum Stürzen gebracht werden, in der Hoffnung auf einen Überraschungs- oder Spannungseffekt. Die kommerziellen Ausbeuter des amerikanischen Mythos zeigen immer noch wenig Achtung gegenüber dem Tier, das Planwagen zog, Bauholz schleppte, Vieh trieb, das hundert Jahre lang das einzige Mittel des Menschen war, Neues aus der Wildnis zu erschaffen.«

Mir ging es wie Smith, ich war eine zart fühlende Zuschauerin, die bei diesen Sendungen nur Augen für die Pferde hatte, weil nur sie wichtig waren und sind. Obwohl sie nur als Staffage zur Erzeugung einer authentischen Atmosphäre dienen sollten, so ununterscheidbar wie die Schwärme der »Indianer«, traten sie in meinen Augen deutlich als Individuen hervor, während die stattlichen weißen Männer mit den Hüten in einen Hintergrund der Gleichförmigkeit zurücktraten. Ich war hingerissen, wenn die Stirnlocken der Tiere auf eine Seite flogen, bewunderte ihre pralle, muskulöse Brust und machte mir endlos Sorgen, wenn die langen Anzüge der Gebisse, die Unter- und Oberkiefer auseinander zu reißen drohten, sie so plötzlich zum Halten zwangen, dass sie sich fast auf die Hanken setzten.

Meine ältere Schwester stand kurz vor dem Umzug nach Paris, wo sie zwei Auslandssemester absolvieren wollte. Wir gingen in ein französisches Restaurant, um zu feiern und auf eine »bon voyage« anzustoßen. Ich war in der Eingangsstufe der High School. Ich bestellte Rindfleisch, weil Steak eines meiner liebsten Dinge im Leben war. Meine Schwester bestellte Kaninchen, um sich einzustimmen. Wir lachten und tranken Wein. Ich blickte ihr ins Gesicht und überlegte, wie es wohl war, so viel Angst und so viel Vorfreude zu empfinden, am Vorabend einer Reise in den Raum, der so grenzenlos und unbekannt schien, wie er es in unseren Augen sicherlich lange war, denn wir waren noch in einem Alter, in dem ein Jahr wirklich und wahrhaftig so unvorstellbar ist wie die Ausdehnung des Weltalls. Und mit einem Mal fiel mein Blick auf ihren Teller, dann auf meinen, dann wieder auf ihren. Man konnte die Gestalt des Tieres, das ihr Abendessen einmal gewesen war, erkennen, seine mageren Muskeln, Stränge aus Weiß, die in Linien verliefen, die die Fortbewegung geschaffen hatte. Meines sah nach etwas Anderem aus, doch neben ihrem verwandelte sich das Rot des medium gebratenen Fleisches wieder in sein früheres Wesen. Zugleich begannen auch meine Augen sich fast unmerklich zu verändern.

So geschieht es, ganz plötzlich, wenn man nicht einmal einen neuen Blickwinkel will, ihn nie erbeten hat. Man versucht ihn dahin zurückzuschieben, woher er gekommen ist. Aber fortan ist es schlicht und einfach da. Das war einer der ersten Momente.

Facetten der Erinnerung

———◄o►———

7 Ich wuchs auf einer Farm bei Davis in Kalifornien auf, mit dem Glück und der Freude, schon mit fünf Jahren ein eigenes Pferd zu haben. Damals lernte ich, an einem Bein hochzuklettern, am Schwanz herunterzurutschen und mich nach Herzenslust bei den Pferden herumzutreiben.

*

Ich reite seit meinem neunten Lebensjahr, und obwohl mich in den Stallungen namens »Pegasus Stables« ein notorischer Schläger namens Darned Good trat, während ich mit ihm an der Hand trabte, und mir den Fuß brach, hat meine tiefe Liebe zum Reiten nie nachgelassen.

Ich war schon immer, von Anfang an, eine Pferdenärrin. Meine Eltern hatten beide Angst vor Pferden, sie haben mir das also nicht eingeflößt oder mich darin ermutigt. Irgendwie fühlte ich mich immer zu diesen Tieren hingezogen. Ich bettelte darum, auf dem Jahrmarkt Ponyreiten zu dürfen, und bat meine Mutter *jedes Mal*, wenn wir einkaufen gingen, einen Vierteldollar in das Plastikpferd vor dem Lebensmittelladen zu stecken, weil es, verdammt noch mal, aussah wie ein Pferd, und das genügte mir.

*

Als pferdenärrisches Mädchen in einem Vorort von Boston war ich leidlich zufrieden mit Reitstunden und dem Sommerlager, wo wir auf unglaublich rohen, furchtbar großen Pferden ritten, aber trotzdem unseren Spaß hatten. Ich schwor mir, dass ich, wenn ich erwachsen sein würde und eines meiner Kinder sich das Pony wünschte, nach dem ich mich so sehnte, er oder sie es bekommen sollte.

*

Es gibt einfach Menschen, die bei Pferden sein müssen. Sie tun alles nur Denkbare, um bei Pferden sein zu können. Ich habe die übliche schwierige Pubertät durchgemacht, und die Pferde waren in diesen Jahren ein Bollwerk gegen die Brecher der Gefühle. Wie oft ritt ich ohne Sattel mit Breezy, einer kleinen, braunen Hackneystute in die Hügel davon, um zu weinen oder über ein gravierendes Problem nachzudenken, wie es nur Teenager haben.

*

Ich wurde die sprichwörtliche »Stallratte«. Zwischen meinem 12. und meinem 25. Lebensjahr muss ich in zehn verschiedenen Reitställen gearbeitet haben. Ich schaufelte, bürstete, fütterte, tränkte, putzte und bettelte, alles für das Privileg eines gelegentlichen kostenlosen Ritts oder für eine Reitstunde. Als ich mich jedoch dem Collegealter näherte, begann mich meine Familie in andere Richtungen zu dirigieren, redete mir ein, ich sei besser mit meinem Grips als mit meinen Muskeln und dass ich mir niemals meinen Lebensunterhalt mit der Ausbildung von Pferden verdienen könnte. Eben alles, was Leute ohne dieses »Muss-mit-Pferden-zu-tun-haben«-Gen sagen, um dir weiszumachen, dass ein Leben, das um die Arbeit mit Pferden kreist, nur ein Hirngespinst ist.

*

Viele Jahre lang zog es mich zu jedem Pferd hin, das ich in die Finger kriegen konnte. Nach dem Krieg zogen wir nach Boston, und ich durfte eine Zeit lang Reitstunden nehmen, bis wir erneut umzogen. Ich schwebte im siebten Himmel. Ich *kannte* meine Bestimmung.

*

Meine Mutter erzählte, dass ich »Hottehü« gesagt hatte, noch bevor ich laufen konnte. Jedes Pferd, das ich erblickte, liebte ich. So etwas wie ein hässliches Pferd gab es nicht.

*

Ich wuchs in Berkeley in Kalifornien auf, an einer belebten Straße, auf der in mehr als fünfzig Jahren kein einziges Pferd trabte. Ich erinnere mich noch an die jährliche Parade auf der Shattuck Avenue zu Ehren der Football-Mannschaft der Universität, aber für mich bedeutete sie nur … Pferde. Cowboys zu Pferd, Indianer zu Pferd, schöne Damen in Haremskleidung zu Pferd und was das Beste war, Pferde mit Glitzer an den Hufen. Als ich ungefähr fünf war, boten mir unsere Nachbarn an, mich in die Stadt zu fahren, damit ich diese Parade sehen konnte. Ohne zu fragen, sprang ich vom Esstisch auf, und meine Eltern erinnerten mich, dass ich auf meine Schwester

Kathie warten sollte, die in ihrem Gemüse herumstocherte. Vor lauter Aufregung vergaß ich Kathie und glotzte einen wunderbaren Abend lang völlig hingerissen die schönsten Geschöpfe auf Erden an. Auf der Heimfahrt fühlte ich einen jähen Gewissensbiss und schlich mich unglücklich ins Haus. Kathie und ich teilten uns ein Zimmer, deshalb gab es kein Entrinnen vor ihrer Wut. Doch sie lag still in ihrem Bett, als ich wie ein Wurm in das meine kroch. Schließlich entschlüpfte ihr ein kleiner Seufzer, und mit ganz kleiner Stimme fragte sie: »Waren Palominos dabei?«

*

Sie setzten mich drauf und führten mich die Auffahrt hinunter. Ich weiß nicht, was geschah, aber ich fuhr sofort darauf ab.

*

Die Beziehung zu Pferden ähnelt zwar sehr stark dem Kontakt zu Kindern, doch der offensichtliche Unterschied liegt in der Fähigkeit des Pferdes, uns physisch herauszufordern.

*

Pferde sind wie Kinder und brauchen viel Fürsorge.

*

Nichts ist so wie die Harmonie mit einem Pferd; das ist eine der größten Freuden des Lebens. Ein Pferd enttäuscht niemals. Egal, wie hart der Tag gewesen sein mag, egal, welche Probleme man zu haben glaubt, wenn man zu seinem Pferd geht, schwinden alle Sorgen dahin.

*

»Nichts ist so, wie ein eigenes Pferd zu besitzen, Süße«, sagte er.

Mich für mehrere Stunden auf meinem Pferd davon machen zu können, ohne dass es mein Mann auch nur merkte, der immer, wenn Football lief, für die Welt verloren war – das war das Paradies. Ich brauchte mich nicht mehr darum zu scheren, dass ich ihn schon ziemlich lange allein gelassen hatte und mich jetzt widerstrebend auf den Rückweg machen musste ... für mich war der World Cup der reinste Segen.

Es ist eine grandiose Liebesaffäre.

*

Als Pepper und ich uns allmählich näher kamen, begann er mir mehr zu vertrauen, und schließlich verliebten wir uns ineinander. Dann gab es nichts, was mein Pferd nicht für mich getan hätte.

*

Ich kaufte ihn aus einem Verleihstall weg, als er sechs Jahre alt war. Den Gedanken, dass er jemandem anderes gehören sollte, konnte ich nicht ertragen. Nach jetzt neun Jahren habe ich es nicht ein einziges Mal bereut. Ich bin sicher, er würde für mich durchs Feuer gehen (nicht, dass ich ihn ließe!). Er ist mein Seelengefährte. Ich liebe ihn heiß und innig; ich könnte mich niemals, niemals von ihm trennen. Mein Little Buddy, der Lichtblick in meinem Leben.

*

Sie ist die Freude meines Lebens. Sie kommt angerannt, wenn ich sie rufe – wenn sie nicht schon am Gatter steht und auf mich wartet. Es ist das Paradies für mich, dass ich sie bei mir haben kann. Egal was passiert, diese braune Stute ist für mich *da*.

*

Blondie ist lieber als jedes andere Pferd, das ich je kannte, und eine wahre Freundin.

*

Ich habe so viele Abenteuer mit ihr erlebt und eine so starke Bindung an sie (besonders seit ich sieben Stunden lang durch ein Unwetter mit sintflutartigem Regen, Tornados und umstürzenden Bäumen ritt).

*

Und als ein Hurrikan aufzog, flehte ich meine Mutter an, das Fohlen hereinbringen zu dürfen, und als sie es nicht erlaubte, war ich so wütend auf sie, dass ich draußen im Stall blieb, um es während des Sturms zu beschützen.

*

Ja, er hat mir buchstäblich das Leben gerettet. Manchmal reitet man durch eine so abgelegene Gegend, dass niemand mehr da ist als man selbst und das Pferd; man ist voneinander abhängig und verlässt sich aufeinander. Man lebt mit ihnen, man isst mit ihnen und man teilt sein Leben miteinander. Jedes Pferd stellt andere Ansprüche und schenkt andere Freuden. Sie werden so sehr zu einem Teil meines Lebens und meiner Familie, dass sie alle bei meinem Mann und mir bleiben, wenn sie aufs Altenteil kommen.

*

Mein bester Freund, der mir eine Scheidung, einen Umzug, eine neue Arbeitsstelle und all das durchstehen half, war Sam, ein riesiger »Plantation Walker«, der sehr verschmust war.

*

Die Pferde (ich hatte zwanzig oder mehr) waren die einzige Konstante in meinem Leben. Ein Pferd war der Vater, der nie da war, ein Bruder oder eine Schwester, die ich nie hatte. Ich glaube, für mich ist das Pferd wohl eine Art Anker.

*

Fünfmal in der Woche war ich draußen im Reitstall und striegelte mein Pferd, spritzte es ab, flocht ihm Mähne und Schweif ein, kratzte ihm die Hufe aus, säuberte seine Augen und Zähne, longierte und trainierte es, gab ihm Möhren.

*

Täglich sechs bis acht Stunden im Sattel waren das reine Vergnügen. Man erlebt die Welt auf diese Weise und sieht sie nicht nur.

*

Mir geht es immer gut, wenn bei meinen Pferden bin. Egal, wie hart, vielleicht sogar traurig der Tag war – wenn ich reite, vergesse ich Gott und die Welt.

*

Ich könnte nicht glücklicher sein, als wenn ich in Pferdemist herumstiefele und nach Stall rieche.

*

Meine Tochter Ryan, dreizehn, lebt, atmet Pferde (und stinkt leider manchmal danach).

*

Er ist mein Fetisch. Ich denke den ganzen Tag an ihn. Ich bete ihn an; er hat einen besseren Menschen aus mir gemacht. Er hat meine Arbeit bereichert: Ich bin Designerin, und alles, was ich mache, hat mit dem Herstellen von Schönheit zu tun. Er ist ein Teil davon.

Ob er sich überhaupt noch an mich erinnerte? Schließlich waren es drei Monate gewesen. Es war stockdunkel, fast Mitternacht; trotzdem wollte ich nach dem Verlassen des Flugzeugs als Erstes zu meinem Pferd. Er zitterte und schlug mit dem Kopf auf und ab, stieß mich am ganzen Körper heftig an, leckte und beknabberte mich mit den Lippen, wieherte unaufhörlich wie verrückt, tänzelte von einem Fuß auf den anderen, blähte die Nüstern, bis er sich endlich etwas beruhigte, und dann legte er seinen Kopf neben meinen, blies mich weich, warm und sanft an, mitten ins Gesicht und in die Nase.

*

Ich küsse seinen Schweiß.

*

Sollte mich meine persönliche Leidenschaft einmal umbringen, dann nicht, weil ich auf dem Rücken eines Pferdes saß. Sondern weil ich beim Autofahren irgendein Pferd, das unschuldig auf einer Weide oder hinter einem Haus steht, angegafft habe, während ich auf die Straße hätte achten sollen.

*

Ich kaufe viel eher etwas für das Pferd als für mich selbst. Ich finde es viel aufregender, im Reitsportladen zu stöbern als in einem Bekleidungsgeschäft.

*

Ich habe es noch nicht ein einziges Mal bereut, in aller Herrgottsfrühe aufzustehen und in den Stall zu gehen und Pferde zu füttern, bevor ich arbeiten ging. Ich liebe meinen Mann, meine Tochter und meine Enkel und jeden einzelnen Augenblick, in dem ich meine Pferde anschaue, sie füttere, reite, danach aufräume, sie verarzte, sie im Land herumkutschiere und mit ihnen schmuse, bevor ich frühstücke. Eine Regel, an die ich mich im-

mer gehalten habe, lautet: NIEMAND BEKOMMT FRÜH-
STÜCK ODER ABENDESSEN VOR DEN PFERDEN!

*

Mit meinem ersten Pferd war ich zusammen, bis es mit neun-
undzwanzig Jahren starb. Mein zweiter wundervoller Wallach
(eingetragenes Quarter Horse) wurde achtundzwanzig Jahre
alt. Beide liegen gemeinsam mit der dreiunddreißigjährigen
Stute meines dritten Mannes hinter dem Stall begraben.

*

Sie musste mit zwanzig wegen fortgeschrittener Hufrehe eingeschläfert werden, und ich begrub sie auf ihrer Weide.

*

Habe vor zehn Jahren meinen Sohn (siebenundzwanzig) verloren – weinte mich in der Mähne meines alten Wallachs aus.

*

Tiny zeigte selten Gefühle, doch einmal sah ich sie in Parditas
Box, wie sie an den Hals der Stute geschmiegt immer wieder
flüsterte: »Ich weiß, ich weiß.«

*

Ein Pferd nennt man manchmal den besten Freund eines Mädchens. Ihre Mutter auch. Beide waren für mich da, trugen mich
auf ihrem Rücken. Ich betrachte sie heute mit einer Liebe, die
schon weh tut. Ich kann den Gedanken nicht ertragen, sie zu
verlieren – doch das werde ich. Sie werden mich verlassen.

*

*(Aus der Erinnerung von Jean, Bridget, Lynn, Mary, Martha, Judy,
Jeanne, Donna Fay, Vourneen, Deanne, Christine, Cheryl, Michelle, Annie, Virginia, Kerri.)*

Phänomene

8 Harte Fakten scheinen angebracht, Erklärungen, um sie der Woge aus Vermutungen und, schlimmer noch, Emotionen entgegenzusetzen – dem, was im Gegensatz zur Wissenschaft allgemeine Geringschätzung genießt. Bin ich denn die Einzige, die hinter diesem Pochen auf Bestätigung dessen, was die Sinne bereits in Erfahrung gebracht haben, etwas Uneingestandenes vermutet? Wissenschaft wird schließlich häufig mit einem Eifer betrieben, der, nun ja, durchaus emotional ist.

Doch was kann ich Ihnen bieten, um dieses »Pferde-Phänomen« zu erklären? Beiläufige Beobachtungen? Wenn Ihnen das genügt, dann lassen Sie mich Ihnen sagen, dass es eine ganz reale Erscheinung ist: Mehr als die Hälfte aller Mädchen in der industrialisierten Welt verlieben sich eines schönen Tages Hals über Kopf, bis über beide Ohren, aus ganzer Seele in Pferde. Einer wachsender Zahl älterer Frauen fällt eines schönen Tages wieder ein, dass sie als kleine Mädchen verrückt nach Pferden waren. Sie beschließen, den Reitstall anzurufen, der ihnen neulich an der Autobahn aufgefallen ist, fahren einfach hin und laufen umher – und es ist wirklich zunächst nichts Ernstes –, doch sie ertappen sich dabei, dass sie mit leiser, tiefer Stimme auf eine hübsche, kleine Braune einflüstern, während diese sich systematisch und rhythmisch durch zwei Lagen Heu mampft, und dann melden sie sich für Reitstunden an. Das Nächste, was sie bemerken, ist, dass es wieder da ist, dass es sie wie eine Windböe vor die Brust gestoßen hat und dass sie dahin zurückgekehrt sind, woher sie kamen: ins Land der Leidenschaft – nur, dass sie diesmal keinen stirnrunzelnden Papa mehr anflehen müssen, ihnen »bittte bitte bitte« ein Pony zu kaufen; jetzt können sie es sich selbst kaufen. Jetzt schlagen sie einen Bogen über all die Jahre zurück und erkennen, dass sie die ganze Zeit ein- und dieselbe Person geblieben sind. Jetzt sind sie ganz.

Fakten? Von den 14 000 Mitgliedern des US-amerikanischen Pony Clubs sind vier Fünftel Mädchen. 1994 war die Mitgliederschaft der *American Dressage Federation* zu 95 Prozent weiblich; andere Reitervereinigungen weisen durchschnittlich 65 Prozent weibliche Mitglieder aus. Einer Umfrage zufolge, die das britische Magazin *Gallop!* vor einigen Jahren durchführte, würden drei Viertel aller befragten Pferdebesitzerinnen sich eher von ihrem Ehemann trennen als von ihrem Pferd; 90 Prozent würden sich lieber noch ein Pferd als noch ein Baby zulegen. Die überwiegende Mehrheit gab an, sie würden ihre Probleme ihrem Pferd und nicht ihrem Partner erzählen. Nur 22 Prozent der kanadischen Pferdebesitzer sind männlich.

Nehmen wir jetzt eine weniger offizielle Umfrage. Warum glauben Sie – eine Frau, die Pferde liebt –, dass Frauen Pferde lieben?

- Zum einen haben sie viel von Kindern; *wir* wissen, wie man für Kinder sorgt – das liegt uns in den Genen.
- Wir müssen nichts beweisen; wir müssen nichts in Ordnung bringen, um uns gut zu fühlen.
- Wir sind geduldiger, und Pferde reagieren am besten auf Geduld.
- Ein Pferd verträgt weder Druck noch Zwang. Sobald Männer dies begreifen, ist die Sache für sie erledigt.

Das sind nicht meine Worte. Das sind die Worte, die Sie draußen, wenn Sie fragen, wieder und wieder zu hören bekommen werden. Eine recht ungewöhnliche Meinung äußerte eine Zehnjährige: Jungen bevorzugen Dinge, wie Laster und Dinosaurier, die man mit nach Hause nehmen kann. Die folgenden Sätze stammen auch nicht aus meinem Mund:

>»Seinem Wesen nach ist das Pferd einem Kind sehr ähnlich; beide reagieren auf Gleichgültigkeit mit Gleichgültigkeit, vergelten jedoch jede Fürsorge oder Zuneigung, die ihnen zuteil wird, zehnfach mit Liebe und Gehorsam. Das Pferd ähnelt dem Kind auch darin, wie genau es Heuchelei erkennt; weder dieses noch jenes lässt sich durch Vortäuschen von Liebe oder Interesse etwas vormachen.«

Diese Worte stammen aus der Feder von Elizabeth Karr, aus ihrem 1884 veröffentlichten Buch *The American Horsewoman*. Damals wie heute ließen sich zahllose Beispiele für die Wahrheit ihrer Worte finden: Das Pferd, das für den Mann auf seinem Rücken keinen Schritt macht, egal, wie weh Sporen und Peitsche auch tun mögen, jedoch mit einer Frau im Sattel willig, anmutig und schwungvoll vorwärts geht. Variationen dieses Themas finden sich im Überfluss.

In Anerkennung der liebevollen Hand gibt das Pferd seiner

Herrin tatsächlich mindestens zehnfach das zurück, wonach diese sich sehnt: die Verbannung von

> »Melancholie, jenem dunklen Dämon, der gelegentlich auch in dem freudvollsten Leben spukt, [der] überwunden und zurück in das Dunkel getrieben wird, aus dem er kam. Sollte der Leserin das glückliche Schicksal beschieden sein, ein intelligentes Pferd zu besitzen, so kann sie sich, wenn echte oder eingebildete Sorgen sie plagen, an diesen wahrhaftigen, willigen Freund wenden, dessen liebevolles Begrüßungswiehern, wenn sie erscheint, und dessen liebe, kleine, entzückende Kniffe ihren Trübsinn vertreiben. Und wenn sie erst im Sattel sitzt und an der frischen Luft flott dahinreitet, sind die vermeintlichen Kümmernisse rasch vergessen, und sie schöpft Kraft und Seelenstärke, um sich den Schwierigkeiten ernsthafterer Natur zu stellen, deren Existenz nicht geleugnet werden kann.«

Oder um einen dem zwanzigsten Jahrhundert gemäßen Satz zu zitieren, den eine Frau unter vielen äußerte: »Pferde sind mein Gin und meine Therapie.«

In der Tat wäre es die leichteste Sache der Welt, sollte ein Forscher den Wunsch verspüren, sie in Angriff zu nehmen – die Überfülle dessen zu dokumentieren, was Frauen durch ihre Beziehung zu ihren behuften Lebensgefährten gewinnen. Da ist das berauschende Gefühl von Macht: Du gibst das Zeichen, und ab geht es. Der Wind erhebt sich, als ob du es ihm befohlen hättest, wenn ein Wesen mit Riesenkräften, das deine Gebote so sehr respektiert, dass es aus keinem anderen Grund rennt, sich so rhythmisch unter dir auf und ab bewegt, dass man glauben könnte, ihr wäret nicht zwei Wesen, sondern ein einziges. Da ist es, das Geschenk der Konzentration, die Abkürzung zur Erleuchtung des Zen, in der die Anforderungen an dein Tun – achte darauf, was um dich ist, was du mit Körper, Geist, Atem oder *was* auch immer tust – dich zwingen, mit einer so vollendeten Rückhaltlosigkeit im Hier und Jetzt zu sein, dass du ansonsten ein ganzes Leben bräuchtest, um sie zu erreichen. Da ist sie, die Gelegenheit zu glänzen, zu lernen, dranzubleiben, die keine Grenzen hat (auch wenn manche glauben, hin und wieder an solche zu stoßen, fast immer bei ihrem Pferd oder ihrem Ausbilder, nie bei sich selbst, und die sich daher ständig auf dem Markt für besseres Sportgerät tummeln). Da ist jemand, mit dem du reden kannst, jederzeit. Da ist jemand, der treu zu dir hält. Schon weil das Leben des domestizierten Pferdes im Vergleich zu den sozialen und intellektuellen Möglichkeiten seiner wilden Brüder so verarmt ist, dass ihm kaum etwas anderes übrig bleibt. Und selbst wenn, würde es dennoch seiner Reiterin den Vorzug geben; die Neigung, dies zu glauben, ist noch eine der Wonnen, die das Pferd schenkt.

Die zahlreichen Menschen, die in Gemeinschaft mit einem Tier lebten und leben – Pferd, Hund oder Katze –, sind sich bewusst, dass andere mit Unbehagen oder sogar blanker Verachtung auf diese Beziehungen herabsehen. In ihren Augen sind sie ein minderwertiger Ersatz für menschliche Beziehungen, ein Anzeichen, dass die Betreffenden sicher Gemeinschaft oder Elternschaft innerhalb der eigenen Art vorgezogen hätten, wenn dem nicht irgendeine fehlerhafte Verschaltung in ihrer Psyche entgegengestanden hätte. (Wenn dies zuträfe, dann litten viele andere Spezies mit uns: Aus seinen umfangreichen Studien zum Altruismus bei Tieren zieht Professor Frans de Waal folgendes Resümee: »Aus evolutionstheoretischer Sicht mag die Pflege fremder Nachkommenschaft fehlangepasst sein, doch aus psychologischer Sicht bleibt es ein authentisches und passendes Verhalten für die Spezies.« Hurra, jubeln all diejenigen mit Fell tragender Nachkommenschaft; die Wissenschaft hat festgestellt, dass wir nicht spinnen!) Doch demjenigen, der die Beziehung unterhält, ist von vornherein klar, dass sie keinen Ersatz für was auch immer darstellt; schließlich bringt es der bekannte Autoaufkleber auf den Punkt: EIN KIND IST WAS FÜR LEUTE, DIE KEINEN HUND HALTEN KÖNNEN. Nein, es ist eine Tatsache, dass die Tierverächter unter den Menschen für ein Leben in Düsternis, beherrscht von einem der traurigsten Gebrechen, dem der Einzelne zum Opfer fallen kann, bestimmt sind: einen einsamen Narzissmus, der sie auf ewig in einem stickigen Spiegelsaal gefangen hält, in dem sie, wohin auch immer sie schauen, stets nur sich selbst erblicken. Denn wer könnte in höherem Maße der Andere sein als ein Tier; was könnte uns besser aus dem Gefängnis des Selbst herausholen als die Notwendigkeit, ein Wesen zu verstehen, das sich von uns unterscheidet, sich uns dann jedoch wie durch Zauberei zuwendet und zeigt, wie ähnlich wir uns doch beide sind?

Man hört häufig, dass Kinder, die zweisprachig aufwachsen, nachweislich intelligenter seien als solche, die auf eine Welt mit nur einer Sprache beschränkt sind. Im Hinblick auf eine Sprache zwischen den Arten sind es leider gewöhnlich die Tiere und nicht wir, die von einem Intelligenzzuwachs zu profitieren vermögen. Ich beobachte meine Hündin, wie sie mit gespitzten Ohren meinem unaufhörlichen Geschnatter lauscht, in der Hoffnung, die Worte zu erhaschen, die sie kennt, damit sie eine Bitte erfüllen kann und dafür etwas bekommt, das sie gerne hätte. Sie begreift meine Sprache eindeutig besser als ich die ihre: Wer ist demnach der Intelligentere von uns beiden? Es grenzt an ein Wunder, dass die Tiere den Versuch, uns zu verstehen, nicht gänzlich aufgegeben haben – uns, die wir die Gesetze der Natur brechen, gerade wenn wir an sie gebunden sind und sie daher zornig leugnen. Dennoch folgt aus ihrem unablässigen, geradezu heldenhaften Bemühen, uns zu verstehen, eine wechselseitige Verantwortung: Wir müssen ebenfalls versuchen, sie zu verstehen. Das gelingt uns nur, wenn wir uns selbst eine Zeit lang zurückstellen. Wir müssen unser Zuhause verlassen und in ein fremdes Land reisen, in dem wir ganze Tage lang nicht ein Wort verstehen und Sitten und Gebräuche beobachten, die uns seltsam und neu und möglicherweise abstoßend erscheinen. Wenn wir dann erkennen, dass wir umgekehrt genauso auf die »Nichtmenschlichen« wirken, die bei uns zu Gast sind – welch ein erleuchtendes Geschenk ist das. Welch eine Erleichterung, eine Zeit lang unser Korsett ablegen zu dürfen. Dieses Befreiungserlebnis steht nur denen offen, die sich von einem Tier das Universum anderer Existenzen und den Ort, den sie selbst darin bewohnen, weisen lassen. Das ist der Grund, weshalb Pferde uns menschlicher machen. Was wir aus ihnen machen, können wir nur erahnen.

Sie sind ein Mittel zum Zweck und dienen als Medium, sich den Lebensunterhalt zu sichern, im Leben Spuren zu hinterlassen, Leben zu nehmen. Sie werden benutzt, um Siegerschleifen zu gewinnen und der sich selbst erneuernden Gier nach solchen Zeichen des Erfolgs neue Nahrung zu geben. Sie bringen uns wieder zurück zur Natur. (Kein Kommentar!) Sie dienen als Quelle nie versiegender Zuneigung und als Ventil für unser Bedürfnis, diese zu erwidern. Sie fungieren als Gehilfen bei Biofeedback-, Physiotherapie und Selbstsicherheitstraining sowie bei der Suche nach dem, was man gemeinhin als Spiritualität bezeichnet. Dem, was sie geben oder was wir ihnen abverlangen, sind keine Grenzen gesetzt.

Wir können wohl unsere Finger nicht von den Tieren lassen, sogar wenn wir »nett« sein wollen – wie die Menschenansammlungen in den Nationalparks, die ihren altruistischen Trieben einfach nicht anders Ausdruck geben können, als die Eichhörnchen mit Schokoriegeln zu füttern, und das genau vor den Schildern, die eben dies verbieten. Die Leute können einfach nicht anders, als den ach so niedlich bettelnden Tieren etwas zu *geben*, obwohl sie sie genauso gut mit Knüppeln erschlagen könnten, denn die Eichhörnchen werden im nächsten Winter, wenn sie ihren wertlosen Vorrat verdorbener Schokolade ausgraben, verhungern. Unsere vierbeinigen Freunde *brauchen* uns, so glauben wir. Doch in Wahrheit haben wir das Bedürfnis, gebraucht zu werden, genau wie das, über die schmerzliche Wahrheit hinwegzusehen, dass wir nur einen Teil, einen winzigen überdies, der wechselseitig aufeinander bezogenen Welt der anderen Tiere ausmachen. Wir existieren hauptsächlich, um die Sinne der Beutetiere scharf zu halten, die wachsam bleiben müssen für die Gefahr, die von uns ausgeht. Dies aber passt nicht zu unserem Dünkel, unserer überheblichen Meinung, triumphierend auf der Spitze der ganzen Pyramide des Lebens zu thronen. Was passt dann? Das domestizierte, von uns abhängig gemachte Tier.

Monty Roberts, der *Pferdeflüsterer*, gab einmal einer Radiomoderatorin ein Interview, die für ihren scharfen Verstand, aber nicht unbedingt für ihr Naturverständnis bekannt ist. Er erklärte gerade, dass Antilopen trotz eines Löwen in ihrer Mitte solange friedlich grasen, bis jener kaum wahrnehmbare Moment eintritt, in dem die Raubkatze ihre Klauen spreizt. Dies sei auch der Grund, weshalb das Pferd auf den Anblick der menschlichen Hand mit gespreizten Fingern erschreckt reagiere. Sie unterbricht ihn und fragt, warum das Pferd den Fehler mache, unsere Hand mit der gefährlichen Klaue des Löwen zu verwechseln. Roberts hält inne, sucht nach einer Möglichkeit, das, was doch auf der Hand liegt, höflich zu erklären. »Sie machen keinen Fehler«, sagt er schließlich. »Nicht den geringsten«.

Ich habe mir sagen lassen, dass die Elternschaft eine Übung in Selbstlosigkeit ist. Der übermächtige Drang, seinem Kind zu geben und immer wieder zu geben, ist ein Weg, den bislang unbekannten Brunnen der Großherzigkeit im eigenen Innern freizulegen. Doch selbst angesichts der Tatsache, dass die meisten Kinder das Ergebnis einer Aussage sind, die mit den Worten »Ich *will* ein Baby« beginnt, und dass die beiden ersten

Wörter dieses Satzes meines Wissens geradezu die Definition des Egoismus umreißen, sind die Stellungnahmen meiner Altersgenossinnen zu diesem Punkt mehr als nur ein bisschen widersprüchlich. Sie scheinen sich von der Außenwelt in sich selbst zurückzuziehen, weil sie derselben nun, da sie ihren Kindern so viel geben, nichts mehr zu geben haben. Sie strampeln sich jetzt für ihre Familie ab, aber nicht mehr für Außenstehende. Die Behauptung von Selbstlosigkeit wäre weniger beunruhigend ungenau, wäre es nicht Fakt, dass ein Kind eingestandenermaßen eine Erweiterung der eigenen Person ist. Statt zu erkennen, dass wir einem völlig blinden Instinkt nachgeben (was übrigens in meinem Buch keine Verunglimpfung darstellt), rechnen wir es uns als Verdienst an, uns für die Erschaffung neuen Lebens entschieden zu haben. Dann verkünden wir im Brustton der Überzeugung, wir täten das ganz selbstlos, statt um unserer selbst oder zumindest des kleinen Stellvertreters willen, der aus unserem biologischen Material entsteht. Wir haben ein Bedürfnis zu geben; also geben wir uns die Gelegenheit. Weder das Baby noch das Pferd haben darum gebeten, erschaffen zu werden.

Ich erzähle Ihnen da sicher nichts Neues. Die Welt strotzt vor Paradoxa, Heuchelei, Verleugnung und Notlügen. Sie wissen das. Unser wichtigster psychischer Mechanismus könnte durchaus derjenige sein, den die Psychologen als Projektion bezeichnen – eine unangenehme Wahrheit wird vom Bewusstsein abgewiesen und derjenigen Person mit dem geringsten Widerstandsvermögen angehängt, was zu einer faszinierend exakten Umkehrung der wahren Verhältnisse führt: Das tödliche Geschoss heißt »Peacekeeper« (Friedenshüter); die Jäger möchten als Heger bezeichnet werden; die Reichen nennen die Armen gierig, wenn auch sie ihre paar Pfennige einstecken. *Populus vult decipi, ergo decipiatur*: »Die Menschheit will getäuscht sein, also wird sie getäuscht« ist das Motto unserer Welt. Nirgends sind wir begieriger, getäuscht zu werden, als im Blick auf unsere geliebten, gelästerten, misshandelten, in den Himmel gehobenen, missverstandenen, wunderbaren Pferde.

Ob dies der Ort ist, daran zu erinnern, dass die zehnte und letzte Inkarnation von Vischnu Kalki ist, das Pferd, das auf drei Hufen steht und mit dem Aufsetzen seines vierten Hufs die Welt vernichten wird?

Wiedereinstieg

———◀◦▶———

9 Meiner ersten Reitstunde nach mehr als fünfundzwanzig Jahren ging eine ungewollte Rundfahrt von
anderthalb Stunden Dauer voraus. Die Straßen in diesem Landesteil sind meistens nicht beschildert, was diese Be-
sichtigungstour zum Teil erklärte; der Rest war ganz gewöhn-
licher Dummheit seitens der Fahrerin geschuldet. Als es mir
endlich gelang, eine Telefonzelle aufzutreiben, die hier genauso dünn gesät sind wie Wegweiser, standen mir Tränen des
Zorns und der Verzweiflung in den Augen. Ein bezeichnendes
Vorspiel zu dem Akt, als Erwachsene wieder mit dem Reiten
zu beginnen.

Die Anzeige, die mich auf diese labyrinthischen Umwege

gelockt hatte, bestand aus dem einfachen Satz: »Lernen Sie Reiten in Harmonie mit dem Pferd.« Jede weitere Einzelheit wäre an mir verloren gewesen – ich hatte zuletzt Unterricht in »englischer« Reitweise erhalten, was bedeutete: mit jedem Sattel, der gerade zur Hand war, auf jedem Pferd, das gerade zur Verfügung stand. Das einzige Bild, das ich von mir auf einem Pferd, aus Hunderten Stunden, die ich auf ihrem Rücken verbrachte, besitze, zeigt mich, wie ich gerade völlig frei galoppiere, in Jeans mit Schlag, mit wehendem Haar, mit durchhängenden Zügeln und mit einem Lächeln auf dem Gesicht; ich sitze in einem »Saddlehorse«-Sattel. Ich erhielt sogar verschiedentlich Springunterricht, manchmal in einem Springsattel und manchmal nicht. Selbstredend kann ich nicht springen.

Ein glücklicher Zufall sollte mich an den Ort bringen, an dem ich schon vor langem hätte wieder anfangen sollen. Allerdings hatte sich die Welt des Reitens im letzten Vierteljahrhundert sehr verändert; damals gab es für Kinder kaum das Angebot des Dressurreitens: eine systematische Methode des Reitenlernens auf ebenem Boden mit dem Ziel, die eigene Körperkontrolle so zu perfektionieren, dass man den Körper des Pferdes beherrschen lernt. Dies ist gewiss nicht die offizielle Definition, die eher darauf abhebt, das Tier zu lehren, unter Sattel und Gewicht des Reiters das zu tun, was es in der Natur ganz von selbst tut.

Das Innere des nagelneuen roten Stallgebäudes und der Reithalle haben mit ihren rissigen Holzbögen, die sich hinauf zum Dachfirst schwingen, etwas von einer gotischen Kathedrale. Dieser Vergleich ist durchaus angemessen angesichts der Ehrerbietung, mit der die Ausbildung von Pferd und Reiter unter ihrem Dach betrieben wird. Ich werde begrüßt von Dominique, einer Frau meines Alters mit schwarzem Bubikopf und einem ein wenig abgebrochenen Schneidezahn. Sie wirkt schmächtig, doch ihr Körper sieht aus, als hätte er unter der

Haut gespannte Federn. Wenn sie zu reden beginnt, hört sie nicht mehr auf. Sie erklärt ihren methodischen Ansatz und warum es bei ihrem Unterrricht darum geht, *mit* dem Pferd und seinen biomechanischen Fähigkeiten zu arbeiten. Als sie dann als Nächstes das Thema Intelligenz anschneidet – dass sie wächst, wenn man dies erwartet –, macht mein Herz einen jähen Sprung: Ja! Dahinter war ich durch bloßen Zufall auch schon selbst gekommen, als ich meine Border-Collie-Hündin trainierte, deren Intelligenz offensichtlich zunahm, je mehr sie lernte und entdeckte, dass sie zu diesem Lernen fähig war. Das hatte in mir den angenehmen, fast gebieterischen Eindruck hervorgerufen, dass dies ein Modell jeder tierischen Intelligenz sei, einschließlich der menschlichen. Ich wollte sagen: »Ja, ja, das stimmt – wissen Sie, ich glaube …«, doch ich fand keine Gelegenheit für einen Einwurf. Zweifellos sollte das so sein.

Als ich Dandy, ein dreizehnjähriges Quarter Horse bestieg – ich sollte ihn später Saint Dandy nennen, weil er Würde, Intelligenz und Nachsicht für Reiter besaß, die weitaus dümmer waren als er –, durchflutete mich ein vertrautes, aber lange nicht mehr empfundenes Gefühl: der Wunsch, es der Lehrerin recht zu machen. Der fast lähmende Wunsch, es der Lehrerin recht zu machen. Er hatte im Hinterhalt gelegen und überfiel mich sofort mit einer Kindheitserinnerung, die ich lieber im Dunkel der Vergessenheit belassen hätte. Plötzlich war sie da, nicht als Gedanke oder Einzelerinnerung, sondern als Bewohnerin meines Daseins, die mich von innen her umformte wie eine Figur aus einem »Marvel-Comic«, noch bevor ich zu begreifen vermochte, dass ich dagegen einschreiten sollte. Es war die Beständigkeit meines halbbewussten Wunsches, die Lehrerin sagen zu hören: »Toll, du hast ein *natürliches* Talent zur Kommunikation mit einem Pferd.« Ich hatte als Kind ganze Luftschlösser auf dem Fundament dieses peinlichen Wunsches erbaut.

Doch die Lektion der Lektion sollte in der Notwendigkeit der Erkenntnis bestehen, dass es keine Abkürzungen gibt – nicht bei dieser Pferdesache jedenfalls. Sie besteht schlicht aus harter Arbeit. Ich begann unter meiner geliehenen Reitkappe zu schwitzen. Ich war in dem Bewusstsein hereinmarschiert, wenigstens ein bisschen reiten zu können; mein Können hielt etwa sechs Minuten vor. Ich war wieder bei Null angelangt. In den folgenden Stunden sollte ich mich ins Minus graben. Eine handfeste Lektion, die ich ein für alle Mal lernte, war die Notwendigkeit, in diesem Alter einen Sport-BH zu tragen, um den Trab aussitzen zu können.

Gegen Ende der Stunde rief mir Dominique zu: »Jetzt möchte ich, dass Sie an das Anhalten *denken*.« Mir war bereits klar geworden, dass mein früheres Wissen bezüglich des Anhaltens, das mir meine Lehrer üblicherweise in Form von: »Zieh die Zügel an!« beigebracht hatten, in dieser Halle nicht ziehen würde, da Begriffe wie Spüren und Gewicht, Fluss und Atem, Entspannung und Durchlässigkeit bereits als Eckpfeiler von Dominiques Methode verkündet waren. Also tat ich, was sie sagte. Eine Stimme in meinem Kopf flüsterte: »Halt«, und das war alles. Dandy machte nicht einen weiteren Schritt.

Es war ein Wunder, und ich reagierte entsprechend, sprudelte Worte heraus und versank dann in Nachdenklichkeit. Dominique lächelte nur und nickte; das Geheimnis dieser Zauberei war für sie ein alter Hut. Danach erklärte sie mir, dass ich gut daran täte, mir vor der nächsten Stunde Reithandschuhe zu kaufen, die mir zu einem feineren Gespür für den Zügel verhelfen würden, sowie richtige Reithosen, die meinem Sitz gut täten. Ich wusste, dass ich jede nur mögliche Hilfe brauchen konnte.

Auf dem Heimweg spulte ich diesen Moment, in dem Dandy scheinbar meine Gedanken las, immer wieder vor meinem geistigen Auge ab. Wenn das alles war, mit dem man auf ein Pferd einwirken konnte, was hatte ich dann all den Pferden angetan, denen ich früher im Maul gerissen hatte? Man hatte mir beigebracht, eine Keule zu gebrauchen, wo eine Flaumfeder das angemessene Werkzeug war. Und ich hatte diesen Pferden – Geschöpfen, die den Reiter atmen fühlen können, die den Quadratzentimeter Haut spüren, auf dem sich eine Fliege niederlässt – beigebracht, dass so das Leben ist. Der einzige Schutz, der ihnen zu Gebote stand, war die psychische Kraft zur Dissoziation von ihrem Körper, und die setzten sie ein, bis sogar die Gerte nur noch den gleichgültigen Blick eines Wesens hervorrief, das nichts mehr erschüttern kann. Das waren nur noch Gespenster von Pferden. Ihre Körper waren schon lange abgestorben, um sich an einem Ort mit ihren Seelen wiederzuvereinen, an den würdige Tiere gehen, um ewige Freiheit zu finden – wo auch immer er sein mag.

Insignien

—◆◇▶—

10 Die ruhige Sachkenntnis einer Frau, die weiß, wie sie mit einem Pferd umzugehen hat, ist bewundernswert. Stellen Sie sich in eine Ecke und schauen Sie zu. Es gibt viel, womit man sich auskennen muss. Zügel, Gebisse, Sättel, Gurte, Satteldecken, Martingals und andere Hilfszügel, Gamaschen. Sie sattelt und zäumt in einem Schweigen, das komprimiert wirkt, nur durchbrochen vom Schnalzen des Lederstrippen, die durchgezogen und gesichert werden. Sicherheit spricht aus der Art und Weise, wie die Finger ihr Werk tun, die Augen den Fingern folgen. Ruhe und Gewissheit übertragen sich auf das Pferd. Die beiden sind an keinem anderen Ort als hier, in keiner anderen Zeit als jetzt.

Sie sind sich nicht einmal bewusst, dass sie von jemandem beobachtet werden, mit sehnsüchtigem Neid.

Die folgende Theorie stellte ich an dem Tag auf, an dem ich über ein dreißig Zentimeter hohes Bodenrick springen durfte. Irgendwie schaffte ich es, meinem Pferd die Nachricht zu telegrafieren, dass wir gleich in das Olympische Stadion einreiten würden und dass die ganze Mannschaft – nein, das ganze Land – von uns erwartete, eine fehlerlose Runde zu absolvieren. Es legte einen zusätzlichen guten halben Meter Luft zwischen seine Hufe und die Stange, ich verlor die Steigbügel, und es nahm den Kopf nach unten mit der Absicht, eine ausgelassene Meinungsäußerung über die Fehleinschätzung seiner Reiterin abzugeben. Die Theorie lautet, dass Reiten wie Windsurfen ist. Wenn man es erstmals versucht, hat man das Gefühl, eine fremde Macht unter sich zu haben, die sich völlig unvorhersagbar verhält. Sie erhebt sich wie das Wasser, und man fällt in die andere Richtung. Man klammert sich an irgendetwas, um armfuchtelnd wieder an Bord zu kommen. Wenn man besser wird, und noch besser, scheint die Welle unter einem allmählich vorhersagbar zu werden, und dann wird sie Teil Ihrer selbst. Jetzt reiten Sie sie. Und Sie haben sich von einem Ausbund an Unbeholfenheit in den Inbegriff des Gleichgewichts verwandelt.

Es ist eine sinnliche Sache, und wenn Ihnen nichts an Körperkontakt oder Schönheit liegt, dann ist es nicht Ihr Ding, hat nicht im Entferntesten damit zu tun. In Gegenwart der Fleisch gewordenen Anmut bemüht man sich, ihrer würdig zu sein.

»Wir neigen dazu, uns nur dann mit Leidenschaft mit etwas zu beschäftigen, wenn das äußere Erscheinungsbild an unseren Sinn für Romantik appelliert. So spielt, meiner Meinung nach, die Atmosphäre, die uns bei der Reiterei umgibt, keine unwesentliche, sondern vielmehr eine entscheidende Rolle. Die vielen verschiedenen Dinge, die die Atmosphäre in der Reiterei ausmachen, die Schönheit eines Sattels, das Berühren eines Handschuhs, die Eleganz der Stiefel, die Pracht einer alten, in Familienbesitz befindlichen Anstecknadel – sie alle üben eine ungeheure Anziehungskraft aus; allen voran vielleicht die Aufmerksamkeit signalisierenden Augen oder Ohren unseres Pferdes, wenn es sich sanft einer harmonischen Anleitung unterwirft.«

Das jedenfalls meint Charles De Kunffy in seinem Buch *Ethik im Dressursport.*

Manche Mädchen gehen ins Ballett, andere zum Reiten; manche versuchen beides, bis ihre Ballettlehrerin ihnen erklärt, sie müssten sich entscheiden. Die Muskeln, die locker und geschmeidig bleiben müssen, damit das Plié gelingt und damit der Kopf das gestreckte Bein berührt, während der Knöchel auf der Stange ruht, sind genau die Muskeln, die lernen, fest am Sattel zu kleben, damit kein plötzliches Scheuen den Sitz beeinträchtigt. Die auswärts gedrehte Stellung der Beine, die jeder Ballerina so in Fleisch und Blut übergeht, dass sie sich nicht mehr erinnert, wann sie zum letzten Mal mit geradeaus gerichteten Zehnen gegangen ist, ist in den Augen des Reitlehrers ein Übel, das er mit dem ständigen Ausruf »Zehen nach innen! Du siehst aus wie eine Ente!« auszutreiben versucht.

Doch gleichgültig, wofür sich das junge Mädchen entscheidet, beides ist Ballett. Es war kaum zu vermeiden, dass die Form des Tanzes, die das Reiten darstellt, sich eng mit Wohlstand verbunden hat: Reichtum sucht sich das heraus, was rar ist, sich schwer zur Vollendung bringen lässt und sich von Natur aus zu feinen Differenzierungen des Leistungsniveaus anbietet. Diese fungieren als Borde, um die Trophäen der Könnerschaft – für alle, die gebildet genug sind, um sie zu würdi-

gen – zur Schau zu stellen. Die Voraussetzungen der Pferde-
haltung werden mit Anbruch des 21. Jahrhunderts mit seinen
überhand nehmenden Gebäuden, Straßen, Erschließungsge-
bieten, immer mehr Beton und Asphalt für immer mehr Menschen und ihre Autos, immer schwerer zu erfüllen sein. Und
so zeigen sich diejenigen, die sich Pferde leisten können –
Tiere, deren Grundbedürfnisse in einer anderen Ära wurzeln
und die sich jeder Weiterentwicklung verweigern – als über
den Anforderungen von Zeit und Wandel stehend. Ein bizar-
res Gefühl der Erschütterung begleitet daher die Erkenntnis,
dass unter den armen Kindern in Dublins Mietskasernengettos
Pferde beliebte Haustiere sind.

Die königliche Familie Großbritanniens war lange der Inbegriff dessen, was man als »pferdenärrisch« bezeichnet. Und
die Queen ist eine exemplarische Pferdeliebhaberin, kundig
und kühl und besessen in ihrer distanzierten Art. Manche haben sich sogar beklagt, selbstverständlich nur für sich und
ganz insgeheim, dass es so scheint, als sei sie besorgter um das
Wohl ihrer Pferde und Corgis und zu mehr Gefühl oder zumindest überhaupt zu Gefühl für sie fähig als für ihre Untera-
nen. Diese Pferdeliebe übertrug sich im Mutterleib auf ihre
Tochter, Prinzessin Anne, die so stark vorbelastet auf die Welt
kam, dass sie ihr Leben mit einer Zielstrebigkeit der Reiterei
widmete, die es sie zur Olympiateilnehmerin bringen ließ.

Die königliche Familie Amerikas, die Kennedys, hatten
Jacqueline Bouvier, um ihr zu dem Glanz zu verhelfen, den nur
eine Reiterin verleihen kann. Zu der Zeit, als sie zur Schule
ging, war Reiten fürchterlich elitär. Obwohl ihr College kein
schulisches Reitprogramm anbot, gab es einen Pferdeclub, und
die Mädchen, die dazugehörten, waren vermögend und wett-
eiferten miteinander, wenn man einer Frau, die in jener Zeit
dort war – einer Pferdeliebhaberin, die sich kein Pferd leisten
konnte –, glauben darf. Jackie war kein Mitglied dieses Clubs,
ritt aber, »und sie war eine wunderbare Reiterin«, was die Zu-

schauerin bei einem Turnier bestätigt sah, bei dem Jackie einen Spitzenplatz errang. Es ist auch schwer vorstellbar, dass es anders hätte ausgehen können. Als eine der meistfotografierten Frauen ihrer Zeit bevorzugte Jackie Kennedy Onassis stets ein Bild von sich am meisten – das zu Pferd.

Eine von New Yorks tonangebenden Schickeria-Designerinnen stellte einmal eine Liste von vierzehn »unabdingbaren Dingen für den richtigen Lifestyle« zusammen: Ein Pferd rangiert darin neben »exquisiten Accessoires« und »einer guten Handtasche«.

Wenn Sie ordentlich Geld ausgeben wollen, könnten Sie das auf keine andere Art besser tun als durch Pferde, und zwar durch Pferde im Leistungssport. Ab 100 000 Dollar an aufwärts müssen Sie für ein anständiges Springpferd einkalkulieren und dazu gleich einen Kanal ausheben, durch den ein steter Strom bares Geld für Stallmiete und Futter, Ausbildung, Pflege, Transport, Unterricht, Meldegebühren, allerlei Zubehör, Kleidung, Hotels und klimatisierte Pferdeanhänger abfließt. Eine noch bessere Methode ist eine Polomannschaft; dann könnten Sie sich im Verlauf eines Monats, sagen wir, des Monats um die *United States Polo Open* herum, eines Betrages entäußern, der sich auf eine schlappe Million beläuft.

Sie können aber auch arm sein. Sie können so gut sein, dass reiche Leute Sie anheuern, um ihre Pferde zu reiten. Sie können einen Bronx-Akzent haben und trotzdem zum Sport der Könige aufsteigen. Sie können nur ein kleines Schulmädchen sein, das Getränkedosen sammelt, um mit dem Pfand ihren Weg durch die diversen Leistungsklassen der Dressur zu finanzieren, mit dem Ziel Grand Prix vor Augen. Sie können eine einzige schneeweiße Satteldecke besitzen und sie stets pieksauber halten.

Die Reitschule *Claremont Riding Academy* mitten in Manhattan ist ein Ort, der die Welt auf den Kopf stellt. Man spürt zwar, dass etwas nicht stimmt, doch es dauert eine Weile, bis man dahinter kommt, weil niemand etwas dabei zu finden scheint, dass alles verkehrt herum ist. Die Pferde sind im Obergeschoss untergebracht und laufen eine spiralförmige Rampe hinauf und hinunter, die um einer besseren Griffigkeit willen mit Gummimatten belegt und in Abständen von etwa einem Meter mit Holzstegen versehen ist. Sie laufen hinunter in einen Raum von der Größe eines großzügigen Wohnzimmers, und statt umherstehender Sofas und Tische reichen hier Metallsäulen vom Boden bis zur Decke. An den Wochenenden finden nicht weniger als sechs Reitstunden gleichzeitig statt, alle in der Manier Schritt-Trab-Galopp in derselben Richtung. Das Ganze sieht aus wie ein lebensgroßes Karussell. Doch die Pferde sind echt, und nach dem Gebrauch gehen sie die Rampe hoch, um wieder in den Schrank gestellt zu werden.

Sie sind auch im Keller untergebracht. Ich wusste das nicht, bis zu meinem zweiten Besuch der Anstalt, als eine Stimme von unten heraufdrang: »Birchbark kommt rauf!« Gleich darauf erblickte ich einen reiterlosen Schimmel, der mit Zügeln, die gegen den heftig auf und ab nickenden Hals klatschten, ganz alleine aus dem Dunkel heraufkam. Der Pfleger im Keller lässt das Pferd alleine hochgehen, weil es für beide nebeneinander zu eng ist und weil das Pferd alle Kräfte zu einem explosionsartigen Satz zusammennehmen muss, weil es sonst den steilen Anstieg nicht bewältigen könnte und weil es ohnehin nirgendwo anders hinkäme, da die Wände es doch praktisch an den Flanken berühren. Das ist der springende Punkt an dem ganzen Gebäude – wohin sonst sollte es gehen können? Claremont ist im Grunde eine einzige, riesige Rampe.

Dennoch ist es eine teure Rampe, und seine Klientel ist teure Dinge gewohnt. Teure Dinge sind gewöhnlich das, was sie wünscht. In Manhattan ein Pferd zu halten ist der Inbegriff von Reichtum und eine der seltsamen Perversionen, die man mit Geld realisieren kann, wenn Geld so wenig eine Rolle spielt, dass man auch eine 2000 Quadratmeter große Wiese mit Bach und Wasserfall auf der 58. Straße anlegen könnte.

Ich habe mich hier mit einer Frau verabredet, die ihr geliebtes Pferd in Claremont eingestellt hat; es wird so sehr geliebt, dass sie den Gedanken nicht ertragen kann, es nicht jeden Tag zu sehen. Der Gedanke an Kinder scheint sie zu schockieren: Warum sollte ich Kinder wollen, wenn Pferde doch so viel besser sind?

Wenn sie mit Reiten fertig ist, sitzt sie ab und drückt einen Knopf, um das elektrische Garagentor zur Straße zu öffnen, und wir führen das Pferd hinaus, sodass es fast mitten auf der 89sten steht. Die Autos umfahren uns. Es ist Vorweihnachtszeit, deshalb trägt ihr großer schwarzer Vollblutwallach seine Dressurschabracke aus kastanienbraunem Samt unter seinem Passier-Sattel. Die Passanten im Central Park, so erklärt sie, brechen oft in bewundernde Ausrufe angesichts dieses vollkommenen Ausdrucks festlicher Vorfreude aus, und dies genau sei ihre Absicht: ihr Pferd mit einer Aura von Schönheit zu umgeben, die ringsum ausstrahlt und jeden im Umkreis ergreift. Dann gehen wir wieder zurück und die Rampe hinauf in das alte, enge Labyrinth im ersten Stock, einen seltsamen, düsteren Ort, der in meinem Gehirn einen Überrest zurücklassen wird, der todsicher wieder in beunruhigend schweißtreibenden Träumen auftaucht. Sie sattelt ihr Pferd ab und bürstet es und deckt es mit einer schönen karierten Decke ein, und plötzlich ist ein Kerl da, der einen frischen Sack mit einer Futtermischung aus Alfalfa und Melasse öffnet – sie will nur das Beste für ihr Pferd und hat viel Zeit auf die Suche nach einem großartigen, ganzheitlichen Tierarzt, den köstlichsten Leckerbissen und gesundem, qualitativ hochwertigem Getreide verwendet. Sie prüft gegenwärtig die Möglichkeit, frisches Alfalfa aus dem Westen einfliegen zu lassen, weil es das beste im ganzen Land ist. Sie stellt mir den Burschen, der das Futter zuteilt, als ihren Assistenten vor –

und einen Wimpernschlag lang denke ich: *Assistent für das Pferd? Für ihr Geschäft? Für ihr Leben?* Ich entschied mich für Letzteres, insbesondere deshalb, weil er einige Augenblicke später mit einem Range Rover, den ich für den ihren hielt und der ihre beiden Boston-Terrier und eine Steige mit vielen Töpfen blühender Alpenveilchen enthielt, auf der Straße auftauchte, um uns abzuholen. Er fragte mich höflich, ob er anhalten und mir Kaffee oder heiße Schokolade holen solle.

Ich zog es stattdessen vor, sie zu fragen, was ihr Pferd wohl zu ihr sagen würde, wenn es sprechen könnte. Als Antwort tat sie so, als fragte sie das Tier: »Was in der Welt, Lieber, wünscht du dir am meisten?« Ohne Zögern antwortete sie mit seiner Stimme: »Einen Ort, wo ich endlos laufen und mich im Gras wälzen kann.« Sie sind sich so nahe, dass sie ganz genau weiß, was in seinem Kopf vorgeht.

Es ist einer dieser sporadischen grauen Sommertage, feucht, aber relativ kühl. Beim Frühstück lese ich eine Zeitungsnotiz über die Veranstaltung, zu der ich heute gehe, die *Farmers' Museum Benefit Horse Show*; jedermann wird aufgefordert, Kleidung zu tragen, die die nostalgische Natur dieses »freundlichen Wettbewerbs« widerspiegelt: Namentlich Strohhüte werden erwähnt. Ort des Geschehens ist Cooperstown im Staat New York, eine Gegend, die ihre Geschichte wie auf dem Präsentierteller trägt. Die Luft scheint sich zu verändern, sich mit Sauerstoff und feinen Düften anzureichern, wenn man von Oneonta, einer aus Holz gebauten Stadt, die ständig einen neuen Anstrich vertragen könnte, nordwärts auf den Ort mit seinen historischen Steingebäuden und seinen uralten, beschützenden Bäumen zufährt.

Entsprechend idyllisch ist der Schauplatz der Veranstaltung, eine ehemalige Irokesenfarm eines gewissen F. Ambrose Clark (1880–1964). Er »leitete 1901 im Alter von 22 Jahren die Entwicklung dieses schönen Tales und der Hänge ein, als er bereits ein weltbekannter Querfeldeinrennreiter und Polo-spieler war,« wie das Programm erklärt.

Tatsächlich sind einige Strohhüte im Publikum zu sehen, das etwa zweihundert Köpfe zählt. Die Leute schlendern gemächlich auf den Wiesen umher. Aus irgendeinem Grund geht mir das Wort *Ripsseide* im Kopf herum und will nicht weichen.

Es gibt so wenige Konkurrenten (die der junge Mann, der über eine ständig aussetzende Lautsprecheranlage die Ansagen macht, niemals versäumt, als Konkurrenten zu bezeichnen), dass keine Prüfung mehr als vier Teilnehmer umfasst. Manche, wie der abschließende Ausstattungswettbewerb *Adult Vintage Attire and Tackle Stakes*, werden von nur einem bestritten; selten sind Siegerschleifen so sicher. (In diesem Fall ging sie an einen Appaloosa namens Dakota, dessen Besitzerin ihm eine Indianerdecke über den Rücken gelegt, über ihre Jagdkleidung eine befranste Daniel-Boone-Jacke gezogen und sich Federn ins Haar gesteckt hatte.)

Dies ist kein »offizielles« Turnier, und die Teilnehmer gewinnen nicht mehr als Schleifen und gestiftete Poster und Sattelhalter – einige Mädchen häufen genug für eine ganze Sattelkammer an –, aber es ist immer noch ein Reitturnier. Man gibt sich immer noch vornehm, lebt in einer eigenen Seifenblasenwelt der leisen Töne und des Festhaltens an einem komplexen und historisch verwurzelten Ethos.

Wenn ich mich auf Turnierplätze wage, habe ich stets das Gefühl, in eine Vergangenheit zurückzukehren, die nur noch innerhalb dieser Grenzen lebendig ist. Die Welt ist nicht nur verfeinert – ein Schauplatz hoher Spezialisierung, wo Sie, wenn Sie vielleicht genau zuhören, die Sprache als Englisch identifizieren und dennoch kein Wort verstehen –, sondern ansonsten ganz und gar verschwunden. Die Gesetze, die hier gelten, wurden in und von einer Ära geprägt, die wir schon vor ganz langer Zeit hinter uns gelassen haben. Einst waren diese Regeln wie alle anderen Regeln auch, Ehrbegriffe, einschließlich dessen, was eine Dame tat und was nicht und dass man sich zum Abendessen umkleidete. Das Wort mutet uns heute ulkig an, nicht wahr – *Ehre*. Persönliche Ehre. Ehre des eigenen Landes. Ehre der Familie, des Standes, des Namens. Was nur bedeutet das?

»Betragen und Ausstrahlung des Pferdes«; »Aufmachung und stilgerechtes Erscheinungsbild«. Ich stehe in der Nähe des Richterzeltes und könnte sie beratschlagen hören, wenn sie den Mund aufreißen würden, was sie entschieden nicht tun. John und Elaine Moore Moffat sind untadelig in ihrer eigenen Aufmachung und das, was man »echte Pferdeliebhaber« nennen muss. Die sind übrigens eine ganz eigene Sorte. Den Moffats, jetzt allem Anschein nach sehr gut erhaltene Sechziger, schreibt man das Verdienst zu, vor dreißig Jahren in dieser Region Großereignisse durchgeführt zu haben – große Turniere, richtige Turniere. Er war früher Ausbilder; sie hatte sich für die Reiternationalmannschaft der Vereinigten Staaten qualifiziert und ist Autorin von *Earning Your Spurs*. Jetzt blickt sie über den Rand ihre Lesebrille auf ihre Bewertungsbögen und neigt ihm den Kopf zu, wenn er spricht, ohne jedoch ihre Augen vom Reitplatz zu lassen (sie sieht immer noch gut aus, blond, geschmückt mit goldenen Ohrringen, und verkörpert die Art Frau, der man auf den ersten Blick ansieht, dass Streiten keinen Zweck hat). Das Einzige, was ich sie sagen höre, sagt sie zu ihrem Sohn, der den Vorstarter spielt, als sie ihn wegschickt, um eine Reiterin zu disqualifizieren, die in einer Anfängerkategorie gestartet ist, obwohl sie das dafür geltende Höchstalter von zwölf Jahren überschritten hat: »Du weißt, dass es mir Leid tut, aber so sind die Regeln, und die Regeln müssen eingehalten werden.« Das ist kein pedantischer Willkürakt, das ist eben einfach so.

In der Pause gibt es eine Showeinlage der Quadrillegruppe des »Otsego-County-Jugendreitclubs«, die vor einigen Jahren noch »New-York-State-Champion-Quadrillegruppe« hieß.

Im Sattel sitzen ausschließlich Mädchen im Teenageralter. Sie nehmen ihre Sache todernst.

Die Musik kommt aus der billigen Lautsprecheranlage; eine leichte Brise droht, sie davonzutragen. Sie kommen heraus. Ihre Pferde haben alle möglichen Farben und Größen, und manche brauchen nachdrücklichere Ermunterung mit Schenkeln und Absätzen um vorwärts zu gehen als andere. Die Mädchen werfen einander rasche Blicke zu, damit sie bei den Schlangenlinien auf demselben Hufschlag reiten, die Kehrtwendung gleichzeitig machen. Zuletzt formieren sie sich zu einer großen Wagenradfigur, die fast den gesamten Reitplatz ausfüllt. Die Gesichter der Mädchen zeigen jetzt höchste Konzentration, und ich stehe da, gefesselt, in ihrem Bann. Das innerste Pferd bewegt sich kaum, dreht sich auf der Vorhand, während das äußerste von seiner Reiterin im Galopp energisch getrieben wird. Sie treibt es vorwärts, als ob beiden etwas Unaussprechliches zustoßen würde, wenn es zurückbliebe und die Linie durchbräche, die fast gerade ist, obwohl jedes Pferd mit einer anderen Geschwindigkeit vorwärts geht. Ich sehe die stummen Wünsche, die jede von ihnen mit aller Inbrunst an ihr Pferd richtet, sich auf den Gesichtern malen. Meine Augen füllen sich mit Tränen.

Die Regeln für eine Damensattelprüfung bei einem Turnier der *American Horse Show Association* schreiben eine angemessene Ausstattung vor: einen Picknickkorb, der eine mundgeblasene Taschenflasche mit Deckel aus Sterlingsilber und Korkumhüllung enthält; besagte Flasche muss Sherry oder Eistee enthalten. Eine Sandwichdose aus vernickeltem Blech, in der sich ein Sandwich mit Huhn, Schinken, Tunfischsalat oder Brunnenkresse befindet. Die Krusten des Brots müssen weggeschnitten sein. *Selbstverständlich* müssen die Krusten weggeschnitten sein.

Bei einer großen Veranstaltung, etwa beim »National« im

Madison Square Garden, setzt man noch einen drauf und serviert Champagner mit einer in der Flöte, zugegeben aus Plastik, versenkten Erdbeere, obwohl es schwer fällt, das Wissen abzuschütteln, dass irgendwann morgen Abend, genau wie drei Tage zuvor, ein glänzender Holzboden das scharfe, nachhallende Quietschen von Basketballschuhen zu den Dachbalken hochschicken wird, wo es sich mit dem Geruch von Hot Dogs vermischt. Wie heißt es doch so schön? Ganz sicher bleibt nichts, wie es ist.

»Das Reitturnier hatte zwei Wochen zuvor vorübergehend den Anschein von Lebendigkeit erweckt und die Theater und Restaurants mit menschlichen Schaustücken gefüllt, die von derselben teuren und erlesenen Art waren wie jene, die täglich im Ring ihre Runden drehten. In Miss Barts Welt zählte man das Reitturnier angeblich unter die Attraktionen, die von den Auserwählten verachtet wurden; aber wie der Feudalherr sich aufmachen mochte, um am Tanz auf dem Dorfplatz teilzunehmen, so ließ sich die Gesellschaft doch, inoffiziell und beiläufig, dazu herab, bisweilen am Ort des Geschehens vorbeizuschauen.«
Aus Edith Wharton, *Das Haus der Freude.*

Obwohl heutzutage manche Zuschauer selbst bei den renommiertesten Landes-Championaten Shorts und Tennisschuhe tragen und beim Herumspazieren Sandwiches verzehren, aus denen weiße Flüssigkeit tropft, strahlen die Reiter eine Würde aus, die gänzlich aus einer anderen Zeit stammt. Vielleicht ist dies ein Beleg für die Macht von Kleidung, insbesondere Kleidung, die sich in den vergangenen dreihundert Jahren kaum geändert hat. Es ist schwierig, in engen Reithosen und maßgeschneiderten Stiefeln nicht elegant zu wirken. Es ist schwierig, nicht wie ein Angehöriger einer völlig anderen Klasse von Mensch zu wirken, wenn man diese Stiefel trägt, während man sich in einem Zelt aufhält, das inmitten eines Ozeans aus Grün errichtet wurde, in einem mit Namen gekennzeichneten Regiestuhl auf einem Orientteppich sitzt und einen Sattelzeugkoffer mit Monogramm als Tisch für Cracker und Käse, Gin und Tonic benutzt. Unterdessen bewegen sich die glänzenden Pferde in den Stallboxen hinter einem leise, um eine neue Stelle zum Stehen und Ruhen zu finden.

Beim Besuch des Chelsea Equestrian Center, einem riskanten Versuch, die Reiter Manhattans mit einer Kreuzung zwischen Universitätsclub und Prominenten-Sportstudio zu versorgen, beginnen in meinem Körper sämtliche mir vertrauten Symptome des Kontakts mit unbegrenzten Geldsummen zu rumoren: eine leichte, tief vergrabene Angst, gemeine Neugierde, das zweifache Ziehen von Neid und Widerwillen, wobei Neid überwiegt. Ich unterhalte mich unschuldig mit einer Frau, in der Hoffnung, dass sie das Rattern der Registrierkasse in meinem Kopf nicht hört: Stiefel, 800 Dollar, kling, Reithosen mit hirschledernem Ganzlederbesatz, 250 Dollar, kling, britische karierte Stalljacke, 400 Dollar, kling, diskrete, brilliantenbesetzte Goldohrringe, 2000 Dollar, kling. Ich kann nicht damit aufhören. Es ist eine Krankheit.

Es ist ebenfalls fast unmöglich, keine Gemeinheiten zu denken, wenn ich vom Zuschauerraum oberhalb des Schauplatzes zusehe; er soll einmal eine Kaffeebar beherbergen, wenn er fertig ist, und enthält gegenwärtig die ersten Anfänge eines »Sattelzeugladens«, der kein Reitzubehör verkauft, jedenfalls nicht viel, sondern vielmehr Pferdekitsch der Luxusklasse, einschließlich übertrieben teurem Silber- und Goldschmuck in Form von Reitkappen und Gebissen.

Ein langbeiniger junger Mann mit einem Spitzbart hopst gnadenlos auf dem Rücken eines Schecken auf und ab, dessen Ohren klar zum Ausdruck bringen, was er von der ganzen Sache hält. Eine Parade von Pferden mit Menschen auf ihrem Rücken geht auf dem Zirkel, trabt, galoppiert, geht auf dem Zirkel, wie ihnen befohlen wird. Wenn sie fertig sind, werden die Pferde zu ihren Boxen geführt, die nagelneu, aber recht klein bemessen sind, wo sie bleiben, bis sie das nächste Mal gesattelt herausgeführt werden, um wieder immer rund um die Reitbahn zu laufen. Sie dürfen, immer zu zweien, hinaus auf den Außenreitplatz in dem schmalen Raum zwischen dem West Side Highway und dem Hudson River. Ab und zu werden sie aus der Stadt hinaus gekarrt, damit sie wirklich einmal an die frische Luft kommen; das soll verhindern, dass sie schwermütig und sauer werden. Ich sehe jetzt schon »Essig« in den Augen einiger von ihnen. Wie bitter ist es, dass ich mir angewöhnt habe, immer einen Blick hinter die Fassaden zu werfen, um in die finsteren Abgründe zu blicken.

Keine Form der reiterlichen Betätigung ist so streng reglementiert, klassengebunden und umstritten wie die Fuchsjagd. Ihre Vorschriften für Kleidung und Benehmen – vom Ritual des Bügeltrunks über die Farbe des Reitrocks bis zu den Regeln, wer vor wem reiten darf –, lassen das Wegschneiden der Brotkruste wirken, als täte das jeder Bauer gewohnheitsmäßig. In Amerika stellt die Fuchsjagd einen weiteren britischen Import dar, der wie der Land Rover als finanzielles Statussymbol fungiert. Ganz zu schweigen davon, dass es irrsinnigen Spaß macht, auf einem guten Pferd in einem Affenzahn im offenem Gelände über Stock und Stein zu preschen. Die Hauptgefahr, mit der sich der Sport auf dieser Seite des großen Teichs konfrontiert sieht, ist die Neigung ignoranter, nervöser Popstars, Anwesen in traditionellem Jagdland zu kaufen und das Land dann für Reiter zu sperren. Dies und die unbedeutende Möglichkeit, dass einige alles andere als stimmlose Spinner eine derartige Zurschaustellung arroganten Elitedenkens als einen Affront gegen die heutige Gesellschaft verunglimpfen, der der Veranstaltung eines Minnesängerwettstreits oder dem Ansinnen, von der Putzfrau zu verlangen, einen Knicks zu machen und rückwärts aus dem Zimmer zu gehen, ebenbürtig ist.

In Großbritannien liegt die Sache anders, und doch ein wenig gleich. Nur dort ist es vorstellbar, dass ein Gesetz gegen die Hetzjagd von Säugetieren mit Hunden in das Parlament eingebracht wird (in Amerika hätte das Problem der Grausamkeit gegenüber Tieren etwa genau dieselbe Chance, im Kongress diskutiert zu werden, wie das Feiern von Lenins Geburtstag), und nur dort ist es vorstellbar, dass ein solcher Vorschlag 100 000 Menschen gegen das Gesetz auf die Beine bringt. Der Grund dafür ist, dass eine Bedrohung der Fuchsjagd als Bedrohung »eines Lebensstils« gesehen wird. Dies könnte man mit »Klassenprivilegien« übersetzen, solange man nicht vergisst, die beträchtliche wirtschaftliche Bedeutung im Zusammenhang mit dieser Betätigung einzukalkulieren. Ebenfalls nicht vergessen werden darf, dass Rituale uns beruhigen, wie enges Wickeln ein Neugeborenes beruhigt; wir sind vielleicht schon vor der Geburt darauf angelegt, uns nach den engen Mauern zu sehnen, die uns genau sagen, wo wir sind. Übrigens reißt niemand gerne historische Gebäude ein, selbst wenn sie nicht mehr restaurierbar sind.

Tradition ist überaus bedeutsam für die menschliche Kultur, und sie reagiert wie eine Schlange, wenn sie sich bedroht fühlt. Es kann einfach nicht falsch sein, wenn es doch schon seit so langer, langer Zeit gemacht wird. Daher klammern sich die Jäger allerorten so fest daran, wie es jeder tun würde, der das hat, was sie haben. Kein Wunder, dass sie Argumente ins Feld zu führen wissen, die ihr Tun und ihr Recht zu tun, was sie schon lange tun, in jedem einzelnen Aspekt stützen, und dass diese Argumente in die besonders harte Rüstung gehüllt sind, die Standardausstattung der Heerscharen des Status quo ist.

Ich war einmal als Zuschauerin zu einer Reitjagd eingeladen und erhielt daher per Post alle nötigen Informationen über die glanzvolle Geschichte der Jagd (selbst eine, die erst seit wenigen Jahren existiert, kann stets eine glanzvolle Geschichte vorweisen), den »Who's Who« der Organisation und ihre glanzvollen Qualifikationen, die Regeln (die Regeln müssen eingehalten werden) und die Möglichkeiten, als Außenstehender teilzunehmen. Einen Monat später erhielt ich eine barsch formulierte Ausladung von meinem ursprünglichen Gastgeber: Er hätte einen Artikel gelesen, den ich über das traurige Leben des Touristenkaleschenpferdes in der Stadt geschrieben hatte, und dabei festgestellt, dass ich das Herz nicht auf dem rechten Fleck hätte. Ich sei eine bösartige und gefährliche Person, und darüber hinaus hätte ich keine Ahnung von einigen ganz fundamentalen Dingen der Natur, über die er mich zu belehren suchte. Ich hätte mich als Pferdeliebhaberin bezeichnet, er sich ebenfalls. Nur – einer von uns beiden sei demnach ein Schwindler.

Lebensretter

11 Als Mary Jacob zu Gesicht bekam, hatte das alte Ex-Rennpferd hundertdreißig Kilo Untergewicht, und sie war eine zweiundvierzigjährige Reitanfängerin, die nie zuvor ein Pferd besessen hatte. Es war maßlos töricht, ein Tier zu kaufen, das sich als unreitbar erwies, sowohl beim damaligen Versuch als auch möglicherweise überhaupt. Doch sie brachte es nicht über sich, ihn in den Händen eines Besitzers zu lassen, der ein Tier derartig hatte verkommen lassen können; ihr weichherziger, spontaner Impuls traf auf einen absurd hohen Preis, und sie bezahlte ihn mit Freuden.

Mit reichlich Futter und Pflege päppelte Mary Jacob auf.

Weil manchmal doch die Gerechtigkeit siegt, erwies er sich als ideales Anfängerpferd, das ihr nichts schenkte, sondern eine Eigenschaft zeigte, die bei Pferden als Ehrlichkeit bezeichnet wird. Sie ritt ihn im Gelände, wo sie beide viele Erfahrungen machten. Eines Tages wurden sie während eines Ausritts von zwei Hunden angefallen. Die Köter knurrten, bellten und bissen. Jacob stand. Er stand, als sie ihm die Gamaschen abrissen und ihre Zähne in seine Vorderfußwurzelgelenke schlugen.

Seither kann nichts Mary von ihrem Glauben abbringen, dass Jacob sich aus keinem anderen Grund so verhielt, als um sie zu retten. Jedes andere Pferd wäre in heller Panik durchgegangen, zu einem in doppeltem Sinn rasenden Strich in der Landschaft geworden. Und als Anfängerin mit unsicherem Sitz hätte sie sich nach hohem Bogen durch die Luft auf dem Boden wiedergefunden. So schwor sie nach diesem Tag, Jacob für immer zu behalten, ganz gleich welches andere Pferd sie sich zulegen mochte und ungeachtet dessen, dass sie ihm über kurz oder lang mehr würde geben müssen, als er ihr geben konnte. Sie rettete ihn, und er rettete sie. Man kann sich nicht vorstellen, wie oft diese Geschichte erzählt wird.

Natürlich stellt sich nicht immer diese vollkommene Gegenseitigkeit ein. Manchmal bekommt man mehr, als man gibt. Dann wieder kann das Empfangen eines großen Geschenks den Anstoß dazu geben, über das Wesen dieses Geschenks nachzudenken, und so Hirn und Herz und einen Kanal für den Rückstrom des Mitgefühls öffnen. Es besteht immer eine Möglichkeit, Reichtum neu und gerecht zu verteilen. *Die Pferde haben mich so viel gelehrt! Ich habe mehr Selbstvertrauen, mehr Geduld, mehr Offenheit gelernt.* Manche Menschen wissen nur so viel von dem Unermesslichen zu artikulieren. Andere jedoch sind, wenn sie einmal angefangen haben, nicht mehr zu bremsen. Eine Frau will ein Buch darüber schreiben, dass Reiten wie Leben ist, dass es die Möglichkeit birgt, das schlummernde, eigentliche Selbst wieder zu erwecken. Sie wiederholt den Refrain der Frauen, die als Mädchen auf Pferde versessen waren und nie »damit aufhörten« – die, ohne zu wissen warum, ihre Reitkappen und Sättel aufhoben, sie von Stadtwohnung zu Stadtwohnung mitschleppten; sie bewahrten ihre Hoffnung in der symbolischen Form dieser Überbleibsel. Und als ob sie einen heiligen Eid (ein Ehegelöbnis im Grunde: zwei auseinander gerissene Teile des Selbst zu vereinigen – Kind und was auch immer sonst) ablegen würden, schwören sie sich, sich eines Tages wieder ein Pferd zuzulegen.

Eine andere spricht darüber, dass die Manier, in der man reitet, auf nichts weniger als eine ganze Lebensphilosophie hinauslaufe. Diese Überzeugung scheinen interessanterweise nur Menschen zu hegen, die ihre Reitweise endgültig gefunden haben, irgendwann auf ihrem verschlungenen Pfad durch alle möglichen absurden oder belanglosen Methoden hindurch bis zu Disziplinen wie Dressur, *Centered Riding* (Reiten aus der Körpermitte nach Sally Swift), *Natural Horsemanship* und Ähnlichem. (Sie vertreten auch Philosophien. Eine Frau weist darauf hin, dass der Jagdsitz »zielorientiert« sei, immer vorausschauend auf den nächsten Augenblick in Form des nächsten Sprungs, das Gegenteil des dem Zen ähnlichen in sich ruhenden Sitzes, bei dem man versucht, ganz im jeweiligen Augenblick zu sein, so eng verbunden mit dem Pferd wie nur irgend möglich.) Es gibt Art und Weisen, eine Beziehung herzustellen, die auf allem Möglichen basieren und im Grunde nicht ohne es funktionieren: absolut freies Fließen, die Abwesenheit innerer und äußerer Hemmnisse sowohl für Körper als auch Geist; ehrliche und zuverlässige Kommunikation und vollkommenes Vertrauen in die Fähigkeit des Pferdes, den Informationsfluss zurückzugeben, solange man offen und geistesgegenwärtig zuhört. Die Stimme am anderen Ende der Telefonleitung erklärt mir klipp und klar, dass die Art, wie sie mit Pferden zu kommunizieren gelernt hat –

klipp und klar –, sie oft von anderen abhebt. »Leute, die nicht reiten, sind einfach unfähig, einen wesentlichen Teil von mir zu verstehen. Sie begreifen nicht, dass ich meine, was ich sage – dass meine Forderungen unzweideutig sind, dass ich keine Sperenzchen mache. Ich sage, was ich meine, weil man so mit einem Pferd redet, weil man so mit einem Pferd reden *muss*.« Sie und ihresgleichen sprechen vom Reiten wie von einem Pfad zur Erleuchtung, dem Weg, um einen Moment der Klarheit zu erlangen: das Chaos zurückzulassen. (Was so viel heißt wie: den Großteil des Lebens zurückzulassen.) Auf einem Pferd darf man es sich einfach nicht leisten, chaotisch zu sein, sonst kommt nur Unsinn dabei raus. Und das erstaunlich schnell. »Sie können dich atmen hören. Sie wissen, was in deinem Kopf vorgeht.«

Wir sehen einer Trainingsstunde des therapeutischen Reitens zu. Auf dem Reitplatz erklärt ein Arzt über Mikrofon, dass die »Hippotherapie« ein Heilmittel ist, das er verschreibt wie ein Antibiotikum. Anders als ein Antibiotikum kann sie bei so vielen Übeln helfen, dass man sie immer noch nicht alle katalogisiert hat: Autismus, Zerebralparese, Jugenddelinquenz, Drogensucht, Leiden der Seele ebenso wie des Körpers. Die Pferde kommen gerade vom Springplatz; dies war eine Premiere für sie. Die beiden kleinen Mädchen leiden an Zerebralparese; sie können nicht laufen. Jedes tut sich mit einem Pferd zu einem einzigen Wesen zusammen. Der Mensch borgt sich vom Pferd die Fortbewegung, und zum ersten Mal im Leben spüren die Mädchen, wie es ist, sich von alleine zu bewegen; die Wirbelsäule wiegt sich, die Muskeln und Knochen schwingen und spielen. (Der Rollstuhl mag sie von Ort zu Ort bringen, doch sie selbst bleiben darin bewegungslos; nur das Pferd vermag ihren Knochen diese Empfindung zu vermitteln, an die jene sich vielleicht erinnern können, um sie schließlich möglicherweise zu reproduzieren.) Während sie immer rund um die Bahn gehen, winzige Pakete funktionsunfähigen Fleisches auf massigen Wesen mit vollkommener Form, erklärt der Arzt, dass Pferde so ausgezeichnete Therapeuten seien, dass er seinen Job an den Nagel hängen müsste, wenn sie Ärzte werden könnten. Die Art und Weise, wie er das sagt, lässt erkennen, dass er dies nicht scherzhaft meint. Die Literatur wimmelt in der Tat von Anekdoten, die so viel Beweiskraft haben, wie man sich nur wünschen kann: Das Kind, das seit Jahren nicht gesprochen hat, gibt da oben auf einem Pferd sein erstes Wort von sich; der Junge, dessen neuromotorische Schädigung ihn zu fast unausgesetztem Zucken zwingt, wird auf dem Rücken eines Pferdes ruhig und würdevoll. Wunder über Wunder, sagen die Eltern. Die Pferde sind stumm, tun ihre Arbeit. Doch alle sind sich einig, dass auch sie sich verändern: Sie erkennen auf Wegen, die nur sie wissen, sofort und ganz genau, was für Lasten sie tragen. Sogar das störrische Reittier – man kann förmlich zusehen, wie es lammfromm und langsam wird, aber nur für die Behinderten. Gegen dich, das starke Raubtier, wird es immer noch auskeilen. Sie können dich atmen hören. Sie wissen, was in deinem Kopf vorgeht.

Pferde können Leben retten. Dies ist eine Geschichte mit wahrem Kern aus einer Illustrierten: Eine Rassestute bekam einen neuen Gefährten, einen großen Rappwallach unbekannter Abstammung. Sie pflegten ein friedliches Miteinander auf der Weide. Bis eines Tages die Mutter aus dem Fenster beobachtete, wie ihre dreijährige Tochter auf die Weide hinauslief, um ihre Freundin, die Stute, zu begrüßen. Der Wallach beobachtete sie vom anderen Ende der Koppel. Dann beschloss er zu handeln. Er drehte sich herum. Im Galopp, mit angelegten Ohren, gebleckten Zähnen raste er schnurstracks auf das Kind zu. Und auch die Stute raste los, als sie den großen Rappen kommen sah. Sie erreichte das

Mädchen gerade noch rechtzeitig, um sich dazwischen zu stellen und seinen Schlag zu empfangen. Dann drehte sie ihm das Hinterteil zu und zwang ihn mit einem Trommelfeuer ihrer Hinterhufe zum Rückzug. Ohne Zögern schilderte die Mutter das Nächste, was die Stute tat, wie folgt: Sie ging hinüber zu dem Kind, »um nachzuschauen, ob es ihm gut geht«. Tierverhaltensforscher sind sich der Interpretation nicht so sicher; es ist gefährlich, einem Pferd, das wahrscheinlich etwas ganz Anderes im Sinn hat, menschliche Motive zu unterstellen. Es ist gleichermaßen gefährlich, sich zu denken, dass man nicht gesehen habe, was man doch ganz bestimmt gesehen hat.

Glauben Sie, dass ich sagen will, dass nur Frauen Pferde lieben? Die Menschen, die sie so sehr lieben, dass sie sie retten und sich von ihnen retten lassen, werden nicht durch ihr Geschlecht, sondern nur durch ihre Seelenverfassung definiert. Es war ein Mann, Robert Bontine Cunninghame-Graham, der den berühmten Ausspruch tat: »Gott möge verhüten, dass ich in einen Himmel komme, in dem es keine Pferde gibt.« Ähnliches, aber etwa zwanzig Jahre früher, schrieb 1888 John Codman in seinem Buch *Winter Sketches from the Saddle*: »Ich glaube, daß das Pferd eine Seele hat. Die Bibel sagt uns, daß es im Himmel Pferde gibt und daß sie von dannen kamen, um Eliah in den Himmel zu holen. Ich glaube, daß sogar schlechte Menschen schließlich in den Himmel kommen, und es gibt keinen Grund, weshalb Pferde, die besser sind als jene, nicht vor ihnen dorthin gelangen sollten.« Derselbe Autor tritt für die körperlich und seelisch segensreichen Wirkungen dessen ein, was er als »Equestropathie« bezeichnet, und rät jedem Reiter, »solange im Stall zu verweilen, bis Ihr Pferd gefüttert ist. Nehmen Sie Ihr Abendessen danach ein, denn Sie sind weniger wichtig.« Eine Einstellung, die Albion Winegar Tourgée, ein populärer Romancier aus der Zeit der Rekonstruktion, zweifelsohne teilen würde. Über ihn schrieb Edmund Wilson in *Patriotic Gore*: »Er nahm einmal einen Roman mit dem Titel *My Horses* in Angriff, und die Pferde in seinen anderen Romanen sind genauso bedeutende Persönlichkeiten wie ihre Besitzer.« Ein anderer, dessen Solidarität mit Pferden ihn nicht nur von seinem Geschlecht, sondern auch von seiner Spezies allgemein abhob, war der russische Dichter Wladimir Majakowski; sein 1918 geschriebenes Gedicht *Gute Behandlung der Pferde* spricht sehr beredt für sich selbst. Es deutet auch an, was der letztendliche Ursprung jeder solch außergewöhnlichen Identifikation mit den Machtlosen und Unterdrückten, gleich welcher Spezies (und hier muss ich vorsichtig zu Werke gehen, weil ich mich damit auf das gefährlich unpopuläre Gebiet mit der Bezeichnung »Psychologie« vorwage), sein könnte: einfach durch seinen Ton, der, wie es seine amerikanische Übersetzerin Maria Enzensberger ausdrückt, »voller Qual, voller Leiden an tiefer Einsamkeit und an mangelndem Verständnis und Mitleid« ist.

Gute Behandlung der Pferde

Hufe hieben
die alte Weise:
»Gripp,
grub,
grob,
Grab.«

Winde rieben,
beschuht vom Eise,
die schlüpfrige, steile
Straße ab.
Da kracht auf die Kruppe
einer der Gäule.

Am Kusnezki-Most
staun sich schon gaffende Mäuler.
Die Hosen schlappern ihr Glockenmaul,
Gelächter klimpern
vor Langeweile:
»Ein Gaul ist gestürzt!«
»Gestürzt ist ein Gaul!«

Der Kusnezki lachte.
Nur ich allein
trat hin
und tat keinen Ton ins Geheule.
Ich schaute
in die Augen des Gauls hinein ...
Und kopfstand, umstürzend, die Straßenzeile ...

Trat hin, sah:
Träne um Träne träuft,
rinnt über die Backen,
versiegt in der Mähne ...
Und tierische Schwermut,
die überläuft,
brach strömend aus mir
in verrauschender Strähne.

»Mein Pferd, nicht weinen,
Ich kenn' die Beschwerde –
Wer sagt Ihnen denn, Sie sei'n weniger wert?
Kindchen,
wir alle sind ein wenig Pferde,
jeder von uns ist auf seine Weise Pferd.«

Vielleicht, weil es
– bejahrt –

keine Amme mehr brauchte,
vielleicht fand es meine Zumutung
würdelos, –
kurz,
das Pferd
gab sich einen Ruck,
trat aufs Bein, aufs verstauchte,
wieherte laut
und ging los.

Es schwenkte den Schweif.
Ein Kind, ein rothaariges –
heiter gings heim
in den Stall, wo es wohnte.
Ihm war nun, es wär noch
ein Fohlen, ein fahriges –
und es lohnte zu leben,
und zu arbeiten lohnte.*

»Es gibt keine Unterschiede zwischen Männern und Frauen
darin, welche Emotionen sie erleben oder wie intensiv sie sie
erleben. Der Unterschied im Ausdruck entwickelte sich, weil
Frauen mit der Erwartung, der Erlaubnis und der Forderung
konfrontiert sind, bestimmte Emotionen offen zu zeigen, und
Männer der Erwartung und der Forderung ausgesetzt sind, sie
zu verleugnen oder zu unterdrücken. Diese Regeln für Emotionen sind nicht willkürlich; sie sind unseren sozialen Über-
einkünften angepasst. Es war nicht immer so.« Wir sind ständig bestrebt herauszufinden, wer und warum wir sind, und wir
stellen fest, dass das in der Tat eine komplizierte Sache ist und
dass wir es wahrscheinlich niemals herausfinden werden – so
viele Kräfte sind da am Werk, in uns und um uns, so viel bleibt

* Wladimir Majakowski, zitiert aus: »Werke«, Suhrkamp Verlag, o. J.

unausgesprochen und unbemerkt. Die eben zitierte Meinung äußert Carol Tavris in ihrem Buch *The Mismeasure of Woman*. Sie vertritt die Ansicht, dass die Rollen, die wir offenbar als normal betrachten – die Frau als Nährerin, der Mann als Krieger –, entstanden, als die industrielle Revolution Arbeiten und Wohnen und infolgedessen die Geschlechter zu Gegensätzen machte. Andere Autoren postulierten kürzlich ein goldenes Zeitalter, in dem matriarchalische Gesellschaften Regeln aufstellten, die auf Partnerschaft und Kreativität gründeten, statt auf Herrschaft und Zerstörung (»Humbug«, sagen die Wissenschaftler). Fachleute für Kommunikationsverhalten stellten fest, dass Frauen, zumindest heutzutage, meist versuchen, Bündnisse zu schmieden und den Austausch mit anderen reibungslos zu gestalten, während Männer eher dem Modell des Hunderudels zuneigen, in dem die Hierarchie ausgefochten wird. Wenn es um Pferde geht, werden die Wissenssucher feststellen, dass das Alte neu ist und Neuigkeitswert hat.

Man kann ein Pferd brechen. Man kann es mit Gewalt demütigen und fesseln, bis es sich unterwirft. Man kann auf »Ungehorsam« mit einem schnellen Gertenschlag reagieren; auf diese Weise gehen manche mit ihren Kindern um. Das funktioniert so lange, bis das Kind erwachsen wird, aber dann haben andere das Problem. Oder Sie können seine Wesensart respektieren. Sie können nicht verlangen, dass es Ihre Sprache lernt, aber sehr wohl, dass Sie die seine lernen. Verständnis, sogar schon der Wille zu verstehen, kann wie Zauberei wirken. Das ist das Neueste: nach Western-Manier mit der Wesensart des Pferdes zu arbeiten, statt es ungeduldig auf die gewünschte Zielvorstellung hinbiegen zu wollen. Menschen in aller Welt stellen sich in meilenlange Schlangen für Karten an und füllen die Stadien, auf denen die *Natural-Horsemanship-Tour* Station macht. Sie ist jedoch keine neue Methode, diese »Pferdeflüsterei«. Sie ist nicht einmal ein altes Geheimnis der Cowboys, das nur wieder einmal ans Licht kommt. Sie ist der

Weg, den die Achtsamen, die Intelligenten, die reinen Herzens sind, schon immer beschritten haben. Selbst für pure Pragmatiker ist sie die Methode, die am besten funktioniert:

>Sollte eine meiner Leserinnen glauben, daß diese Ansichten über die Beziehungen zwischen Pferd und Reiterin zu sentimental sind, daß alle nötigen Voraussetzungen bei einem Pferd in guten Bewegungen, gehorsamem Annehmen des Zügels und willigem Vorwärtsgehen beim Treiben bestehen und daß Liebe und Respekt gänzlich unnötig sind, so wird sie feststellen, sollte sie auf der Straße jemals auf einen erschreckenden Gegenstand stoßen, daß ein wenig von dieser so gering geschätzten Zuneigung und diesem Vertrauen höchst wünschenswert ist, denn im Augenblick der Gefahr wird die Stimme, die niemals in zärtlichem Tonfall gesprochen hat oder Vertrauen zu gewinnen trachtete, unbeachtet bleiben: Die Furcht wird auch über die sorgfältigste Ausbildung obsiegen, und die Reiterin wird sehr viel Glück haben, wenn sie ohne Unfall davonkommt.«

Dies ist wieder die sanfte, aber Achtung gebietende Stimme von Elizabeth Karr, die aus dem Jahre 1884 zu uns herüberschallt. Ihre natürliche, intuitive Klugheit ist blutsverwandt mit dem Wissen von Generationen von Bauern, die das schwere Zugpferd vor den Pflug spannten, das Tier, das als kaltblütig gilt, das aber immer noch und für immer und ewig den Stempel des zu schneller Reaktion gezwungenen Beutetiers trägt. Daher fordert das *Work Horse Handbook* auf: »Behandeln und bilden Sie das Pferd als Kameraden aus. Betrachten Sie das Pferd als Ihr Gegenstück und seine Unzulänglichkeiten als Ihre eigenen.«

Empathie, was für eine Idee. *Betrachten Sie das Pferd als Ihr Gegenstück*. Sie könnte einem nicht nur Millionen einbringen, wenn man einen Bestseller darüber herausbrächte, sie allein könnte das Elend auf seinem Vernichtungsfeldzug durch das

111

Heer aller armen Lasttiere aufhalten. Doch Empathie verkauft sich bei der großen Masse der Menschheit nicht gut, insbesondere wenn sie nichtmenschlichen Wesen gilt. Keine Angst: Das Patent auf Ihre Spezialität werden Ihnen nicht viele streitig machen.

1919, mit dem Ende des Palästina-Feldzugs, wurden die 20 000 übrig gebliebenen Pferde der siegreichen Briten an die Ägypter verkauft. Da sie in Ägypten gewesen waren und daher genau wussten, was das bedeutete, zogen es manche Kavalleristen vor, ihr Reittier zu erschießen als es dem auszuliefern, was diese Zukunft für es bereithielt.

Elf Jahre später wurde Dorothy Brooke, die Ehefrau eines Kavalleriekommandanten in Ägypten, von einer Woge des Mitleids überwältigt. Sie ging daran, alle britischen Pferde ausfindig zu machen, die ihr Martyrium überlebt haben mochten. Erstaunlicherweise fand sie mehrere hundert – mehrere hundert halb verhungerte, geprügelte, apathische, kaum noch lebendige Pferde. Sie schrieb an die *Morning Post* in London und bat um Mithilfe bei einem Spendenaufruf, um die Tiere aus ihrer Sklaverei freizukaufen. Es kamen schließlich 40 000 Pfund für den *Old War Horse Fund* zusammen, und Brooke richtete eine Klinik ein (heute das angesehene *Brooke Hospital for Animals* in Kairo). Sie rang überdies der Regierung das Versprechen ab, niemals wieder die Schändlichkeit zu begehen, ihre Militärpferde an Ausländer zu verkaufen. Natürlich geschah dies 1935 erneut, als die Pferde endlich von ihrem Jahrtausende währenden Schicksal als zwangsverpflichtetes Kanonenfutter befreit werden sollten. Doch sie hatte getan, was sie konnte.

Tun, was sie können, ist alles, was sie tun können, die Schmalspur-Erlöser in einer Wüste des Todes. Weniger als ein Prozent aller Pferde in diesem pferdenärrischen Land bekommen das Gnadenbrot und dürfen bis zum natürlichen Ende ihrer Tage auf einer Koppel weiden; die übrigen werden weggekarrt, um im Armenfriedhof einer Hundefutterdose oder auf einem Teller in Europa zu landen. Oder sie werden dem Hungertod oder anderen Folgen menschlicher Dummheit überlassen. Oder sie müssen als Versuchstiere herhalten, bis sie an den Tests eingehen. Oder sie werden zu Rohmaterial umgearbeitet, aus dem man die Pillen herstellt, die uns – nur nicht an sie denken – glücklich machen.

Wenn Sie nicht an Fügungen glauben, dann haben Sie noch nie Gnadenhöfe und Einrichtungen wie *Mylestone Equine Rescue, Colorado Horse Rescue, Hooved Animal Humane Society, Equus Sanctuary, Ada Cole Rescue Stables, Redwings Horse Sanctuary* besucht. Dort finden Sie geradezu die Verkörperungen glücklicher Zufälle: Pferde, die noch auf den Beinen waren, als der Nottransporter ankam; Pferde, die das lange Hölzchen zogen, in Form eines Richters, der die Unterbringung in einem Tierheim anordnete; Pferde, die zufällig in einem Bezirk mit einem wachen, tatkräftigen Tierschutzverein lebten und nicht in einem, in dem es den Polizeibeamten überlassen bleibt, die keine Ahnung haben, was sie sehen, wenn sie ein Pferd zu Gesicht bekommen, das auf den Punkt zuwankt, an dem es keine Hoffnung mehr gibt. Sie erzählen unglaubliche Geschichten, über Tiermisshandlungen, bei denen einem das Wort »glücklich« in der Kehle stecken bleibt, wenn man erfährt, wie sie hierher kamen: Das Pferd, dem die Decke monatelang nicht abgenommen wurde, sodass der Mann, der es angeblich fütterte, »nicht wusste«, wie mager es wurde; die Pferde, die jahrelang in ungemisteten Boxen gefangen gehalten wurden und mit gebeugten Köpfen fast unter der Decke auf einem Meter hohen Mist standen; das Pony, das im Schuppen angebunden blieb, um das Holz seiner Gefängniszelle zu fressen, während sich seine nie abgeraspelten Hufe wie Schnabelschuhe zu seinen Röhrbeinen hochbogen; die Herde, die man aus einem staubigen Laufgatter herausgeholt hatte, zusammen mit den aufgeblähten

Leibern mehrerer Gefährten, die ihnen auf dem Weg vorausgegangen waren, den sie bald beschreiten sollten; das Ex-Springpferd, dessen Sehnen in jungen Jahren schlapp gemacht hatten und dessen Reise zum Schlachthof in letzter Minute mit einem Gebot verhindert worden war, das um ein weniges über das Höchstgebot hinausging, zu dem die Schlachtaufkäufer bereit waren. Auf jedes einzelne dieser Tiere kommen Hunderte anderer, die unentdeckt, ungesehen, ungehört und ungerettet dahingingen.

Die Gründerin einer Pferdeschutzgruppe erinnert mich daran, dass Verzweiflung eine Todsünde ist. Sie erklärt, dass sie sich nicht mehr darum schert, was die Leute von ihr denken, ob sie sie mögen oder sie für eine Außenseiterin mit merkwürdigen Moralvorstellungen halten, weil sie sich für Tiere einsetzt, weil sie seit so vielen Jahren für ihr Wohl arbeitet.

Sie erläutert mir, dass es drei Typen von pferdebegeisterten Frauen gibt: die, die etwas von ihnen wollen, persönlich oder beruflich; die, die sie vermenschlichen; und die, die nach einem höheren Wissen über Pferde und Menschen und der Lösung der Rätsel ihrer Berührungspunkte streben. Sie braucht nicht erst auszusprechen, welche ihrer Meinung nach die weitaus kleinste Gruppe ausmacht. In ihrem Arbeitszimmer öffnet sie die Post: ein Paket mit Farbfotos im Format dreizehn mal neunzehn aus einem Pferdeschlachthaus. Sogar sie, die schon in einem gewesen ist, schaut sich nur ein paar davon an und legt dann die übrigen auf den Schreibtisch, Bildseite nach unten. Doch ein anderer war beherzt genug sie aufzunehmen, und das ist gut so, weil Bilder das Einzige sind, was standhält, und weil die Medien in ihrer unersättlichen Lüsternheit nach Blut sie wollen. Sie nimmt einen Anruf auf ihrem Handy wegen einiger vernachlässigter Pferde in einer nahe gelegenen Einzäunung entgegen und erklärt dem unwissenden Mädchen am anderen Ende der Leitung: »Gib ihnen keine Äpfel mehr – du könntest sie umbringen. In ihrem Zustand sollten sie nur Grasheu bekommen.

Grasheu, kein anderes, okay? Kannst du einige Ballen besorgen und sie hineinwerfen?«, Sie rollt mit den Augen, als sie auflegt. Sie hat keine Geduld mehr übrig, nicht mehr für dieses Mädchen und für niemanden mehr, nirgendwo. Sie hat sie anscheinend vor Jahren schon ganz und gar verbraucht und keine Lust, den Vorrat wieder aufzufüllen. Sie hat sich einer Aufgabe verschrieben, die die Geduld mehr als strapaziert: sich so einzusetzen, dass man die ganze Zeit mit schmerzlichen Erlebnissen konfrontiert wird, dass man nachts nicht mehr schlafen kann, weil einen das Blut und das zerfetzte Fleisch, die Schmerzensschreie und die toten Augen bis in die Träume hinein verfolgen. Dies geschieht, wenn man die Fotos betrachtet; dies geschieht, wenn man einmal Bescheid weiß.

Ich bin auf dem Weg zu einem Menschen, den ich noch nicht kenne. Es ist Winter, und die Landschaft ist grau, der Boden schwer und schlammig; mich beschleicht eine vage Niedergeschlagenheit.

Ramona ist eine Art Künstlerin, obwohl ich nie dahinterkomme, was sie eigentlich macht. Die dreieinhalb Quadratkilometer leicht hügeliger Felder und Wälder, dicht besprenkelt mit Häusern, die ein weiterer Beleg dafür sind, dass das Land nicht mit den Vororten zu vergleichen ist, sind übersät mit den riesigen abstrakten Skulpturen ihres Lebensgefährten Sid, eines ehemaligen Kunsthändlers. Beide haben New York hinter sich gelassen, um der tröstlichen Gegenwart von Tieren und Morast und Dingen willen, die wachsen.

Ramona hat etwas sehr Mädchenhaftes an sich, obwohl ihr kurzes schwarzes Haar grau durchsetzt ist. Sie spricht mit einem so schwachen südlichen Akzent, dass er sie umweht wie ein altmodisches Parfüm. Sie trägt »Jodhpurs«, bequem aussehende Reitleggings mit Stegen unter den Füßen. Sie war aber an diesem Tag nicht geritten, da der Boden kalt und rutschig vom Modder war.

Wir verbrachten die meiste Zeit im Haus, das ein klein wenig unordentlich und kühl war. Überall waren schöne Pferdefotos in beeindruckenden Rahmen verteilt: Clara, eine hellgraue Vollblutstute, und Ghost, ihr dreijähriger Sohn von einem Hannoveranerhengst. Bei einem Mittagessen aus Misosuppe bekomme ich viele Geschichten über die erstaunlichen Heldentaten dieser beiden zu hören.

Ramona spricht oft von Augenblicken, in denen das eine oder andere der Pferde »blockiert« oder »einfach nicht da« ist, wenn sie etwa den nicht eingezäunten Hügel hinauflaufen und nicht zu hören scheinen, dass sie gerufen werden. Oder wenn sie gestrauchelt oder erkrankt sind, sagt sie, sie seien »weggetreten«. Ramona verkündet das mit unsagbar traurigem Blick, als ob sie sagen wollte, dass sie gestorben seien. Oder sie spricht davon, dass ihre Energie blockiert sei; sie praktiziert Akupressur und erklärt, dass sie darauf achte, dass die »Energie« des Patienten (ob Mensch oder Pferd) statt ihrer selbst ihre Hände »bewegt«, die nicht einmal die Haut berühren müssen, um Wirkung zu erzielen. (Sie demonstriert mir dies später an Ghosts Hinterhand. Als sie ihre Finger auf einen so genannten Druckpunkt auf seiner Haut sinken lässt, keilt er nach ihr aus und dreht sich dann weg. Dies ist für sie ein stichhaltiger Beweis für die Überlegenheit des Ansatzes, die Hände von der Energie lenken zu lassen, statt im Gegensatz dazu von unpersönlicher Autorität, obwohl es für einen Außenstehenden so aussehen mochte, als hätte sie nur zu fest auf einen empfindlichen Punkt gedrückt. Desgleichen hängt Ghosts linkes Augenlid auf Halbmast und eine ausgeprägte Tränenspur zieht sich vom Auge herunter, doch Ramona sagt mit Bestimmtheit: »Mit seinem Auge ist nichts. Es ist einfach so.«)

Sie räumt das Geschirr weg und gibt mir einen bemerkenswerten Artikel zu lesen, den sie aus einer alten Ausgabe des *Practial Horseman* über gewaltloses Pferdeeinbrechen aufbewahrt hat, eine Schritt-für-Schritt-Bildergeschichte mit einer schlanken, blonden Trainerin, die ihren Körper – jedoch keinerlei irgendwie gearteten Körperkontakt – einsetzt, um mit dem Pferd zu kommunizieren. Die Bewegungen sind winzig klein (ein richtungweisender Hüftstoß oder mehrere Schritt rückwärts, wobei ein Bein hinter dem anderen hergeschleift wird und die Knie gebeugt sind, was wirkt wie eine Kombination von balinesischem Tanz und Tai Chi) und bringen das Pferd dazu, sich hierhin oder dorthin zu bewegen, anzuhalten oder umzudrehen oder sich abzuwenden. Die Macht, die sie auf ihren Zögling ausübt, ist die eines Marionettenspielers oder eher eines Zauberers, der nicht einmal Fäden benötigt. Es erinnert mich an die Plastikballerina, die ich als Kind besaß; sie drehte sich auf einem Spiegel, wenn man einen Magneten anlegte. Es hätte mich auch daran denken lassen können, mit welchen Methoden die Anhänger der *Natural Horsemanship* ein Pferd dazu bringen, Anschluss an den Menschen zu suchen (»Join up«), wenn ich diesen Artikel nicht mehrere Jahre vor der Neueinführung der Methoden vor einem breiteren Publikum zu Gesicht bekommen hätte.

Doch noch erstaunlicher als dies sind die sinnlichen Schwarzweißaufnahmen, die sie als Nächstes hervorzieht, Fotos von den Kunstwerken ihrer Tiere. Die Hennen und Fasanen legten Eier in Stroh und zerrissenes Zeitungspapier, das an den Schalen festklebte und ausdrucksvolle Collagen ergab. Und die Pferde hatten sogar eine eigene Staffelei und Wachskreiden bekommen! (Ramonas Angaben zufolge, weil sie sie »gebeten« hatten – und sie zitierte sie wörtlich –, ihnen »ein paar der Wachsmalstifte, mit denen man als Kind immer gemalt hat«, zur Verfügung zu stellen.) Sie nehmen, wie Ramona erklärt, einen Pastellkreide- oder Kohlestift mit Hilfe eines Gummigriffs ähnlich einem Pfannenstiel zwischen die Zähne, und sie hält einen Skizzenblock hoch. Die resultierenden Zeichnungen sind, ganz wie die Erstlingswerke von Kindern, zumindest wunderbar offen für Interpretationen. Das größte

Kunststück jedoch vollbrachten die Pferde aneinander, in Form wechselseitigen Mähneeinflechtens. In einer anderen Zeit hätte Ramona damit Beweise erbracht, die sie zum Scheiterhaufen verurteilt hätten, denn es war todsicher ein Zeichen von Hexerei, wenn sich Pferdemähnen wie von selbst flochten. Doch heute galt es als ein Geheimnis der Pferde, nicht der Menschen, wie sie es fertigbrachten, so mit den Lippen an den Mähnen der anderen herumzuspielen, dass die Ergebnisse zuweilen großartig waren: das (kürzlich verstorbene) Pony trug eine lange, vielfarbige Korkenzieherlocke mitten in seiner wallenden Mähne; andere Beispiele waren nahezu perfekte Zöpfe, so regelmäßig wie von Menschenhand, während wieder andere komplizierte keltische Knoten bildeten, als ob nur wenige Mähnen- oder Schweifsträhnen absichtlich – und geschickt – zur Verzierung miteinander verwoben worden wären (und sie hatten, wie Ramona versicherte, besser gehalten als die Zöpfchen einer professionellen Einflechterin, die sie Claras Mähne vor ihrem erstem Auftritt im Dressurviereck hatte gegen Bezahlung einflechten lassen).

Es dämmert schon, als wir schließlich nach draußen gehen, um die Pferde leibhaftig zu sehen. Ramoma hat in ihrem Zweiboxenstall einen kleinen Raum zu einer Art Schrein hergerichtet, in den sie die Post – an die Pferde addressierte Karten und Briefe – sowie eine Gummivase mit mittlerweile verwelkten Blumen – »Clara mag Schwertlilien ganz besonders« – gestellt hat. In mir weckt das den Drang, wieder hinauszugehen, in das besänftigende Grau von Nebel und Morast.

Doch kaum draußen, treibt es mich wieder hinein, da die beiden Pferde abends draußen in einen kleinen Pferch eingesperrt sind. Clara, hellgrau und freundlich, schreitet einen ausgetreten Kreis ab und koppt immer wieder an denselben beiden Stellen. Ghost, prächtig und temperamentvoll, wie ein junger Hengst eben, schlägt mit dem Kopf und rast im Schlamm hierhin und dorthin, lässt gelegentlich eine Liebkosung oder zwei zu, reckt jedoch stets den Hals, um vielleicht ein Stück Jacke oder Arm zu erwischen. Doch meine Augen werden zum nächsten Pferch gezogen, wo Zane, ein zottiges Quarter Horse, an seinem Schuppen festgemacht dasteht. Er sieht so traurig aus, wie nur ein angebundenes Pferd aussehen kann. Deshalb zieht es mich, obwohl oder wahrscheinlich weil er nicht so schön ist oder bevorzugt wird wie Mutter und Sohn, zu ihm hin. Ramona nennt mir die Gründe für seine Lage: erster Tag der Jagdsaison, das Nichtfunktionieren des elektrischen Zauns um seinen Auslauf herum und seine ihm eigene Neigung, sich davonzumachen. Das Risiko ist einfach nicht tragbar, noch dazu, wo man gar nicht lange auf einschlägige Geschichten zu warten braucht: Regelmäßig werden Haustiere, Ziegen, Pferde und sogar Kühe von Jägern umgelegt, die geil aufs Schießen sind, egal auf was. Ein Zwischenfall steht Ramona noch lebhaft vor Augen: Im vorigen Jahr hatte sie gerade draußen den Jährling Ghost geputzt, als sie aufblickte und auf dem Grundstück nebenan einen Jäger erblickte, der mit seinem Gewehr genau zwischen die Augen des jungen Pferdes zielte – und daher auch auf Ramona, da sich ihr Kopf unmittelbar hinter dem seinen befand.

Als daher Ramona erklärt, dass sie immer vor dem Abendessen die Pferde zum Grasen und Herumtoben auf den nicht eingezäunten Hügel lässt, auf dem Sid eine seiner gesammelten abstrakten Momumentalskulpturen aufgestellt hat, frage ich, ob ich nicht Zane zum Grasenlassen an der Hand mit hinausnehmen könne.

Die Sache kommt mir ähnlich vor, wie wenn ich meine beiden Hunde im Park laufen lasse, wo sie rennen können, so weit und so schnell sie wollen; mir bleibt nur, darauf zu vertrauen, dass sie wiederkommen, wie sie es stets getan haben. Ihr Glück und ihre Freiheit haben meine Angst zum Preis. Gewöhnlich knurren und schnappen und rempeln und fechten sie beim Davonrennen Scheinkämpfe aus.

Ghost möchte jetzt dasselbe tun, und plötzlich jagt er zu Zane hin, mit geblähten Nüstern, fegt dann herum und präsentiert sein Hinterteil, wie um gleich auszuschlagen. Alles gut und schön – Pferde wissen wie Hunde viel besser als Menschen, was sie mit dem Verhalten von ihresgleichen anzufangen haben. Bis auf eine Kleinigkeit: am anderen Ende des Stricks, der an einem der Pferde festgemacht ist, bin ich, und wenn ich ihn loslasse, hätte das Pferd die Freiheit wegzulaufen. Und liefe weg. Ich habe den fünfhundert Kilo Entschlossenheit von Ghost, den Wallach zu provozieren, nur meine Stimme entgegenzusetzen, und die wirkt so unzulänglich, wie man es sich vorstellen kann.

Jedesmal wenn Zane beschließt, zu einem besseren Flecken Gras zu gehen, ruft dies einen Sturm der Entrüstung bei Ghost hervor. Er bäumt sich auf und rast auf uns zu, und Zane möchte gern seine eigenen Wünsche in der Angelegenheit durchsetzen. Aber er tut es nie.

Kurz bevor ich Ramona verlasse, erklärt sie mir, dass Zane mich beschützt habe, dass er sich über die Folgen für mich, hätte er sich mit seinem Gefährten angelegt, im Klaren gewesen sei. Sie hatte uns vom Stall aus beobachtet. Und als sie zurückkommt, nachdem sie ihm seine Abendportion Heu gebracht hat und bevor sie die Kammermusik-CD anstellt, die sie jeden Abend zur Schlafenszeit den Pferden auf einem eigens für sie gekauften CD-Player abspielt, eröffnet sie mir, dass Zane sie gebeten habe, mir mitzuteilen, dass ich gern wiederkommen und ihn reiten dürfe. Es wäre ihm, wie er gesagt habe, ein Vergnügen.

Persönliche Erinnerungen

12 Gestern habe ich eine Tonne Mist hinausbefördert. Eigentlich waren es die Pferde, die ihn zunächst aus sich hinausbefördert haben; ich habe
ihn dann in eine Schubkarre gegabelt und über die holprige
Erde hinauf auf den großen Misthaufen gerumpelt, die Schubkarre ausgekippt und wieder von vorne begonnen – eine wahre Sisyphusarbeit! Plötzlich hatte ich eine Vorstellung vom
Verdauungssystem dieser Tiere, die ständig Gras oder Grasar-
tiges durch ihren Verdauungstrakt wälzen.

Ich war zu einer der Teilzeitarbeiterinnen in der kleinen
Heerschar in Dominiques Stall geworden, die die Kosten des
Reitunterrichts damit beglich, dass sie die endlosen Arbeiten

erledigte, die tagtäglich getan werden mussten. Und tatsächlich leitet sie ihren Betrieb mit militärischer Präzision, obgleich man nie das Gefühl hat, dass sie Anweisungen erteilt, an denen man sich reibt oder die einen aus Willkür auf Linie bringen sollen. Man führt sie aus, weil man etwas Besseres als Geld dafür bekommt: die Gelegenheit, ihre Anordnungen in der Reitbahn auszuführen.

Wir sind in Wirklichkeit ein kleines Heer aus Sklaventreibern, die wiederum von unseren (Pferde-)Sklaven versklavt werden. Wir sind diejenigen, die beflissen ihre Exkremente hinter ihnen aufsammeln, die regelmäßig mit der Hand im Genitalbereich die Hautfalten des Schlauchs kontrollieren, ob auch alles sauber ist. Wir waschen, reiben ab, striegeln, verzieren Mähnen, entwirren Schweife, kratzen Hufe aus, verstreichen Salbe, sprühen Blauspray auf und nehmen Stalldecken, Fliegendecken, Bandagen, Springglocken ab oder legen sie auf. Sie stehen da und fordern lärmend ihr Futter.

Doch betreten Sie einmal eine Box; schließen Sie die Tür. Warten Sie einen Moment. Etwas wird Ihnen durch den Kopf schießen; etwas, das in der Luft zwischen ihnen beiden zu liegen scheint. Es ist das Gewicht der Macht, die Schwerelosigkeit der Verletzbarkeit, ein Austausch von Ionen. Das Pferd steht da und schaut Sie aus schokoladenpuddingbraunen Augen an. Es kann nicht entkommen, Ihnen nicht und nicht dem, was Sie mit ihm vorhaben mögen.

Dieses besondere Heer ist ziemlich planlos organisiert, dennoch wird alles erledigt: Ich war noch nie in einem so sauberen Stall. *Maßstäbe* – hier gelten die allerhöchsten. Gänge fegen, Boxen mehrmals täglich ausmisten, Tränkeimer schrubben und auffüllen, Bürsten säubern, Sattelzeug reinigen. Jedoch keinerlei ästhetische Draufgaben: keine Blumen an der Zufahrt, kein Schild, das den Namen der Stätte verkündet, im Zuschauerraum ein Sofa, das kaum noch für die Heilsarmee taugen würde, und häufig keine Papierhandtücher in der Toilette. Doch die laufende Maschinerie, gut geschmiert und geölt, ist als solche ein visuelles Vergnügen. Die Pferde, die Ordnung und nochmal die Ordnung.

Der erste der beiden Feldwebel in der Befehlshierarchie ist Amelia, die Stallmanagerin. Wallendes, welliges hellbraunes Haar und angenehmes, gleich bleibend ruhiges Benehmen. Sie hat, wie Dominique sagt, einen der tollen Posten – sie ist geschickt, natürlich. Dem kommt zweifelsohne ihr Körper entgegen, der straff und sportlich und ohne jeden Firlefanz ist. Sie macht alles genau so, wie es Dominique anordnet, oft, wenn sie auf ihrem Pferd sitzend in der Bahnmitte anhält: »Amelia, bitte gib Deedee eine Extraportion Heu, und hol dann Jesse von draußen rein. Wenn du damit fertig bist, dann mach Dandy fertig für den Unterricht. Du kannst den Wintec-Sattel nehmen. Oh, und weil wir keine sauberen Satteldecken mehr haben, such' den Haufen durch und nimm die beste – ich glaube, die von Wilant müsste gut sein; er ist heute nicht ins Schwitzen gekommen.« Stuart, der zweite Feldwebel, ist ein freundlicher Ex-Stadtflüchtling und ehemaliger Gitarrenlehrer mit rotem, wie mit der Kreissäge geschnittenem Haar. Er lässt bei der Arbeit gern Musik laufen, Lou Reed oder gelegentlich *Große Walzer der klassischen Musik*. Und weiter geht's: »Stuart, du kannst die Tränkeimer auf dieser Seite machen und dann mal schnell mit der Mistgabel durch die andere gehen.« Neben dem Heustapeln und Sägemehlschaufeln repariert und baut Stuart alles, von neuen Koppeln über Sattelschränke bis zu einer Heutenne und zusätzlichen Boxen.

Dann ist da Catherine, Dominiques Protégée. Sie hat wie jeder andere hübsche Teenager eine Haut wie Porzellan und dünnes, zitronenfarbiges Haar. Ihre Wangen erglühen, wenn sie auf Dominiques Bitte hin stundenlang unter der heißen Sommersonne auf den Koppeln Steine aufliest, aber sie scheint nicht zu schwitzen. Sie hat diese rein amerikanische, kräftige und wohlgenährte, »schwerknochige« Statur, die vollkommen zu der ihres 1,73 Meter hohen Pferdes Fury passt, mit dem sie an Dressurturnieren teilnimmt. Sie will so weit kommen, wie sie kann, bis zum Grand Prix wenn möglich, »obwohl die meisten Leute nicht wissen, wie viel Arbeit das ist«. Sie besitzt Beine, um mit den großen Tieren (»Ja, ein großer Teddybär!«) kommunizieren zu können. Ein weiterer häufiger Stallbesucher bemerkt lachend, wie maskulin sie aussehe, wenn sie mit zwei Gerten reitet: »Plopp-plopp-plopp! Mann, ich finde das toll!« Catherine und Dominique gleichen eher Schulfreundinnen als einer Lehrerin mit ihrer Schülerin, die mehr als zwanzig Jahre Altersunterschied trennt. Sie wollen sich schier ausschütten vor Lachen, als eine von ihnen sagt: »Die Leute hören den Namen Fury und erwarten einen großen, wilden Hengst – ha ha ha!«

Neben Stuart und einem weiteren Burschen, der zu ein oder zwei Reitstunden kommt, waren alle, die hier arbeiteten oder lernten, weiblich. (Dominique witzelt immer, dass sie den Reitstall in »Titten-raus-Farm« umbenennen wird, weil dies die Haltungskorrektur ist, die sie am häufigsten anmahnt.) Das galt so lange, bis Dominique eine Stellenanzeige für einen Vollzeitwerkstudenten im *The Chronicle of the Horse* schaltet und Frank bekam.

Ich unterhalte mich mit ihm, während ich in der Sattelkammer stehe und Dominiques brandneue Kandarenzügel fette, die noch ganz steif sind, sodass die schwarze Farbe mit der Sattelseife herunterkommt. Ich frage ihn, woher er stammt. Seit zwei Tagen bin ich neugierig, als ich ihn ganz kurz seine allgegenwärtige Mütze lüften sah, die sein sich lichtendes Haupt entblößte, was ihn plötzlich viel älter wirken ließ, als ich geschätzt hatte. Sein schlaksiger Körper, perfekt für die altmodischen Ballonreithosen, die er bevorzugt, lässt ihn genau wie einen der jungen britischen Kavallerieoffiziere der zwanziger oder dreißiger Jahre aussehen, die ihre eigenen Reitlehren mit

Bildern von sich selbst zu illustrieren pflegten. Jetzt erkenne ich: *Der fängt nicht einfach neu an – der fängt noch mal von vorne an.*

Er hatte früher mit Trabrennpferden gearbeitet und sie gezüchtet und ausgebildet. Doch jetzt, da gute Jährlinge 50 000 Dollar kosten und die Kanadier und sogar die Europäer immer stärker ins Geschäft drängen, seien, wie er sagt, die Risiken für Leute wie ihn zu hoch geworden. Er habe daher zu einem anderen Stall in der Nähe gewechselt, doch nach irgendeiner Familienintrige – er drückte sich sehr unklar aus – habe er beschlossen, sich ganz zurückzuziehen.

Wie er sagt, ist er jetzt hier, um ganz neu anzufangen, weil er gerne ein besserer Reiter werden möchte. Denn alle guten Reiter, die er kennt, seien auch gute Menschen. Es gebe da einen ganz fundamentalen Zusammenhang, erklärt er: Mitleid mit dem Tier, der Wunsch etwas richtig zu machen, das Bedürfnis nach einem »sauberen Leben«. Ich ahne, dass er sich nicht auf Unmengen Karottensaft und regelmäßige Besuche im Fitnessstudio bezieht; es ist die alte Konstruktion, und ich rieche die Religion, die im Hintergrund lauert, genauso wie ich die Traurigkeit spüre, die von ihm ausströmt, selbst wenn er nichts preiszugeben meint.

Ich beobachte Dominique, während ich meine Arbeit tue, und ich werde gut darin, nicht zu offensichtlich zu glotzen. Sie erinnert mich an einen Hundeausbilder aus meiner Bekanntschaft, einen Trainer, dem die Leute unterstellen, Wunder zu vollbringen. Da ist dieser hochkonzentrierte Blick, die Neigung, durch Loben zu lehren und sich, mit den Worten des Trainers, auf einen Fehler zu stürzen »wie der Blitz« und dann genauso rasch nachzugeben. Wenn zwei Pferde in den Boxen, die die Stallgassen säumen, irgendeinen Blödsinn miteinander anstellen – »Sie wollen Aufmerksamkeit,« sagt sie, »aber ich zeige ihnen, dass sie sie auf diese Weise nicht kriegen« –, scheint ihr Körper plötzlich zu schrumpfen und um ein Fünftel kleiner zu werden. Sie bewegt sich so schnell, als würde sie *gebeamt*, verschwindet im Nu aus der Reitbahn, um in der Nähe der Sattelkammer wieder aufzutauchen, wo sie sich eine Dressurgerte schnappt. Im nächsten Augenblick steht sie in Wilants Box. »Siehst du diese Gerte? Siehst du die Wand? Ich schlage diese Wand« – klatsch, klatsch, klatsch –, »damit du weißt, dass du das das niemals wieder machen sollst. Und auch du« – sie ist in der nächsten Box – ». . . machst diesen Mist« – klatsch »... auch nie wieder. Ich will das nicht.« Sie schließt die Tür und geht davon. Die Pferde sind nicht eigentlich erschrocken; sie sehen eher aus wie ertappte Schulbuben. Einige Minuten später schaut sie noch mal nach Wilant, der jetzt anders guckt, und sie deutet diesen Blick mit den Worten einer Comicfigur: »Was *ich* gemacht hab? *Ich* hab gar nix gemacht!« Sie lacht.

Dann korrigiert sie das Pferd einer Schülerin, und sie spricht unaufhörlich. »*Braver* Junge, *braver* Junge – upps, so nicht –, ich sagte, so *nicht* –, das wirst du nicht tun – *braver* Junge – ja, ja.« Natürlich teilt sie ihm das Eigentliche mit dem Körper mit. Sie hält ihn dazu an, »rund«, »weich«, »vorwärts«, »versammelt« zu gehen, hindert ihn daran, auf dem Zirkel mit der Hinterhand nach innen auszufallen, und insbesondere daran, sich auf dem Zirkel auf der rechten Hand auf den Zügel zu legen. Später erklärt sie: »Sein Kopf wiegt, was – hundert Kilo? Ich *trage* ihn doch nicht für ihn.« Sie galoppieren auf immer kleineren Zirkeln, und das Tempo verändert sich nie.

Es setzt meiner Zeit im Reitstall, ganz zu schweigen von mir selbst, ein Glanzlicht auf, in ein bestimmtes Pferd verliebt zu sein. Allerdings wäre es zu herzzerreißend, etwa so wie sich in den Mann einer anderen Frau zu verlieben, sich in eines der Privatpferde zu vergucken; so erwähle ich, oder werde vielmehr erwählt von Wilant, einem der beiden Schulpferde. Wilant ist ein großrahmiges Warmblut mit schwarzem Langhaar;

eine ganz leichte Apfelung des Fells wird nur im Sonnenlicht sichtbar. Eines der unteren Augenlider hängt schlaff vom Augapfel weg, als ob er einmal an etwas hängen geblieben wäre.

Ich habe mich ganz allmählich in ihn verliebt, und er ist währenddessen »mein Junge« geworden. Er hat etwas Jugendliches, Ungeschütztes an sich. Dominique zufolge hatte er einer Reiterin gehört, die ihn nicht richtig anzufassen wusste – sie meinte es nicht böse, doch mit ihrem mangelnden Können sorgte sie dafür, dass er sich verkrampfte und verbog, bis er völlig unglücklich war. Dominique brauchte ziemlich lange, um ihn daraus zu befreien, ihm beizubringen, sich zu dehnen, loszulassen und sich zu heilen. Er wird jedoch niemals die Untugend ablegen, seine große rosa Zunge bei der Arbeit seitlich aus dem Maul hängen zu lassen, oder unmutig mit dem Kopf zu schlagen, wenn ein Reiter gefühllose Hände hat. Wenn ich auf seinem Rücken sitze, versuche ich, überhaupt keine Kraft auf die Zügel auszuüben, um ihm nicht wehzutun; sein Kopf bleibt bei mir vollkommen ruhig, weil ich versuche, ihm praktisch keine Anlehnung zu geben – eine leichte Form von Misshandlung, wie mir Dominique erklärt, weil das Pferd so keine Leitung spürt. Doch sie amüsiert sich über den Handel, den wir beide abgeschlossen zu haben scheinen: Ich fordere ihn nicht sehr, und er macht kein Theater bei mir.

Daher ist es eine echte Überraschung, als an einem Wochenende Monica, die gut situierte Freundin des Mannes, der den Stall finanzierte, und bei einigen nur als die *Contessa* bekannt – sie führt sich auf wie Aschenputtels Schwester, ewig misslaunig und mäkelig –, mir zeigt, wie ich Wils Beine bandagieren muss. (Herablassend meint sie: »Also wenn du Dressur reiten willst, dann musst du Bandagieren lernen.«). Plötzlich hält sie inne und lässt ihre Hand auf seiner Kruppe ruhen. Ihre Augen verengen sich zu dünnen schwarzen Strichen. »Wenn du ihn schlecht reitest, bringe ich dich um.«

Später arbeitet Frank gerade in Wils Box, als ich hineinschlüpfe, um ihm eine Abschiedsmöhre zu geben; ich bin ein wandelndes Klischee geworden. »Wissen Sie, ich muss Ihnen sagen, dass ich mich irgendwie in Wil verknallt habe.«

»Was ist nur dran an Wil?«, fragt er. »Alle hier sind in ihn verliebt – Sie, Dominique, Monica.«

»Es ist diese Kombination aus ›Bitte, bitte, sei lieb‹ und diesem großen Brocken Männlichkeit«, erkläre ich. »Verstehen Sie, das Paradox von *Kümmere dich um mich* und *Ich komme allein zurecht.*«

»Nein«, sagt Frank.

Ich beobachte versteckt in einer Ecke am anderen Ende des Stalls, wie Amelia beim Absatteln von Lupe seinem Widerrist einen raschen Kuss aufdrückt; nur Minuten zuvor ist er mit ihr im Sattel quer durch die Reitbahn gebuckelt. Er ist ein besonders schwieriger Fall; er kommt von der Rennbahn, wo die Pfleger mit ihm gerne ein »Spielchen« veranstalteten, das ihn zu einem giftigen Beißer gemacht hat. Doch eine Untugend oder ein Problem bei einem Pferd scheint Amelia nur umso sanfter zu machen. Je mehr Theater das Tier macht, desto ruhiger wird sie. Sie spricht ständig begütigend auf es ein, selbst wenn sie sich mit jemandem unterhält. Anders als so viele Reiter, die kaum Notiz von dem atmenden Wesen am anderen Ende des Stricks, an dem sie ziehen, zu nehmen scheinen. Sie ist mein Vorbild für den Umgang mit Pferden, denn was sie auch anstellen, nichts scheint ihr Ärger oder Angst einzuflößen. Das nächste Pferd, das sie reiten will, Chocolate, hat beschlossen, niemanden ohne Hilfe direkt vom Boden in den Sattel steigen zu lassen. Als sie es versucht, gelingt es ihm, sie umzuwerfen und dann frei in der Reitbahn umherzurennen. Sie springt auf und rennt mit fuchtelnden Armen auf ihn zu, um ihn von der offenen Tür wegzuscheuchen. Dann redet sie ihm mit tiefer Stimme zu, und bald lässt er seinen Kopf, sich entspannend, sinken.

Frank hält es nicht lange im Reitstall aus; vielleicht wird sein Wunsch nach einem »sauberen« Leben hier nicht erfüllt. Oder vielleicht glaubt er nicht, dass Pferde so sind, wie Dominique sagt, wie sie es in jedem Zug ihres Wesens ausdrückt. Der nächste Werkstudent und alle weiteren sind junge Frauen.

Ähnlich bleibt Wilant nicht das einzige Objekt meiner Zuneigung, nicht nach der Ankunft von Dutchess, einer Stute mit Kaltblut im Stammbaum, der Färbung einer Kuh und einem Kopf von etwa derselben Größe. Ich beginne sie in dem Augenblick zu lieben, in dem Dominique die Bemerkung fallen lässt, wir sähen bei unseren Runden in der Bahn gut zusammen aus – eine weitere Peinlichkeit, die meinen Charakter in ein ungünstiges Licht stellt –, und ich liebe sie weiter, während ich mir zusammenspinne, dass vielleicht sie, endlich, nach all den Jahren, mein erstes Pferd sein wird, jetzt, wo die Vorzeichen doch so günstig stehen, denn ich habe ein Haus gekauft, das zwischen denen von zwei Pferdebesitzerinnen liegt. Nur, dass da niemand ist, der mir die 2500 Dollar gäbe, die sie kostet, und auch nicht den unbestimmten Betrag, den ihr Unterhalt verschlingen würde.

Sie ist seltsam distanziert, nimmt Möhren, scheint aber danach nie davon auszugehen, dass sie ihr zustünden. Harte Schalen haben mich schon immer angezogen. Ich nehme mir vor, herauszufinden, ob in ihrem Fall ein wunder, weicher Kern steckt. Ich glaube, dass wir in der Liebe immer nach einem Spiegel suchen. Eines Nachts träume ich, sie bäume sich auf, um ihre Vorderbeine liebevoll um meine Schultern zu legen. Doch als ich erwache, merke ich, dass ich sie im Traum mit meiner schwarzweißen Hündin verschmolzen haben muss, die ihrer Zuneigung tatsächlich so Ausdruck zu geben vermag, ohne mich dabei umzubringen.

Ich sitze in ihrer Box auf dem Boden und schreibe. Wenn der Stift wegrutscht, dann, weil sie weitere Möhren sucht, aber nicht fordert. Ihr Kopf ist unten in meinem Schoß – ein *großer*

Kopf. Ihre Lippen sind rosa, runzlig und unbehaart, menschliche Haut, Babyhaut. Ich achte nicht auf die Musik, die Stuart laufen lässt – sein Geschmack definiert das Gegenteil von meinem, und zuweilen tauschen Catherine und ich einen Blick, wenn er den Stall verlässt, und greifen wie verabredet zu einer anderen Kassette –, doch plötzlich kommt mir zu Bewusstsein, was Rod Stewart in eben diesem Augenblick singt: »You're in my heart, you're in my soul …« Ich lache auf, weil man so etwas in einem Film nicht sagen könnte; blöde, grotesk, banal. Ihre Ohren sind groß und kuhartig, und ihre Lippen und Zunge, obwohl ebenfalls groß, sind feinfühlig genug, um ein fingernagelgroßes Stück der getrockneten Mango, die ich esse, aufzunehmen. Sie steht jetzt still über mir, überlebensgroß.

Das Ende der Welt

◄○►

13 Alles, was ich anfasse, verwandelt sich in Schutt und Asche. Das ist mein Leben, gesehen durch die Brille des Egoisten wie des Realisten. Denn jeder Ort, den ich einmal geliebt und in mein Herz geschlossen hatte, wurde aus dem Schmuckkästchen gerissen und auf den Bürgersteig geworfen, wo achtlose Füße darauf herumtraten und ihn hierhin und dorthin stießen, bis er schließlich vollends zerstört war. So scheint es von hier aus.

Als 1965 in meiner Heimatstadt die *Summit Mall* – unsere erste Einkaufspassage! – gebaut wurde, markierte sie das Ende der bekannten Welt. Früher gingen wir zum Einkaufen in der Zeit zurück, in die Einzelhandelsgeschäfte der Innenstadt, doch jetzt konnten wir in die Zukunft gehen. Und was mir an der Fahrt zur Mall am besten gefiel, war, dass wir keine fünf Minuten von unserem Haus entfernt, gleich nach der Stadtgrenze auf dem Land waren – und da gab es grasende Pferde auf der Weide zu sehen, bevor wir die Zukunft erreichten. So war es damals (Stadt war Stadt, Land war Land), und so sollte es deshalb auch sein.

Dann kam immer mehr Zukunft und erwischte die Pferde. Aus ihrer Heimat wurden zuerst die Vorgärten von Hampton Ridge, dann Indian Hills, dann Eagle's Chase und Greystone und Jennifer Street. Die Namen der Siedlungen erinnern irgendwie an Lufterfrischer. Jetzt mache ich mir nicht mehr die Mühe, »hinaus« zur Mall zu fahren (wohin ich fahren muss, weil die Läden in der Innenstadt innerhalb von einem oder zwei Jahren nach der Eröffnung der wunderbaren Mall alle dicht machten). Ich gehe beherzt in die andere Richtung, die Market Street hinunter, auf der die sich stets wiederholende, billige Melodie gespielt wird: Tankstellen, Lebensmittelläden, Ramschläden, Drugstores, Schnellölwechsel, Doughnutläden, Hähnchengrills, Bowlingcenter. All das ist besser, als sich den Geistern der Pferde stellen zu müssen, die auf dem Rasen von Stadthäusern mit falschem Stuck grasen.

Ich bin eine Klaustrophobikerin und eine Unzufriedene noch dazu, beides im prosaischen wie poetischen Sinn. Ich reihe mich insofern in die lange Kette der Romantiker ein, die die Verdrängung dessen, was einmal war, durch das, was wurde, beklagen. Ach, wie musste es sich zu Wordsworths* Zeiten gelebt haben, als Landschaften, unbefleckt von Menschenhand, sich vor dem entzückten Auge hingossen. Andererseits ließ der überall vordringende menschengemachte Zerstörer namens Eisenbahn den Dichter seinerzeit in höchster Besorg-

* William Wordsworth (1770–1859), englischer Dichter, befreundet mit Coleridge und mit diesem Begründer der literarischen Romantik in England.

nis ausrufen: »Ist denn kein Fleckchen englischen Bodens sicher vor jähem Überfall?« Träume sind das Land, in dem wir leben. Wenn jemand den guten alten Zeiten nachzujammern beginnt, hebt sich meine Augenbraue ganz von selbst; aber Hände weg von meiner Kindheit, die das goldene Zeitalter war.

Die Weltbevölkerung hat sich während meiner bisherigen Lebensspanne verdoppelt, und dieses Wissen gibt mir ein beklemmendes Gefühl; was dahin ist, ist dahin, und ich habe es mitansehen müssen. Die nordöstliche Ecke meines Staates – teures Heimatland – ist heute ein zusammenhängendes Erschließungsgebiet aus Wohnsiedlungen und Einkaufszentren, und das für mich instinktive Bedürfnis, das genauso tief reicht wie das nach Schlaf oder Nahrung, der Drang, an einen Ort zu fahren, wo man alles loswerden und wieder durchatmen kann, lässt sich an diesem Ort niemals wieder befriedigen. Er ist dahin.

Dasselbe widerfährt dem Ackerland, in einem Tempo von 8000 Quadratmetern pro Minute. Das können Sie sich nicht vorstellen? (4000 Quadratkilometer pro Jahr ist auch nicht anschaulicher.) Sie werden sich damit zufrieden geben müssen, sich in Ihrem eigenen Garten umzusehen und das in einen größeren Maßstab zu übertragen. Auf die bekannte Welt.

Dieses Dahinschwinden wird Ihnen Ihre Lektüre bestätigen. Der erste Absatz eines Berichts des *Guardian* mit der Überschrift »Menschen zerstören die Natur« formuliert mit bestechender Simplizität, die sich jeder Paraphrase entzieht: »Die Menschen haben seit 1970 durch Raubbau an Wald, Wasser und marinen Ökosystemen, von denen das Leben abhängt, mehr als 30 Prozent der Natur zerstört.«

Sie schrumpft und vergeht, diese Welt, während wir schlafen, und am nächsten Morgen wachen wir in einer kleineren auf als am Tag zuvor und am Tag vor diesem. Doch Flucht ist möglich. Sie sind sich dessen sicher, weil man Ihnen den Weg weist: Setzen Sie sich in Ihren funkelnden, viereinhalb Meter langen geländegängigen Wagen, und er bringt Sie über eine nahezu beschränkungsfreie Nebenstraße durch die Berge immer höher hinauf, bis Sie zum Gipfel der Welt und zu einem zeitlosen Ausblick über urzeitliche Wunder gelangen. Dort existiert jetzt die Natur.

Andere Szenen vermitteln gleichermaßen den Eindruck, dass alles so ist, wie es einmal war. Pferde sind die Hauptfiguren in diesen Bildern, die uns zeigen, dass der bäuerliche Familienbetrieb immer noch der unbeschwert weiträumige Ort des Annodazumal ist. Heute natürlich deutlich verbessert durch eine gute Versicherungspolice (oder war es ein Antihistamin?). Es gibt noch, wie die Werbung beweist, riesige Landstriche des weiten, wilden Westens, über die sich donnernde Herden von Mustangs in einem einzigartigen Ballett nach dem Leitmotiv der Freiheit bewegen. Und nichts macht einen freier als dieser bestimmte Wagen oder jene Zigarettenmarke oder dieses Parfüm oder jener Typ Jeans.

Vergessen wir das Pferd als Symbol von Macht, Kraft oder Reichtum. In der zweiten Hälfte des zwanzigsten Jahrhunderts wurde es zur Verkörperung von Freiheit, insbesondere des amerikanischen Begriffs von Freiheit, der sich zu gleichen Teilen aus *Manifest Destiny* (der im neunzehnten Jahrhundert vertretenen Doktrin, dass die territoriale Ausdehnung der USA ihre natürliche Bestimmung sei), Courage, Hybris und Blindheit zusammensetzt. Es gibt kein besseres Musterbeispiel für eine Nation rastlos weiterziehender Menschen als ein Pferd, dessen Lebensraum vierhundert Jahre lang so weit reichte wie die Phantasie.

Es dürfte circa 11 200 Bücher geben, deren Zielgruppe pferdenärrische Kinder sind. Die meisten davon habe ich gelesen. Sie sind so entbehrlich wie Kaugummi (zumindest, wenn man ihn eine volle Dreiviertelstunde lang gekaut hat), obwohl ich dreißig Jahre nach der ersten Lektüre feststellte, dass sich das kleine blauweiße Taschenbuch *More Horse Stories* so tief in mein Gehirn eingegraben hatte, dass ich jeden Satz in dem Buch mit geschlossenen Augen zu vollenden wusste.

Der »Shakespeare« des Genres, von uns allen anerkannt, war Marguerite Henry. Für ihre Bücher sparte man und kaufte sie als gebundene Ausgabe. Manche davon mit Umschlägen, die einen geprägten Goldaufkleber trugen, zum Zeichen, dass sie mit einem bedeutenden Preis ausgezeichnet worden waren. Eltern gingen auf das heiße Verlangen nach diesen Büchern ein, das von ihrem Nachwuchs ausstrahlte, und erfüllten es, wenn sie auch nur ein klein wenig Einsehen hatten, zumindest einmal.

Meine große Schwester bekam *König des Windes*, die Geschichte von »Godolphin Arabian«, einem der drei Stammväter des Vollbluts. Seine Farbbilder eröffneten den Blick in eine exotische Welt voller Turbane und Troddeln und Djellabahs. Man fraß die Seiten förmlich in sich hinein, wie alle Bücher von Marguerite Henry, da sie meisterlich mit dem Schuss Gefahr, der Prise schillernden Charakters, dem Kelch Rechtschaffenheit umging.

Der Band jedoch, mit dem meine Eltern mich bedachten, schien eher ein Omen denn ein Geschenk zu sein; es war ein signiertes Exemplar, mit einer lesbaren Unterschrift und einem mit Filzstift gemalten Hufeisen auf der Titelseite. Es hatte den Titel: *Wildpferd-Annie und die Mustangs* und drehte sich um eine der wenigen weiblichen Protagonistinnen Henrys. Auf Seiten der Pferde war einmal nicht ein einzelnes Tier der Star, sondern eine ganze Rasse gefährdeter Tiere.

Ich identifizierte mich nicht unbedingt mit Velma Johnston, der realen Heldin, obwohl ich glaubte, nachfühlen zu können, wie sie sich fühlte, als sie als kleines Mädchen wegen Kinderlähmung monatelang in Gips liegen musste, was meiner qualvoll grauenhaften Angst vor dem »Lebendig-begraben-

werden« so nahe kam, dass ich es gerade noch zu lesen vermochte. Doch dann, als Velma heranwuchs, an der Schwelle
zu ihrer Verwandlung in Wildpferd-Annie, fühlte ich plötzlich
im Bauch den Stoß der Identifikation – mit den Pferden, heißt
das –, und er nahm mir den Atem.

Das Buch schildert, wie die junge Frau in der Nähe ihrer
Ranch in Nevada mit dem Auto fuhr, als ihr etwas an dem
Tiertransporter vor ihr auffiel: heraustropfendes Blut. Sie ver-
folgte den Laster bis zu seinem Bestimmungsort, getrieben von
dem Gedanken, wie man nur so mit Rindern oder Schafen
umgehen konnte. Als echtes Western-Mädchen, das Seite an
Seite mit Pferden aufgewachsen war, musste sie zu ihrem Entsetzen feststellen, dass der Transporter Pferde geladen hatte:
Wildpferde, die so eng hineingepfercht worden waren, als ob
sie einen Vorgeschmack ihrer drohenden Zukunft als Dosen-
inhalt erhalten sollten. Das Detail, das in der Kinderausgabe
des Buches über dieses Damaskuserlebnis weggelassen wurde,
war die Quelle des Blutes: der Körper eines Fohlens, das unter
die Hufe dieser Lastwagenladung panischer Artgenossen geraten war. Auch ohne das wurde mir flau. Noch schlimmer
wurde es, als ich zu der Stelle kam, wo zu lesen war, wie die
Wildpferde gejagt wurden: mit Flugzeugen und Lastern und
fünfzig Kilo schweren Reifen, die mit Lassos um ihre Hälse
geschleudert wurden. In meinen Lungen war ein Brennen und
in meinem Herzen Ungläubigkeit. Wie konnten sie nur? Wie
konnte überhaupt jemand so etwas tun? Das ging über alles
hinaus, was ich je für möglich gehalten hatte . Ich wollte glauben, wie das Ende des Buches behauptete, dass Wildpferd-Annie bei ihrem Kreuzzug zur Rettung des amerikanischen Wild-
pferdes obsiegt hatte – schließlich gab es jetzt ein Gesetz, das
nach ihr benannt war und die Mustangs zum nationalen Erbe
erklärte. Das machte sie zu bedeutend, als dass sie jemals wieder getötet werden durften. Wenn die Leute erst einmal *wussten*, was mit diesen mutigen und schönen Geschöpfen gesche-

hen war, konnten sie das Gemetzel, das sie beinahe vom Erdboden getilgt hätte, niemals mehr gutheißen. Denn wenn die Leute etwas erst einmal wissen, können sie nie wieder so tun, als hätten sie nichts gewusst.

Ich begann von Zusammenstößen von Braunen und Füchsen auf den Bürgersteigen zu träumen. Mit der modernen Stadt, will ich damit sagen.

Ich stehe in einer Säulenhalle an der Auffahrt eines noblen alten Hotels in Manhattan. Plötzlich prescht aus der Auffahrt und hinaus auf die Avenue ein feuriger Fuchs; er wird im Galopp die Straße hinauf, in den anbrandenden Verkehr hineingetrieben. Er wird dahin und dorthin herumgerissen, um den gelben Taxis auszuweichen, dann in eine Seitenstraße gelenkt, wo sein untadelig gekleideter Reiter einen Trick ausführt: Er lässt sich wie ein Indianer an der Flanke seines Pferdes herabgleiten, um sich insektengleich an seinem Bauch festzuklammern. Doch er scheint Schwierigkeiten zu haben, wieder wie geplant hinauf in den Sattel zu gelangen, und sein verwirrtes Tier fällt in Trab. Irgendwie erreiche ich sie und beginne den Reiter anzuschreien, wie ungeheuer gefährlich es doch sei, ein Pferd auf hartem Pflaster, in eine bedrohliche Flut von Autos hinein, galoppieren zu lassen. Doch was ich anscheinend träumend nicht weiß, ist, dass es für die Generation dieses älteren Gentlemans Tradition ist, als Mann ins Büro zu reiten. Er ist der letzte in New York, der diesen vornehmen Gepflogenheiten folgt.

In einer anderen Nacht blicke ich aus einem Fenster hinaus auf die dunkle Straße. Ich höre Pferde auf dem Pflaster dahinjagen, und da kommen ein Mann und eine Frau zu Pferde in Sicht. Die Reiter sind fein herausgeputzt mit lederfarbenen Reithosen, schwarzen Stiefeln, Samtkappen. Sie lassen ihre Pferde herumwirbeln und die Windschutzscheiben aller geparkten Autos in Sichtweite eine nach der anderen mit Wucht eintreten. Ich bin aufs Äußerste bestürzt: Nette, pferdebegeis-terte junge Damen tun so etwas einfach nicht! Untergründig jedoch, unter der Verwirrung, liegt etwas Schlimmeres, etwas, das meinen Schlaf wie ein Stein niederdrückt. Diese Pferde müssen in einem Stall in der Stadt leben, und ihre Welt ist jetzt Pflaster – allüberall.

Wir lassen den offenen Raum verbluten, doch wir haben einen Weg gefunden, uns über den Verlust zu trösten. Symbole pas-sen anders als Land in Einkaufswagen. Und obgleich wirklich in der Wildnis lebende Wildpferde in dieser Welt keine siche-re Zukunft haben – die Ausrottungskampagne in den Vereinig-ten Staaten wird auf Betreiben der Viehzüchterclique und un-ter dem makellosen Deckmantel der Bestandsregulierung vom Staat ins Werk gesetzt; in Namibia geht die Population der frei lebenden Wüstenpferde an der Dürre ein, und an anderen Or-ten laufen andere Geschichten, die jedoch immer gleich en-den –, so sind die domestizierten Pferde doch anpassungsfähig genug, um den Hunger nach der großen Weite und dem erhe-benden Anblick ihrer frei umherschweifenden Bewohner zu stillen. Heute leben in den Vereinigten Staaten 5,32 Millionen Pferde, über 50 000 mehr als im Jahr zuvor. Neubausiedlungen mit Pferdehaltungsmöglichkeit – reiten Sie mit Ihrem Pferd einfach durch das Tor Ihres Anwesens, das von Wachpersonal vor der elektronischen Pforte bewacht wird – werden in jeder Lokalzeitung inseriert. Ein Futtermittelhersteller eröffnet zu Dutzenden »Phantasie-Tante-Emma-Läden«, die seiner Vor-stellung nach den Bedürfnissen der »ruralurbanen« Märkte dienen. Die Pensionsställe und Reiterferienlager sind voll bis zum Anschlag. Man kommt mit dem Bauen von Boxen kaum nach. Wir leben tatsächlich in pferdenärrischen Zeiten.

Lernprozesse

———◆◆———

14 Ich ging von der U-Bahnstation in der Kälte den öden Broadway entlang, die Spielfelder des Van-Cortland-Parks breiteten sich zu meiner Rechten aus. Ich ging weiter, meine wildlederne Einkaufstasche mit den hohen Stiefeln, Reitkappe, Pulli schleppend. Dann verlief der Bürgersteig unter einer Brücke und unter den Auffahrtsrampen zum Henry-Hudson-Parkway durch und siehe da! Beim Auftauchen unter dem Stück nasskalten Rosts erblickte ich eine ländliche Idylle, die komplett an dieses eigenartige Ende der Stadt verpflanzt worden war. Wie sollte da einer Pferdeliebhaberin nicht das Herz aufgehen? Sieh bloß – Ställe und Koppeln und eine große rote Reithalle! Ich ging über eine weite

Freifläche darauf zu, und einige Pferde mit Decken blickten gleichmütig zu mir herüber.

Ich folgte dem Schild mit der Aufschrift BÜRO und fand mich im Zuschauerraum der Reithalle wieder, der ein altes Sofa, ein paar Holzbänke, einen Fernseher und einen Videorekorder sowie einen Holzofen beherbergte. Unter mir, jenseits des Fensters, wurde geritten. Menschen und Hunde lungerten in dem Raum herum, sahen zu und verzehrten einen Schokoladenkuchen, den jemand mitgebracht hatte. Ich war mit der U-Bahn hergekommen, und ich war in der Bronx.

Meine Lehrerin Edith konnte mich auf Anhieb nicht leiden. Das bedeutete, dass mich auf der Stelle Hoffnungslosigkeit und Niedergeschlagenheit überfielen. Und Unterwerfung löst bei einer Reihe von Arten Aggression aus, zu meinem Unglück auch bei unserer. Edith sah aus wie eine grimmige erwachsene »Heidi« – langes weißblondes Haar, sahnige Haut, weißes Strickhaarband über den Ohren und unter ihrem Pony. Hinter jedem Wort, das sie sprach, lag kaum verhohlener Ärger. Am schärfsten kritisierte sie meine Steifheit, die zur Folge hatte, dass ich dem Pferd jedes Mal, wenn ich den Trab auszusitzen versuchte, in den Rücken fiel. Ihre Kritik steigerte meine Steifheit nur; ich geriet in einen sich aufschaukelnden Teufelskreis der Unmöglichkeit, mich zu entspannen und mich zugleich gegen ihre scharfen Worte zu wappnen. Vor allem aber bereute ich, was ich anfänglich für eine gute Idee gehalten hatte: Um ihr deutlich zu machen, dass ich ein Mensch bin, der gute Lehrer schätzt, erzählte ich ihr, dass ich im Sommer eine begabte Lehrerin gehabt hatte. Das brachte sie sofort auf die Palme. Als sie dann sah, dass ich nicht gerade eine begnadete Reiterin war und auch noch die Stirn hatte, ihr eine Weisheit zu offerieren, die, wie sich auf der Stelle von ihrem Gesicht ablesen ließ, ihrer eigenen zuwiderlief, kam sie zu dem Schluss, dass ich nicht nur eine fürchterliche Lehrerin gehabt hatte, sondern auch noch so dumm war, dass ich nicht einmal den Unterschied zwischen einer Idiotin und ihrem Gegenteil erkannte.

Die zweite Stunde verlief kaum besser. Mein Fehler, abgesehen davon, dass ich als Schülerin hoffnungslos langweilig war, bestand diesmal in dem Versuch, ein Gespräch über ein Thema anzuknüpfen, das mich neuerdings immer stärker beschäftigte: Welches Recht maßte ich mir an, wenn ich dieses Tier zum Reitenlernen benutzte? Was hatte es davon? Steckte nicht in seiner relativen Hilflosigkeit und unserer Macht, diese auszunutzen, eine gewichtige Implikation, eine, die sich für das Schulpferd nie auflösen lässt und es daher zu nichts anderem als einem Sklaven macht?

Aus ihren Augen sprach klar, dass sie sich sehnlichst wünschte, ich möge vom Pferd fallen und mir einen großen, wichtigen Knochen brechen, damit ich niemals wiederkäme, um sie noch einmal eine halbe Stunde lang zu quälen.

Wochen später fürchtete ich mich fast davor, reiten zu gehen. Es machte entschieden keinen Spaß. Es war nicht nur Edith, die als Aversionstherapie wirkte; es war die ganze Anlage, der ganze Riverdale-Reitstall. Ich war ein fremdartiges Wesen, das einmal pro Woche einflog, ein mückenartiges Ärgernis, so klein, dass sie mich gar nicht beachteten, sondern mich nur geistesabwesend und reflexhaft wegwischten. Ich passte einfach in keine der bekannten Kategorien: niedliches, williges pferdenärrisches Kind; viel versprechende jugendliche Sportreiterin, die nichts als Pferde und daher Riverdale im Kopf hat; wohlhabende Frau mit verhätscheltem Pferd, die pro Monat 1200 Dollar für Pension und Unterricht in den Betrieb hineinpumpt. Ich gehörte zu der Art Reiter, die der Kritikergalerie, die auf der anderen Seite der Glasscheibe des Zuschauerraums steht und das Können beurteilt (»sie ist wirklich eine elegante Reiterin«, »schau dir mal ihre Sporen an – die sind wie Dolche, und das Pferd latscht *trotzdem* immer noch«; »sie reitet nicht

schön, aber sie hat alles aus ihm herausgeholt, was drin-
steckt«), wahrscheinlich nur eine Grimasse entlockt. Ich war
für sie dreißig Dollar pro Woche wert. Dafür fuhr ich dreieinhalb Stunden U-Bahn, um mit einem bejahrten, lahmen Pony
namens »Cloudy« zu kämpfen und mich anschreien zu lassen.
Dennoch – und das ist das Komische – wurde ich besser. Ich
habe letzte Woche zum ersten Mal gespürt, wie es ist, am
Sattel zu kleben und mit der Bewegung des Pferdes mitzuge-
hen. Und eine Woche davor fand ich heraus, was es bedeutet,
das Pferd mit dem Kreuz durchzuparieren: Vielleicht ein wenig unfein ausgedrückt, spannt man die Bauchmuskeln so an,
als ob man auf dem Örtchen ... Na gut, vielleicht ist das nicht
richtig, aber es funktionierte.

Szenen, hinter Glas

Gut situierte Mutter und Tochter, die gleichzeitig Unterricht
nehmen. Kleines Mädchen beginnt auf einem Pony an der
Longe; schlanke, attraktive Mutter galoppiert eine Runde
nach der anderen. Sie weiß sich zu Pferde zu präsentieren. Sie
bringt ihre Tochter mit, auf dass sie dasselbe anmutige Geschick entwickele.

Eine weitere gut situierte Frau – sie ist offensichtlich noch
reicher (und dünner) als die eben erwähnte Mutter. Ihr eigener
Schimmel, auf Hochglanz gebürstet und mit langem, wallen-
dem Schweif, wirkt hier wie ein Maserati unter lauter VW
und bringt mich zu der Erkenntnis, dass ich selbst in meinem
schäbigen Aufzug (ich besitze insgesamt zwei Reithosen, keine Gerte, die alte Reitkappe meiner Schwester, die mehr als
einmal in den Mist gefallen ist, und die billigsten Lederstiefel,
die gegenwärtig auf dem Markt sind) auf der lahmen, urin-
fleckigen Cloudy ein klappriger, rostiger Laster bin. Diese
Dame trägt einen Kaschmirpullover, der in untadelig sitzen-

den Reithosen steckt; ihre Stiefel sind eindeutig Maßarbeit. Alles sieht aus, als hätte sie heute morgen die Preisschilder abgetrennt, insbesondere der schwarze Dressursattel und die weiße, schwarz gesäumte Dressurschabracke. Sie reitet allerdings nicht »schön«.

Eine zufällig mitangehörte Unterhaltung zwischen dem Stallbesitzer – einem früheren Olympiateilnehmer – und einem Kerl mit einer Stirn wie ein überhängender Granitfelsen, der Turnschuhe und einen bodenlangen, schwarzen Ledermantel trägt: Er möchte für das Mädchen, das unten in der Reitbahn ist – seine Tochter? –, ein Pferd kaufen oder mieten und erfährt, dass die vollen Pensionskosten 1000 Dollar im Monat betragen. Er zuckt nicht mit der Wimper.

Ende Februar lächelte mir das Glück, insofern es der bärbeißigen Edith zürnte. Ich erfuhr, dass mir diese Woche Lee Ann Unterricht geben würde; Edith hatte sich bei einem Skiunfall das Bein gebrochen. Lee Ann erinnerte mich an die sonnigen, nur an ihrem Vergnügen interessierten Mädchen, mit denen meine kleine Schwester oft befreundet ist – sie war wahrscheinlich Anfang zwanzig, viele Jahre jünger als ich. Sogar mit der armen alten Cloudy kam ich besser zurecht, aus schierer Erleichterung. Dann bekam ich in der nächsten Woche Belle zu reiten, und plötzlich, mit einem neuen Pferd und einer neuen Lehrerin, fühlte ich Elan und Eifer zurückkehren. Belle ist eine kleine, rundliche Rotschimmelstute mit weißen Socken, und sie ist sieben Jahre alt – ein Jungspund unter all diesen alten Weisen. Ich wurde vorgewarnt, dass ich, sollte sie den Kopf herunter nehmen – Vorspiel zum Buckeln –, mir das nicht eine Minute lang bieten lassen sollte, und nach diesem Dämpfer würde sie sich brav beruhigen. Es kam genauso wie vohergesagt, und danach schien sie mehr oder weniger einverstanden, dass ich auf ihr saß und etwas von ihr verlangte. Nicht begeistert, aber einverstanden. Und ich hatte beim Reiten nicht mehr das Gefühl, einen Senioren zu misshandeln. Lee Ann ermutigte mich, und obwohl ich ihr immer noch viele Fehler zu korrigieren gab, kam ich mir nicht mehr nur wie ein einziges großes Ärgernis für meine Lehrerin vor.

In der folgenden Woche war das Wetter so mild, dass mich Lee Ann bei meinem Eintreffen fragte, ob ich draußen auf dem Reitplatz Unterricht haben wollte. Das Gelände wurde durch alte Eisenbahnschwellen abgegrenzt, und in der Mitte lagen einige Cavaletti und Stangen herum. Alles begann prächtig; es war toll da draußen mit »meiner« Belle, die ich sehr schnell zu »lieben« beschlossen hatte, von ganzem, mit unsinnigen Phantastereien erfülltem Herzen.

Dann begannen wir Schritt-Trab-Übergänge in sehr schnellem Wechsel zu üben. Nach der zehnten Aufforderung zum Antraben nach nur zwei oder drei Schritten »Schritt« wurde Belle sauer. *Zum Teufel mit diesem Schwachsinn!* Und im Buckeln feuerte sie seitlich aus. Dieser kleine Tanz, der den Frieden brach, war wie eine Tür in meinem Geist, die sich da auftat, wo ich nur eine unerschütterliche Mauer geglaubt hatte; und ich blickte in den neuen, finsteren Raum, nur um darin die Möglichkeit schwer wiegenden Ungehorsams zu entdecken. Ungehorsam von fünfhundert Kilo eigensinniger Muskelmasse, mit offenem Raum und Straßen zur Rechten, dem sicheren Hafen des Stalls zur Linken. Die einzige noch ungeklärte Frage war, welche dieser beiden Möglichkeiten es werden würde.

Auf der Hälfte des Zirkels in Galopp (eine Gangart, auf die ich als Kind wild war, die mich jetzt aber eher ängstigt), beschloss Belle, dass sie jetzt auch davon genug hatte, und brach nach links aus. Ich hörte Lee Ann rufen: »Rechts! Rechts!«. Ich versuchte halbherzig, Belle nach rechts zu lenken, während mein Herz kapitulieren und sie linksherum laufen lassen wollte. Später, dachte ich mir, könnte ich sie dann wieder in den Griff kriegen. (Ich weiß, ich weiß, so funktioniert das nicht bei Pferden). Ich wollte mit ihr *kommunizieren*, nicht sie *korrigieren*. Die Konsequenz meiner Unentschlossenheit war der, dass sie geradeaus, schnurstracks auf einen Sprung zurannte.

Okay, das Ding hatte nicht die 1,70-Mauer des Grand Prix; es hatte dreißig Zentimeter, vielleicht mit etwas Glück auch vierzig. Mein Springunterricht in der Kindheit hatte mich gelehrt, das als simple Ziel-und-Schuss-Angelegenheit zu betrachten – gib ihr den Kopf frei, halte dich mit den Händen etwa in der Mitte des Halses an der Mähne fest und hebe dich aus dem Sattel. Keine große Sache. Mit fällt wieder ein, warum Springen so süchtig macht: Es ist buchstäblich im Sprung vorbei; es bleibt keine Zeit, das Gefühl der unbändigen Kraft, die sich unter einem hebt und einen mit ihrer schieren Unaufhaltsamkeit mitnimmt, auszukosten, sondern gerade so viel, dass man den Drang entwickelt, eine weitere Münze in den Schlitz zu stecken.

Als ich gelandet war, bemerkte Lee Ann: »Junge, wenn ich draufgesessen hätte, wäre ich abgestiegen – ich hasse Springen.« »Kann nicht sein«, dachte ich sofort. Zum einen konnte man kaum von Springen reden, und zum anderen hatte ich keine Angst gehabt. Es ist unmöglich, dass sich jemand vor etwas fürchten kann, vor dem ich keine Angst habe. Ich glaubte, dass sie mich auf den Arm nehmen wollte, doch sie wiederholte: »Nein, ich meine das wirklich so. Als Kind bin ich *immerzu* gesprungen, aber jetzt habe ich Angst davor.«

Doch ich hatte mich selbst in eine prekäre Lage hineinmanövriert, auf dem Rücken eines Pferdes, das sich fest vorgenommen hatte, davonzulaufen. Und ich hatte der Stute auch noch unbekümmert den Geheimschlüssel geliefert, mit dem sie sich die nötige Information beschaffen konnte, um ihr Vorhaben in die Tat umzusetzen. Im Trab schwenkte sie plötzlich hinaus und in Richtung Stall ab, doch ich zog und schwenkte sie wieder hinein. Jetzt hatte ich zu viel Angst vor dem Galopp – die Geschwindigkeit, gepaart mit meinem wieder heftigeren Herumhopsen, ließ die Möglichkeit eines wirklichen Durchgeh-Szenarios vor meinen Augen aufsteigen.

Als ich absaß, lobte mich Lee Ann, dass ich es gut gemacht hätte; dass ich stark genug gewesen war, um Belle zum Überdenken ihres Plans zu bewegen. Und statt des Eindrucks, eine Versagerin zu sein, und des Gedankens, dass ein besserer Reiter niemals in auch nur eine annähernd ähnliche Situation geraten wäre, stieg in mir die Erkenntnis auf: Das ist es, was Reiter ständig tun müssen. Nein, Reiten heißt nicht, friedlich seine Kreise zu ziehen – manchmal heißt es, »zu zeigen, wer der Boss ist«. Und diese Gelegenheit bekommt man nicht, wenn das Tier nicht zuerst einmal aufmuckt. Hatte mir Lee Ann schließlich nicht gerade eben erzählt, dass sie vorhin den Grauschimmel eines vierzehnjährigen Mädchens, den ich gestreichelt hatte, als er unschuldig an den Schwellen stand, geritten und einen fürchterlichen Krach mit ihm gehabt hatte? Vielleicht sah sie sogar – nur ein ganz kleines bisschen – so aus wie ich.

Aber *Boss*? In diese Kleider werde ich wohl nie hineinwachsen. Und doch sind das die einzigen im Laden, wenn ich nach Reitklamotten suchen gehe. Ich schaue zu, wie diese bewundernswerten Frauen die Sache in die Hand nehmen, ein rasches Klatschen der Gerte beim geringsten Anzeichen von Ungehorsam und keinerlei Rest von Angst, denn *wer* reitet schließlich *wen*? Ich höre Edith schreien: »Wenn ich Ihnen sage, Sie sollen die Gerte einsetzen, dann müssen Sie *die Gerte einsetzen*.« Ich spiele mit dem Gedanken aufzugeben.

Im April erkrankte Lee Ann, und ich bekam wieder Edith. Und wissen Sie was? Sie war ein Bild der Ruhe. Ich hatte wunderbare Unterrichtsstunden, lernte die Grundbegriffe des indirekten Außenzügels. Sie erklärte mir, dass man auf diese Weise verhindert, dass einem das Pferd davonläuft – ein Pferd wie Belle. (Meine Liebe zu Belle war kurz, aber rein; sie war das erste Pferd, das ich in Riverdale geritten hatte, das überhaupt noch einen Funken Leben in sich zu tragen schien. Dann sagte Lee Ann eines Tages: »Belle? Belle ist eine *Kuh*.«)

Lee Ann ging weg. Ich hatte nicht mitbekommen, dass sie hier nur Zwischenstation gemacht hatte, bevor sie den immer schnelleren Aufstieg ihrer Lebensbahn wieder aufnahm. Sie ging zu einer Freundin, die bei der Weltmeisterschaft mitritt, dann wieder heim nach Kanada. Im Sommer würde sie nach Deutschland gehen, um bei Kanadas Olympiacoach zu trainieren – sie stand in der engeren Auswahl für die Olympiamannschaft. (Wie wunderbar, dachte ich, eines Tages den Fernseher einschalten und sie sehen und sagen zu können: »Sie hat mir Unterricht gegeben!«, woraufhin man mir ungläubige Blicke zuwerfen würde.) Sie ist erst zwanzig Jahre alt, und was das Leben ihr bringen mag, ist noch ein Geheimnis. Ich vermute, das, was vor mir liegt, auch, aber ich habe häufig das Gefühl, das ich jeden staubigen Winkel darin kenne und dass es, wenn es mich nicht gerade langweilt oder ängstigt, so rasch vorübergeht, dass ich es kaum spüre.

Ich suche meinen sommerlichen Schlupfwinkel wieder auf und vereinbare telefonisch eine Stunde bei Dominique. Es erweist sich als ein sehr zwiespältiges Erlebnis – während ich doch nichts als Erleichterung und Vergnügen erwartet hatte. Nun, sie ist gründlich, das darf man über sie sagen. Sie nahm mich wieder an die Longe, mit der Bemerkung, dass Wilant neuerdings ein wenig lebhaft geworden sei, weil mit ihm nun etwas ernsthafter dressurmäßig gearbeitet würde. Und zudem weckte die kalte Märzluft die Pferde regelrecht auf. (Die sturen Schulpferde von Riverdale müssen demnach im August zu Bronzestatuen erstarren.) Sie behauptete sofort, dass ich jetzt noch schlechter sei als damals, als ich anfing, dass sie eigentlich erwartet hätte, dass ich mich verbessern würde, wenn ich jede Woche ritt, und dass ich, da dies ja nicht eingetreten sei, den falschen Unterricht gehabt haben müsse und mir schlech-

147

te Angewohnheiten zugelegt hätte, die noch schwieriger zu durchbrechen seien, als wenn ich gar nicht geritten wäre. Als sie hörte, dass ich im Galopp geritten war, ging sie förmlich an die Decke, sagte, dass das ganz falsch sei, praktisch ein Kunstfehler, mich galoppieren zu lassen, wenn ich den Trab nicht aussitzen könne. Ich hatte schon vier weitere Stunden in Riverdale im Voraus bezahlt. Wenn dort Galopp verlangt wurde, dann *galoppierte* man.

Und so werde ich zu meinen Lehrern zurückkehren, und versuchen, alles wiedergutzumachen. Ich werde auch versuchen, einen steifen Körper, eine negative Einstellung und die Neigung zu überwinden, zu viel über etwas nachzudenken, das sich dem Denken so wenig fügt. Reiten war noch nie so kompliziert wie jetzt.

Wie soll man es in Worte fassen?

———◆———

15 Noch einmal zurück zu der Zeit, wenn sie noch kleine Mädchen sind, wenn sie alle Geistes- und Muskelkräfte anspannen, um selbst zu Pferden zu werden. Wenn es so etwas gibt wie Lykanthropie (der Glaube, sich in einen Werwolf zu verwandeln), dann ist dies mit Sicherheit Hippanthropie. Wenn sie heranwachsen, bleibt diese Prägung erhalten, in ihren Knochen und ihren Zellen und in den wunderbaren Verflechtungen und Windungen und Knötchen, die die Substanz ausmachen, aus der ihre Zellen bestehen. Frauen sind Pferden bereits ähnlicher, als sie ahnen.

Ihr Innenohr ist – im Unterschied zu Männern – imstande, sehr leise Geräusche wahrzunehmen. Sie lauschen wachsam nach Zeichen von Gefahr, insbesondere nach Wimmern mitten in der Nacht, von ganz hinten im Flur her, nach einem Laut, der für sie die in tausend Scherben zerschmetterte Porzellanlampe sein könnte und für ihre schnarchenden Ehemänner gar nichts. Nehmen wir jetzt das Pferd in Augenschein: Gehören nicht die Ohren zu dem, was als Erstes auffällt? Wie sie sich automatisch drehen, so empfindlich wie ein Sonar für das ansonsten unbemerkte Fallen einer Stecknadel Meter oder Meilen entfernt.

Obwohl das Pferd im Stall bleiben muss, eingepfercht vom Elektrozaun und von den Grenzen seiner Koppel, jenseits derer es jetzt Einkaufszentren und Straßen und Häuser und sehr wenige Felsenklippen gibt, liegt ihm immer noch die Erinnerung im Blut, wie sich das plötzliche Gewicht von vier Tatzen, die schwer und lautlos auf seinem Rücken landen, und das unmittelbar darauf folgende Eindringen ausgefahrener Krallen in die Haut über seinem Widerrist anfühlen. Die Erinnerung an den Puma wird irgendwie von Generation zu Generation weitervererbt, sodass man, wenn man seine Box betritt und den Besen zur Decke hebt, um die Spinnweben von den Dachbalken herunterzufegen (hundert Jahre, nachdem der letzte Fleischfresser schlaff über der Schulter seines stolzen, lächelnden Besiegers hängend abgebildet wurde), jählings ein Tier vor sich hat, dem vor Panik das Weiß in den Augen steht und das gehetzt durch geblähte Nüstern schnauft. Richten wir unser Augenmerk nun auf die Frau: Ihre Atmung beschleunigt sich, wenn sie durch das Dunkel geht und sich nicht umblicken will, aus Angst, das, was sie fürchtet, damit real zu machen. Daher geht sie ein wenig schneller. Auch sie weiß (sagt der Pferdeflüsterer Monty Roberts), wie es ist, Beute zu sein.

Die Mystikerin Margery Kempe, die im fünfzehnten Jahrhundert lebte, erblickte einmal einen Mann, der ein Pferd schlug. Als sie genauer hinschaute, löste sich das Bild auf. Es formte sich neu, und vor ihren Augen wurde Christus gegeißelt, und sein Blut strömte wie Tränen.

Das Gesicht ihres geliebten Jesus Christus gotteslästerlich da zu sehen, wo zuvor nur das eines Tiers gewesen war (mit Sicherheit der allergeringste seiner Brüder) – das ist, wie wir heute glauben, reine Sentimentalität, die Torheit der Frau. Angeblich haben wir uns aus all dem herauszivilisiert, doch es gibt dabei ein winzigkleines Problem: Diese Sentimentalität, auch als Mitgefühl bekannt, ist genau das, was den Fortbestand der menschlichen Zivilisation sichert, denn ohne sie würden wir unsere Kinder hungrig auf der Straße zurücklassen und unsere Säuglinge an Tische binden, um herauszufinden (denn Wissenschaft ist Zivilisation minus Mitgefühl), wie lange es dauert, bis sie an Vernachlässigung zu Grunde gehen. Die scharfsichtige britische Kritikerin Brigid Brophy, die das Talent hat, alles auf den Punkt zu bringen, schreibt: »Immer wenn die Leute sagen: ›Wir dürfen nicht sentimental sein‹, können Sie darauf wetten, dass sie drauf und dran sind, eine Grausamkeit zu begehen. Und wenn sie hinzufügen: ›Wir müssen realistisch sein‹, dann meinen sie, dass sie daran verdienen werden.«

Was anderes als Mitgefühl in irgendeiner Form, wie durchsetzt auch immer (immer, immer) vom Gegenteil, kann erklären, warum manche Frauen mit einem Pferd umgehen können, mit dem sonst niemand fertig wird? Die junge Dorothy Herbert, Zirkusreiterin von Anno dazumal, deren Kunststücke alle tendenziell gefährlich waren (sie verlangten die Neigung zum Steigen) und deren Pferd Satan niemanden außer ihr aufsitzen ließ, für sie jedoch buchstäblich durchs Feuer ging; die berühmte Springreiterin der sechziger Jahre Katie Kusner, von deren Hengst Aberali es hieß, er sei »zu erregbar, um ein Gebiss ins Maul zu nehmen – er darf nur einen Hackamore tragen –, und trotzdem geht er unter Katie, als ob er jedesmal, wenn er einen Sprung nimmt, niederknien und ihr danken wollte.« Was sonst als »Sentimentalität«, die den »Realismus« aus dem Felde schlägt, veranlasste eine ehemalige College-Studentin, einen Kredit über 720 Dollar aufzunehmen, den sie kaum würde zurückzahlen können, um das siebzehn Jahre alte Springpferd, das sie im schulischen Reitunterricht geritten hatte, aus den Händen des Abdeckers freikaufen zu können? (Und welches leuchtende Beispiel für die Realisten ist der Professor, der es dennoch zur Schlachtpferdeauktion schickte und, stolz auf das hohe Maß seiner eigenen zivilisierten Unsentimentalität, offiziell verkündete: »Das ist eine rein geschäftliche Entscheidung.«)

Peitschenschläger, Prügler, Misshandler, Sadisten, denen jedes Mitgefühl abhanden gekommen ist und eine gähnende Leere hinterlassen hat – alle diese Typen findet man in den Reihen der Frauen, die Pferdeliebe bekunden (genauso wie Frauen, in deren Natur doch Fürsorge liegen soll, weit häufiger Kinder umbringen als Männer). Doch unter diesen Frauen gibt es auch genügend andere – die wirklich verständnisvollen, die, die sich ohne viel Aufhebens kümmern – und zugleich zu viele Geschichten über außergewöhnliche Opferbereitschaft, als dass sie sich durch Zufall erklären ließen. So müssen wir erneut versuchen, die Tatsachen zu deuten.

Vielleicht ist der Wunsch, bei den Pferden mit ihrem warmen Atem und ihrem vertrauensvollen Wesen zu sein, letztendlich nichts anderes als der Wunsch, Liebe zu empfinden – tiefe, freudige, absolute Liebe –, insbesondere jene seltene Sorte, die man nur für den eigenen Nachwuchs fühlt. Wenn domestizierte Pferde in ihrer Abhängigkeit wie Kinder sind (und wer sind wir, dass wir die Stimmen von Tausenden von Frauen ignorieren dürften, die eben dies aussprechen?), dann dürften sie zwangsläufig die letztlich unerklärbaren Instinkte auslösen, die uns blind machen für die jeweilige Erscheinungsform unserer Schutzbefohlenen. Ganz gleich, ob sie nun in braunes Fell oder rosa Haut gehüllt sind oder ob sie unsere

Augen haben oder die eines Wesens von einem anderen Kontinent – sie bringen uns dazu, sie mit einem Ingrimm zu lieben, der fast schon peinlich ist. Weil Mütter nicht die Wahl haben, ob sie ihr Baby lieben wollen, – indem sie etwa dessen Vorzüge, was Intelligenz oder Schönheit oder Begabung angeht, abgewogen und für ausreichend befunden hätten –, lieben sie es. Die Biologie verlangt es, und was in unseren Zellen ist, reicht tiefer als das, was in unserem Gehirn ist. Warum sollten wir verhehlen, dass diese Liebe so köstlich ist, dass wir sie mit einem Hunger ersehnen, der so stark ist, dass wir ihn gerade eben noch ertragen können, ohne verrückt zu werden?

Vielleicht ist es aber auch noch etwas anderes (ich versichere Ihnen, es gibt immer noch etwas anderes). Wir fühlen uns besonders zu Pferden hingezogen, weil sie unser eigenes, zögerliches Flüstern wie ein Echo zurückgeben, allerdings in einem lauten, widerhallenden Ruf. Sie sprechen mit Bestimmtheit von genau den Dingen, deren wir uns in uns selbst höchst unsicher sind. Denn die Eigenschaften, die die Spezies Pferd am deutlichsten auszeichnen, sind diejenigen, die gegenwärtig bei der Spezies Mensch am schärfsten unterdrückt werden: primitive Sexualität, Angst, offene Verletzlichkeit und Bedürftigkeit, unkomplizierte Triebhaftigkeit. Sie wollen nur leben, was bedeutet, ihre biologisch vorgegebenen Bedürfnisse zu befriedigen (sich sicher zu fühlen, mit anderen ihrer Art zu kommunizieren, sich zu bewegen und zu spielen und sich fortzupflanzen). Das erinnert uns daran, was wir von uns selbst vergessen haben, und es genügt, um uns die Tränen in die Augen zu treiben, und vielleicht auch, um sie zu trocknen.

Als ob sie zeigen wollten, dass dies alles jenseits der Kraft schwacher Worte liegt, haben die Künstler das Banner ergriffen. Rosa Bonheur (1822–1899) hatte die Vorstellungskraft für zumindest ein großes Gemälde in sich, angefacht von sinnlichen wie moralischen Empfindungen von hoher Intensität

(»Oh, diese beziehungsreichen Hinterteile …,« um einen der zahlreichen modernen Maler zu zitieren, der sich auf dem beziehungsreichen Gebiet der Pferdekunst betätigt). Die Malerin des monumentalen Gemäldes *Der Pferdemarkt* verließ sich einmal auf Worte, um zu erklären, was sie über das Tier dachte, das ihr bestes Thema abgab:

> »Das Pferd ist wie der Mensch das schönste und das erbärmlichste aller Geschöpfe, nur, dass es im Fall des Menschen Laster oder Tugend ist, was ihn hässlich macht. Er ist für seinen eigenen Niedergang verantwortlich, während das Pferd nur ein Sklave ist, den der Schöpfer dem Menschen geschenkt hat und welcher es in seiner Undankbarkeit und seiner irdischen und egoistischen Armut misshandelt, bis er niedriger wird als das Tier selbst.«

Dem Thema der Frauen des späten zwanzigsten Jahrhunderts, die im Pferd und unserer Beziehung zu ihm ein weites Feld für eine Kunst gefunden haben, die dorthin reicht, wo Worte zu kurz greifen, ist nichts so Einfaches wie Schönheit oder Elend. Deborah Butterfield erschafft Skulpturen, manchmal lebensgroß, aus gebogenen Latten oder rostigen Restmaterialien, die die Haltungen lebender Pferde so unheimlich treffend und vor dem Hintergrund aus Luft ganz sparsam in Szene setzen, dass einem unwillkürlich die Art hochfliegender Themen einfallen, denen man sich am besten durch Einfachheit nähert: das Wesen von Beseelung und Schöpfung; die Hand des Menschen und die von Mächten, die unseren Augen in höherem Maße entzogen sind. Susan Rothenberg nimmt kein spezielles Interesse am Wesen von Pferden für sich in Anspruch; sie sieht sie nur als figurative Elemente, die sie ständig in die Abstraktion hineintreibt. Dennoch spielte all das, was den Wesenskern des Pferdes definiert, über viele Jahre eine Rolle in ihren Bildern. Ihre Pferde wirken hilflos, kurz davor, in einen dunklen, endlosen Strudel hineingezogen zu werden, wirbeln im Raum, als wären sie schwerelos, sodass uns ein wenig unbehaglich zu Mute wird, denn seit wann ist ein Pferd hilflos oder schwerelos? Deborah Bright fotografiert Reitzubehör und Pferdefiguren – glänzende Ledersättel, in Ketten gelegte Porzellanpferde –, um damit verschiedene Aussagen über Lust, Sklaverei und die Sklaverei der Lust zu machen; eine Serie trägt den Titel »Sein und Reiten«. Patricia Cronin kopiert in leuchtenden Farbflächen, die an Malen-nach-Zahlen erinnern, Bilder aus dem riesigen Angebot an Pferdepornografie, das in Form monatlicher Teillieferungen in einigen Pferdezeitschriften erscheint: die Doppelseiten mit majestätischen Zuchtexemplaren, die Anzeigen, in denen eine junge Frau einen Augenblick der Seligkeit im Geheimen mit ihrem Reittier teilt. Wendy Klemperer macht Serien energiegeladener Pferdeskulpturen, und sie hat auch ein aufschlussreiches Video gedreht, in dem nackte Frauen, die Geschlechtsteile nur von flatternden Siegerschleifen bedeckt, einen Parcour springen, als ob sie Pferde seien, während sie zugleich so tun, als würden sie reiten. (Wenn Sie dieses Video gesehen haben, werden Sie die Zeile in *Velvet, das Mädchen mit dem Pferd*, in der die Heldin eine Gerte gegen ihren eigenen Schenkel klatschen lässt, während sie galoppiert, nie mehr in aller Unschuld lesen.) Und dann ist da noch Janet Biggs, die sich in ihrer Videoinstallation unmittelbar mit Mädchen und Pferden beschäftigt; sie geht mittels parallel laufender multimedialer Annäherungen an den bereits multivalenten Gegenstand heran. Gemeinsam mit wandfüllenden Fotos erzeugen die Videomonitoren und -projektionen eine Art visuelles weißes Rauschen, in das der Betrachter eine gute Weile lang mit Gewinn eintauchen kann.

Die Arbeiten dieser Künstlerinnen stellen Fragen, statt Antworten zu geben, wie es gute Kunstwerke immer tun. Am Ende müssen wir uns damit zufrieden geben. Es ist jedenfalls etwas, an dem wir durchaus auf den Geschmack kommen können, wenn es uns nicht sofort auf den ersten Biss schmeckt. Ich

selbst wurde fast süchtig nach dem Geschmack des Uner-
gründlichen und verschlinge es manchmal mitten in der
Nacht, direkt aus der Packung und ohne Soße. Mit dieser Ent-
hüllung gebe ich nunmehr jeden Anspruch auf eine letzt-
gültige Erklärung dafür auf, warum Mädchen Pferde mit der
bekannten, ausdauernden Leidenschaft lieben. Stattdessen
lade ich Sie zum Festmahl der Ungewissheit ein.

Narzissmus

—◄○►—

16 »Kommt, wir gehen reiten!« Ein Ruf, der auf das Kind so unwiderstehlich wirkt wie: »Wir essen Eis zum Abendbrot; wir fahren sechs Mal hintereinander Achterbahn; wir bleiben die ganze Nacht auf und erzählen Gespenstergeschichten!« Und so gingen wir, wo immer und wann immer wir konnten. Ponyreiten auf dem Jahrmarkt – wir stellten uns eine Dreiviertelstunde lang in glühender Sonne an, man ließ uns in den Westernsattel plumpsen und schärfte uns ein, uns am Sattelhorn festzuhalten (eine kaum erträgliche Bevormundung für Sechsjährige, die ihr Wissen über das meistgeliebte Tier auf Erden nahezu vollständig glaubten), und dann machten wir zwei flüchtige Runden in der staubigen Bahn, während wir uns vorstellten, gleich in die Weite des canyon durchzogenen Landes davonzugaloppieren. Wir wurden viel zu früh heruntergezerrt, mächtig enttäuscht von der ganzen Sache, kaum genug Zeit, die Nase des Ponys zu tätscheln, während schon ein anderes, von Hoffnung erfülltes Kind hinauf gehievt wurde. Und trotzdem rannten wir zurück ans Ende der Schlange, sehr zum in entnervtem Seufzen demonstrierten Unwillen unserer Eltern. Bei jedem Familienausflug fanden wir heraus, wo Spazierritte angeboten wurden, und wir hörten nicht auf, sie unter den kneifzangenartigen Druck zu setzen, mit dem nur ein Kind seine Eltern zu traktieren weiß, bis sie die Waffen streckten. Wir ritten glücklich im Gänsemarsch mit fünfzehn anderen eine feierliche Stunde lang, Nase an Schweif an Nase, während unsere apathischen Rösser auf nichts anderes als ein Maul voll Blätter im Vorüberschlurfen und das Ende des Ganzen hofften. Dann war da der ständige Schrei nach Reitstunden, dieses grässliche Quengeln, der stimmliche Ausdruck eines Vulkans des Begehrens. Die weisen Eltern erkannten darin den nützlichen Hebel, der er war, und konnten im Tausch für eine einschlägige Einwilligung praktisch alles bekommen. (Die Eltern eines Mädchens erreichten auf diese Weise mehrjährige, leidenschaftlich verabscheute Klavierstunden und tägliches Üben.) »Gehen wir reiten!«, weil es ein unnachahmliches Gefühl war und ist, und kein fliegender Teppich vermag es zu übertreffen.

Der Dauerbrenner der Reisebeilagen und Frauenzeitschriften ist der Artikel einer Schreiberin im mittleren Alter, die genau diese Vergangenheit wiederentdeckt hat, den kaum noch glühenden Funken, der lichterloh aufloderte, als der eigentlich harmlose Spazierritt oder der zufällige Anblick eines Pferdes in der Stadt ihn anfachte. Eine Abwandlung hiervon ist die Autorin, die beschlossen hat, einer Jahrzehnte alten Abneigung gegen Pferde auf den Grund zu gehen, wobei sich deren Wurzel jetzt als Angst entpuppt. Sie lässt ihren ersten

Tag im Sattel Revue passieren, ihr Herzklopfen, den verständnisvollen, aber strengen Lehrer, den kleinen, aber berauschenden Erfolg, durch entschlossenes Antippen des Rumpfs mit der Gerte ein paar Trabschritte herauszukitzeln. Alle Bewohner des Stalls werden als die Individuen beschrieben, die sie sind, gewöhnlich durch eine Zusammenstellung aller Ausweichmanöver, die sie über die Jahre entwickelt haben: der, der bei jeder Gelegenheit in die Mitte der Bahn strebt und dort wie angewurzelt stehen bleibt; der, dessen Kopf während der ganzen Stunde schlägt und dessen Schweif hin und her zuckt; der, der sich durch keine Macht der Welt aus seinem latschenden Schritt aufrütteln lässt. Man liest, dass diesen vierbeinigen Lehrern steigenweise Äpfel von dankbaren Schülerinnen zuteil werden, und interessante Fakten, wie z. B. dass ein fünfunddreißig Jahre alter Wallach immer noch für den Unterricht taugt und dass er fünfundzwanzig davon in diesem städtischen Reitstall verbracht hat. Und so zieht sich das Werk hin, zeichnet den harten Weg der Autorin zu einer Reiterin nach, die sich im Griff hat und stolz darauf ist. Sie kann ein Tier dazu bringen, ihren Hacken und ihrer Gerte zu gehorchen, und sie preist die kenntnisreichen Lehrer und das Erstaunlichste an dem ganzen Unternehmen – dass es nur ein paar U-Bahnstationen entfernt ist.

Ihr sei ein Hurra. Doch nach Abschluss der Lektüre des dritten oder vierten oder achtundsiebzigsten Artikels dieser Art fällt es Ihnen schwer, noch die frühere Begeisterung des »Gehen wir reiten!« darin nachhallen zu hören. Sie haben keine Ahnung, woher diese säuerlich dreinblickenden Zweifel kommen. Aber sie hocken mit eingegrabenen Klauen auf Ihrer Schulter und lesen jede Zeile mit Ihnen mit und wispern mit spitzer Zunge ernüchternde Worte. Sie merken, dass Sie diesen Homuculus nicht mehr loswerden; er hat sich ein für allemal breitgemacht. Und zugleich schrumpfen Ihre Freuden so sicher dahin wie der mit Helium gefüllte Ballon,

159

der abends mit liebevoller Sorgfalt an den Bettpfosten gebunden wurde und am nächsten Morgen verschrumpelt auf
dem Boden liegt. Vielleicht hat es etwas damit zu tun, dass
Sie verkehrt herum, anders herum als die Mehrheit geboren
wurden. Die hartnäckige, leise Stimme des Wesens lässt Sie
nicht in Ruhe, kratzt im Ohr: Lassen sie nicht etwas weg?
2500 Wörter und nicht ein einziges aus dem Blickwinkel der
Pferde? Kommen sie denn in all dem überhaupt nicht vor?
»Gehen wir reiten!«, ja ja. Was ist, wenn sie *nicht geritten wer-*
den wollen?

Jetzt hat sich alles radikal verändert, und nichts ist mehr wie
zuvor. Es geht Ihnen wie dem kleinen Kind in dem Gruselfilm,
das alle, die vor kurzem eines gewaltsamen Todes gestorben
waren, klar und deutlich sehen konnte, während alle anderen
unbekümmert ihren Geschäften nachgingen und nicht merk-
ten, dass sie mit blutüberströmten Geistern zusammenstießen
und ihnen auf die Füße traten. Und so gelingt es Ihnen nicht,
den Artikel weiterzulesen und dabei zu denken: *Wow, fünfund-*
zwanzig Jahre am selben Ort und tagaus, tagein dasselbe – cool! Jetzt
werden Sie denken: *Herr im Himmel, fünfundzwanzig Jahre ohne den*
Geschmack von frischem Gras, ohne Wälzen, ohne die schlichte Notwen-
digkeit, seine Beine ohne das Gewicht eines Menschen zu bewegen, der drückt
und ihn hierhin und dorthin zerrt, fünfundzwanzig Jahre in einer Zelle. Was
hat er getan, so werden Sie denken, *um eine lebenslange Haftstrafe zu ver-*
dienen? Eine Waggonladung Äpfel und tagelange Liebkosungen
können ihn dafür nicht entschädigen; es ist, als ob man ein
Kind für Jahre allein in ein Kämmerchen einschlösse, es aber
immer reichlich mit Lutschern versorgte. Sie können nicht
mehr denken: *Ha ha, ist das nicht komisch, dieses Pferd, das sich immer*
mit dem Kopf zur Reithallenwand dreht und sich nicht für Geld und gute
Worte rührt. Jetzt werden Sie denken, während Ihnen die Galle
hochkommt: *Das ist alles, was wir ihnen gelassen haben, ihr einziger*
Versuch, die unaufhörliche Pein und Langeweile abzuschalten, die für sie

immer weiter läuft wie ein Fernseher, der auf dauerhaftes, lautes statisches Rauschen eingestellt ist.

Sie wissen, was Sie früher immer davon gehabt haben – die Freude, das Erfolgserlebnis, den Wind in den Haaren –, doch plötzlich müssen Sie Fragen stellen, wegen dieses verdammten Dämons, der sich eingenistet zu haben scheint, um alles, was Sie einmal für selbstverständlich hielten – dass nämlich *sie* etwas davon haben –, mit Zweifeln zu durchsetzen. Und wenn dabei herauskommt, dass sie sich nichts mehr wünschen würden als die Befriedigung der Instinkte, die an ihnen ziehen und zerren, bis etwas entzwei geht, dann spielt es keine Rolle mehr, was Sie wollen, denn Sie haben alle Macht der Welt, um sich Ihre Wünsche zu erfüllen. Und sie nicht. Diese Lage der Dinge ist nicht mehr angenehm, wie Sie zu Ihrem Bedauern einräumen müssen. Dabei möchten Sie nicht mehr mitmachen, selbst wenn das bedeutet, einen Teil Ihrer Vergangenheit hinter sich zu lassen oder die Gelegenheit, zu dieser großen Gemeinde der anderen dazuzugehören, die von ihrem eigenen Vergnügen erfüllt die dunklen Wolken am Horizont nicht sehen, die Ihnen offenbar allerorten in die Augen springen. Es scheint, dass Sie zum Außenseiter geworden sind, und alle anderen Reiterinnen sind drinnen, im Warmen.

Risse

17 Das Klatschen der Schläge schallte durch die Reithalle, brach sich an der hohen Wellblechdecke der heiligen Halle. Jedem folgte eine elterliche Schimpftirade: »Jetzt ist aber Schluss, mein Herr.« »Wenn ich deine Zähne noch einmal auch nur sehe – nur sehe –, dann wird dir das noch Leid tun.« »Du weißt, dass du das lassen ...« Ein paar Sekunden später wieder ein Klatsch, wieder eine Tirade aus Monicas honigsüßem Mund.

Sie und ihr Pferd, ein junger, kraftstrotzender Hannoveraner (die Rasse der Wahl für jeden aufstrebenden Reiter heutzutage, der Lexus unter den Pferden), vollführten dieses Ritual jedes Mal, wenn sie zusammen waren. Er wandte den

Hals, um mit seinen prachtvollen Zähnen ein Stück ihrer Kleidung zu erwischen, sie gab ihm mit der Handfläche einen Klaps auf den Hals und einen Vorgeschmack davon, wie sie sich als Mutter machen würde. Egal, wie abwandlungsreich und streng ihre Zurechtweisungen auch sein mochten, ihr Pferd war anscheinend zu begriffsstutzig, um sie zu kapieren. Seine englischen Sprachkenntnisse hatten keine Fortschritte gemacht.

Jedes Mal, wenn ich ihren Pas de deux beobachtete, fühlte ich mich an Hundebesitzer erinnert, die immerzu: »Komm her, Buster, *komm her*. Komm her, komm her!« schreien, während ihr Hund fröhlich auf und davon rennt. Ihre Rufe stiegen vom Grund eines tiefen Brunnens auf, in den sie, ohne es zu wissen und ohne daraus entkommen zu können, gefallen waren: den Brunnen der Sprache. Wenn nur jemand ein Gesetz erließe, das den Gebrauch von gesprochener Sprache beim Abrichten von Tieren verbietet oder wenigstens eine geänderte Wortwahl vorschreibt, wie *Stuh*l für »sitz« oder *Reis* für »komm her«, dann würden die Leute vielleicht merken, dass sie in erster Linie lehren und erst in zweiter sprechen müssen. Oder überhaupt nicht reden müssen – visuelle Hinweise funktionieren ebenso gut wie verbale.

Ich wunderte mich, warum Dominique Monica nicht davon in Kenntnis setzte, dass es am Regisseur liegt, wenn man immer wieder dasselbe Stück probt, ohne je zu einer wirklichen Aufführung zu kommen. Wenn ich allerdings die finanzielle Rolle von Monicas Verlobtem beim Aufbau des Reitstalls sowie die natürliche Widerspenstigkeit von Monicas Intellekt gegen jegliche Grenzerweiterung bedachte, wunderte es mich nicht mehr so sehr. Nichtsdestotrotz bewunderte ich weiterhin ihre schicke Reitgarderobe und die Tatsache, das sie definitiv auf dieser Seite des Grabens stand: hier Frauen, deren Frisur stets perfekt saß, gleichgültig, was sie in Stall und Reitbahn taten, und dort Frauen wie ich.

Dominique und die Clique in Riverdale kamen mir so sehr von einem einzigen Streben beseelt vor, wie ich es zu keiner Zeit und in keinem Punkt jemals verspürt habe. Das ließ die Frage in mir aufsteigen, welche Freuden mir dabei wohl entgingen. Sie brauchten nur die Köpfe zusammenzustecken und ein Wort zu sagen, das niemand sonst verstanden hätte, und tauschten damit etwas aus, für das andere tagelang hätten reden müssen, lösten ein Lächeln oder Grinsen aus, das alle anderen ausschloss. Die Dressur war ihre Welt; sie konnten stundenlang dasitzen und Videos von olympischen Ritten bis in jedes einzelne Pixel zerlegen. Für mich war beim Zuschauen erkennbar, dass manche Pferde brillantere Bewegungen zeigten, manche Reiter oder Reiterinnen mehr Leichtigkeit, mehr Eleganz als andere, doch damit war mein Differenzierungsvermögen erschöpft. Dann stieg in mir immer die Frage auf, ob die Pferde nicht lieber etwas Anderes machen würden. Wenn ich die Frauen live und aus der Nähe bei der Arbeit mit ihren Pferden beobachtete, sah ich nur den grün gesprenkelten Schaum von den Lippen der Pferde auf ihre Brust tropfen, die langsam dunkel von Schweiß wurde, und ich begriff, dass ich es einfach nicht *kapierte*. Es war ihr Sport und würde nie der meine werden. Worum ging es dabei eigentlich? Innerlich und äußerlich? In einer Welt zu leben, deren Regeln schwarz auf weiß in kleinen Büchern gedruckt stehen und herausgegeben werden von einem allmächtigen Verband? In einer Welt zu leben, die so kompliziert ist und einen so sehr absorbiert, dass man vergisst, dass da noch die andere existiert, die mit den weiten Treibsandflächen und dem schlechten Wetter und kaum oder gar keinen konkreten Richtlinien? Sie arbeiteten den ganzen Winter hindurch mit gnadenloser Geduld an ihren Lektionen und warteten, während sie Videos betrachteten, auf den Beginn der neuen Turniersaison.

Ich wartete lediglich – auf was wusste ich nicht. Das Reitenlernen war, wie man es sich hätte denken können: gute Tage wechselten sich mit schlechten ab, Augenblicke der Offenbarung, befreiende Momente für das Pferd, die ihm erlaubten, sich zu biegen oder zu dehnen oder Anlehnung zu suchen, was eine so berauschende Empfindung war, dass ich mich plötzlich fühlte wie eine Turniertänzerin in Topform und dass der unausweichlich darauf folgende Augenblick, in dem das Gefühl in sich zusammenbrach, und ich nichts mehr koordinieren konnte und den Rücken steif machte, und meine Schenkel schlackerten, und das Pferd sich gegen mich sträubte, einfach nur noch traurig war. Doch das Ende der Stunde war das Ende des Umgangs mit Pferden für diesen Tag, und dann gingen die vierbeinigen Geschöpfe wieder an ihre eigentliche Arbeit – Kauen, die Beschäftigung, die sie todernst nehmen – und die zweibeinigen an die ihre: sie mit etwas zum Kauen zu versorgen.

Dominique und die anderen hatten den Ort gefunden, an dem sie leben wollten, und dort lebten sie, in einem fremden Land. Ich las immer noch Reiseführer, versuchte mir auszumalen, welche Orte es wohl geben könnte, an die ich würde reisen wollen.

Ich lebe in einem Zustand permanenter Sehnsucht – ein Bachbett, das so tief eingegraben ist, dass keine Aussicht besteht, den Strom durch gelegentliche Befriedigungserlebnisse umzuleiten. Und die längste Übungsphase in meinem Leben, die unerfüllter Sehnsucht gewidmet war, war die Zeit, in der ich mir ein Pferd wünschte. Meine letztendliche Einsicht – in jungen Jahren –, dass dies unmöglich war, sorgte dafür, dass ich die Idee mit verbitterter Entschlossenheit über Bord warf. Also gut, dann werde ich eben *kein* Pferd kriegen! Die nächsten zwanzig Jahre verstrichen in einem Universum, in dem es diesen eigentümlich scharfen und durchdringenden Geruch, der nach einem Tag im Stall an den Händen haftet, niemals gegeben hatte. Mit Ausnahme eines einzigen glücklichen Zufalls an einem Thanksgiving-Tag, als mich eine Freundin von der High School zu dem traditionellen Querfeldeinritt ihrer Familie einlud und mir deren Pony anbot. Da es genau wusste, was es mit einer wie mir anstellen konnte, legte es sich auf halbem Weg entschlossen auf das Gebiss und rannte wie der Teufel. Ich weiß noch, dass mir der Gedanke durch den Kopf schoss, dass ich es auf einen Zirkel lenken musste, doch wir befanden uns auf einem schmalen Weg an Maisfeldern entlang. Ich sah schon vor mir, wie es sich in den Ackerfurchen ein Bein brechen würde. Also hielt ich durch, bis es die asphaltierte Straße erreichte. An diesem Tag herrschte relativ wenig Verkehr. Ich erinnere mich nicht mehr, welcher Teil von mir als erster aufschlug, weil ich für einen Moment lang das Bewusstsein verlor. An die Angst davor, was ich sehen würde, als ich mich auf der Straße aufrichtete, erinnere ich mich heute noch. Doch das Pony war wieder auf den Beinen, ein gerissener Gurt baumelte herunter, eine Vorderfußwurzel war aufgeschürft, aber es stand, noch etwas benommen von seinem Glück.

Dann ging ich wieder zurück in die blasse, pferdelose Welt.

Gegenanzeige

————◄o►————

18 Auf dem wichtigsten Championat der Vereinigten Staaten, der *National Horse Show*, nach mehreren demütigenden Jahren in einem Stadion in New Jersey kürzlich wieder zu ihrer angestammten Mittelpunkt-der-Welt-Herrlichkeit im Madison Square Garden in Manhattan zurückgekehrt, bietet das Foyer, der Ort des Vorgeschmacks schlechthin (in der Rückschau), einen Vorgeschmack auf das eigentliche Ereignis. Dort, noch vor dem Eingang, wird ein deprimierend einsamer Clydesdale (ein großes englisches Kaltblut) des Sponsors Budweiser in einem Gehäuse ausgestellt, das man nur als Käfig bezeichnen kann. Menschenmengen drängeln sich davor, um zu sehen, was sich darin befindet, und heben kleine Kinder hoch und stecken die Finger zwischen den Stäben durch. Ich bin mir sicher, dass ich genau diese Szene schon in einer Karikatur von Grandville gesehen habe.

Während die Eintrittskarteninhaber in Fahrstühlen nach oben strömen, können sie durch weite Glasflächen auf die Straßen unter sich blicken und wie gewöhnlich den Freitagabendverkehr zentimeterweise voranrücken sehen, nur dass heute Abend Pferdetransporter zwischen den stecken gebliebenen und stinkenden Taxis und Lastern eingekeilt sind. Mir fällt eine vor Monaten zufällig aufgeschnappte Bemerkung Dominiques ein, als der Wechsel des Austragungsortes bekannt gegeben wurde: »Na, ist das nicht Beweis genug, dass denen ihre Pferde scheißegal sind?« Damals hatte ich das nicht recht verstanden. Jetzt schon.

Eingestreut in das Publikum in der Halle sind große Gruppen von Mädchen, immer zehn oder zwölf auf einmal, viele im präpubertären Alter und stolze Trägerinnen identischer Windjacken, bestickt mit dem Bild eines Pferdes und dem Namen ihres Reitstalls darüber. Sie gehören alle zum selben Team. Sie rennen die Gänge hinauf und hinunter wie ein Quecksilberstrom, der unablässig zu Perlen zerreißt und wieder verschmilzt, umklammern ihr Programmheft, suchen einen Sitzplatzblock, der groß genug für sie alle ist, reden aufgeregt, ernsthaft, im Eiltempo.

Der Parcours für das internationale Mannschaftsspringen wird aufgestellt, und er ist eine prägnante und nuancierte Illustration des Begriffs des Unmöglichen. Die Sprünge sind so eng gestellt, dass es mir so vorkommt, als müssten die Pferde praktisch aus dem Stand abspringen. Als das erste Pferd eines Teilnehmers aus Schweden die Runde absolviert, beginnt mein Herz laut zu klopfen, obwohl ich keine besondere Sympathie für Schweden hege. Einige Pferde später habe ich einen Grund zur Furcht, zumindest am Wassergraben, weil hier mehr von ihnen in Nöte kommen als an jedem anderen

Hindernis. Eines rutscht unmittelbar davor aus und durchbricht krachend das Doppelrick.

Beim *Maclay*-Wettbewerb, der Juniorenendausscheidung, kann ich mich ein wenig beruhigen, weil die Sprünge nicht aus der Unterwelt heraufgeholt sind. Stattdessen ähnelt dies hier eher dem Ballett als dem Kugelstoßen des Grand Prix, und die Reiter – die elf Spitzenreiter sind allesamt junge Frauen – wirken auf dem Rücken ihrer Tiere so leicht wie Federn; keine kämpft mit dem Maul ihres Pferdes oder reißt es in einer entsetzlich engen Wendung herum, um einen kostbaren Sekundenbruchteil herauszuschinden.

Jedes Pferd in jedem Wettbewerb offenbart seine Persönlichkeit – manche können nicht still stehen, andere wirken geistig an ruhigere Gestade versetzt. Eines keilt über jedem Sprung mit der Hinterhand aus, offensichtlich nicht vor Freude. Zwei spielen ein kurzes Wild-West-Rodeo, bevor sie dazu gebracht werden können, alle vier Hufe auf dem Boden zu lassen. Einige weigern sich standhaft, eine Schleife ans Kopfgestell gesteckt zu bekommen, und vollführen mit dem Schleifenträger, der seines Amtes walten will, einen Walzer auf Armeslänge Entfernung. Ich höre eine Frau hinter mir auflachen: »Sie springen das gewaltigste Hindernis, das die Welt je gesehen hat, aber eine Schleife – *oh nein*!« In Wahrheit ist das Problem ein Lichtfleck auf dem Boden von einem der Spots; es könnte genauso gut ein Loch in die Ewigkeit sein, in das man sie auffordert, hineinzutreten.

Nach einer Pause mit einer Brezel mit Senf suche ich mir einen neuen Platz, diesmal vor einer der oben erwähnten schnatternden Mädchenscharen. Sie kommen, wie ich später herausfinde, von Stoneleigh-Burnham, einem Mädcheninternat im westlichen Massachusetts, wo man neben einem straffen Reitpensum sogar noch ein wenig am Unterricht teilnehmen kann. Ich schnappe folgenden Dialog auf: »Mein Freund *weiß*, dass ich ihn ohne Zögern für mein Pferd stehen lassen würde – so ist es eben, und so wird es immer sein.« Eine andere erwidert: »Ich bin von zu Hause fort gegangen, damit ich was mit Pferden machen konnte.« Während sie zusehen, wie der Parcours für die nächste Grand-Prix-Prüfung aufgestellt wird, sagt eine mit vor Neid triefender Stimme: »Oh Mann, ich wünschte, wir hätten diese Sprünge in der Schule!« Und ihre Freundin pflichtet ihr bei: »Ich und Gilligan sind *bereit* für diese Sprünge.« Sie hält inne, weil ihr ein Gedanke kommt. »Gilligan ist so klug, dass er versuchen würde, drunter *durch* zu gehen.«

Als die Saddlebreds in der Bahn erscheinen, bricht unter den Mädchen Entrüstung aus. »Ihr wisst doch, wie sie sie dazu bringen, dass sie sich so komisch bewegen – es ist widerlich. Sie verletzen sie an der Fessel oder am Kronenrand und dann reiben sie Dreck in die Wunden und so was alles.« Sie lehnen sich mit vor der Brust verschränkten Armen zurück und bleiben stumm bis auf einen gelegentlichen Ausruf. »Also, das ist doch – bäh!« »Schaut euch das an – und das finden die schön? Der dreht doch fast durch vor Angst.« Die Pferde fliegen um die Bahn, werfen ihre Knie hoch bis fast ans Kinn, Schweiß befleckt Brust und Schultern. In ihren Augen zeigt sich das Weiße.

Während sich dasselbe beim Westernreiten in der Pleasure-Prüfung für Araber abspielt, geht mir der Gedanke durch den Kopf, dass diese Tiere das Gegenstück zu einem magersüchtigen Mädchen sind, das hungert, um einem Modelideal zu entsprechen, das in der Natur niemals existieren könnte. Es leitet sich vielmehr aus künstlerischen Romantisierungen der Natur ab, die auf Beardsley zurückgehen. Diese Pferde werden darauf getrimmt, sich in einer Weise zu bewegen, die das überhöhte Pferd von Mythos und Legende imitiert – feurig, kaum noch von dieser Welt. Wenn der Schweif nicht das Bild des windgepeitschten Hengstes in der weiten Steppe hergibt, dann wird eben die Schweifrübe gebrochen und so gerichtet, dass er es tut. Ich formuliere meine Theorien ad hoc, und es ist gut, dass ich ein Notizbuch dabei habe, um solche genialischen Einsichten festzuhalten: »Hinter solchen Umwandlungen stehen zwei Motive – die Abscheu vor den Dingen, wie sie *sind* (und vor sich selbst), und die Überzeugung, dass alles, womit der Mensch eigentlich nicht das Geringste zu tun hat, seinen Eingriff erfordert – der Drang zur Kolonisierung.« Der Anblick erschreckt und entsetzt mich, obwohl er mich doch durch seine Eleganz bezaubern soll.

Menschen, die glauben, dass Frauen von Natur aus nicht zu Konkurrenz neigen, waren offenbar noch nie auf einem Reitturnier. Sie sollten einmal in die grimmigen Gesichter auf dem Abreiteplatz blicken, wo immer wieder dieselben zwei Sprünge genommen werden, bis Erschöpfung und die Unfähigkeit des Pferdes, zu verstehen, was denn eigentlich von ihm verlangt wird (Perfektion nämlich), in der Ironie einer nachlassenden Leistung mündet. Aus dem Tun anderer spricht eine solche Entschlossenheit, nicht zu verlieren, dass ein derartiger Schuss nach hinten keinesfalls passieren darf. Nur Konzentration, absolute Konzentration. Möglicherweise gibt es kein grimmigeres Wesen in Natur oder Gesellschaft als eine Frau, die von dem Wunsch zu gewinnen beherrscht wird. Und wie sehr sie sich das wünschen: Da sieht man eine Reiterin mit gebrochenem Knöchel, so straff bandagiert, dass sie reiten kann, allerdings nicht straff genug, um den Schmerz zu ersticken, den sie jedesmal empfindet, wenn sie den Fuß belastet, was etwa alle zwölf Sekunden geschieht. Da sieht man eine der Topreiterinnen der Welt einreiten, obwohl ihr Gesicht eine Masse blauroter Blutergüsse, ihre Nase gebrochen und ihr Kopf um drei Größen angeschwollen ist. Es ist kein Witz, wenn auf einem T-Shirt zu lesen steht: »Mein Mann hat zu mir gesagt, wenn ich nochmal an einem Reitturnier teilnehme, verlässt er mich. Ich werde ihn bestimmt vermissen.«

Eine Frau, die mit fünf zu reiten begonnen hatte, jedoch wegen der Scheidung ihrer Eltern mit fünfzehn ihr Pferd verkaufen musste, berichtet, dass dies einen anhaltendes psychisches Trauma hervorgerufen habe. Im College fiel ihr Blick zufällig auf das Titelbild einer Illustrierten, das eine Freundin von ihr als Siegerin eines großen Turniers zeigte, und aus Eifersucht brach sie in haltloses Schluchzen aus. Als sie dann einen reichen, einen schwerreichen, Mann heiratete, wusste sie genau, was sie tun würde. Ihre Kinder überließ sie der Obhut eines Kindermädchens und begann mit einem entsprechend konkurrenzfähigen Pferd wieder zu trainieren. In einer Ausdrucksweise, die jedem genesenden Süchtigen vertraut ist, erklärte sie, sie habe einfach nicht aufhören können; sie war ihrem Pferd und der Verlockung des Sieges leidenschaftlicher verfallen als ihrem Mann. Der wiederum eröffnete ihr, er wolle nicht so werden »wie einer der Trampel, der herumstehen und für ihre Frau die Zügel halten«. Bis zu einer Therapie schien es so, als würde sie die Geschichte ihrer Eltern wiederholen.

Bei einem verwandten Thema hat sie eine rasche Antwort auf eine bestürzende Frage parat: Wenn zwischen Pferd und Reiter ein so ausgeprägtes Vertrauens- und Partnerschaftsverhältnis bestehen muss, um im Spitzensport ganz vorne mitmischen zu können, wie kann dann ein Reiter in Erwägung ziehen, ein Pferd zu töten, um die Versicherungssumme zu kassieren? Das kommt oft genug vor: Brandstiftung im Stall, Exekution mittels anal eingeführter Elektrode, ein Brecheisen gegen das Vorderfußwurzelgelenk. Extremer Reichtum ist es, so sagt sie, der abnorme Wertentscheidungen begünstigt: »Es existiert zu meinem Vergnügen, und wenn ich keinen Spaß mehr daran habe, wird es eben getötet.« Ein Pferd ist dann nichts Anderes mehr als ein Boot oder Auto oder eine neue Küche. So etwas wie eine abnorme Wertentscheidung war jedenfalls an jenem Tage am Werk, als eine Teilnehmerin an einer Prüfung für Ponys Einspruch wegen der Größe eines anderen Pferdes erhob, woraufhin es der Besitzer, außer sich vor Wut, töten ließ. Dasselbe dürfte hinsichtlich einer weiter verbreiteten Praxis am Rand des Turnierplatzes gelten – dem grassierenden Einsatz von Drogen, damit die Pferde weiter über immer dieselben beiden Sprünge gehen, bis der Reiter zufrieden ist. Um die Zelte jedes Topturniers herum versammeln sich auch die Tierärzte, die für 175 Dollar jedem Pferd einen Schuss aus ihrer Zauberspritze setzen.

Und weil Sie es haben kommen sehen, werde ich mich bei einem anderen trüben Kapitel kurz fassen. Es richtet sich an die Wunschphantasien von Scharen hoffnungsvoller junger Damen, die zur Rennbahn strömen, um bei den geliebten Wesen zu sein: Auch der Galoppsport hat seine Unschuld verloren, was Sie tief in Ihrem Herzen bereits wussten, weil Sie wissen, was große Geldmengen anrichten, ja anrichten müssen, nämlich alles außer der Reinheit des Geldes korrumpieren. (Die Quäker lehnten Pferderennen schon Mitte des siebzehnten Jahrhunderts ab; sie verurteilten sie, weil dabei »Geschöpfe ... über ihre Kräfte hinaus ... angestrengt und angetrieben« würden.)

Galopprennen, die schon als solche schädlich oder »zerstörerisch für die Geschöpfe« gelten, sind es in immer höherem Maße geworden. Die überwiegende Mehrheit der Vollblüter leidet an Magengeschwüren, Lungenblutungen und Verletzungen, die auf zu frühen Trainingsbeginn, Zuchtwahl auf leichten Knochenbau und insbesondere den Gebrauch von Schmerz unterdrückenden Mitteln zurückzuführen sind (auf einer Rennbahn in Westvirginia stieg nach der Zulassung von Phenylbutazon die Anzahl der Pferde, die nach einem Zusammenbruch eingeschläfert werden mussten, von durchschnittlich dreißig auf sechzig pro Jahr). Tausende, die nicht einen Dollar einbringen können, wandern jedes Jahr ins Schlachthaus; bis zu 75 Prozent aller Rennpferde enden so – und durch eine groß angelegte Überproduktion in der Zucht rechnet sich das. In England ist es nicht besser: Mehr als einhundert Pferde sterben jährlich auf britischen Rennbahnen; Dutzende Pferde sind beim *Grand National* in Aintree ums Leben gekommen, drei allein im Jahr 1998. Ich stieß auf einen interessanten Artikel in

Horse & Hound über die britische Hindernisrennreiterin Gee Armytage und ihren Siegeswillen, der so brennend war, dass sie recht verschwenderisch mit der Peitsche umging; ihr Bruder erzählte amüsiert, dass sie diese zu Beginn ihrer Karriere »gewöhnlich einmal pro Galoppsprung und überall am Pferd von den Ohren bis zum Schweif [einsetzte], wenn es anfing, müde zu werden«. Das war der Lohn des Pferdes dafür, dass es alles gab. Manche Pferde haben wirklich Freude am Springen und Rennen (und manche nicht), doch es ist schwerlich ein Anreiz denkbar, der sich dafür ins Feld führen ließe, dass sie das auch bis in den Tod hinein tun. Wie Forscher, die das Verhalten von Wildpferden beobachtet haben, erklären, wird von einem Pferd, das es nicht von sich aus anbietet, niemals dieser letzte Preis gefordert. In einem Kampf gibt es immer ein Aus, eine Möglichkeit, »ich höre auf« zu sagen, der respektvoll Achtung gezollt wird. Wir sind es, die verlangen, die Ordnung der Natur außer Kraft zu setzen. Und so laufen sie mit gebrochenem Bein weiter, bis das Herz zerspringt, bis an den Rand des Zusammenbruchs. Für eine Schleife, einen Pokal, unseren Stolz und einen beachtlichen Scheck.

Der Wettbewerb ist eine Möglichkeit, die Bindung zu vertiefen. Wie wir bereits wissen, ist Bindung als solche bereits eine Droge, das Heroin des Lebens. Denn wo und wie sie auch kämpfen: Pferde sind wie Kinder, und für die Frauen, die sie reiten, sind Pferde noch etwas anderes. Sie sind nicht nur abhängige Geschöpfe, die umsorgt werden wollen. Sie sind auch Partner, mit denen sie es mit der Welt, in Form einer Herausforderung, aufnehmen, ob es nun um eine ganze Bahn im versammelten Galopp oder um einen zehntägigen Wanderritt durch die Wildnis geht. Ein Psychologe, der die Trauerreaktion bei Menschen nach dem Verlust eines Pferdes untersucht hat, spricht von einer symbiotischen »Partnerschaftsbeziehung«, die gekennzeichnet ist durch »wechselseitiges Vertrauen, intuitives Verstehen und ein aufgabenorientiertes Bündnis«. Durch die Teilnahme an Wettbewerben lassen sich alle diese drei Aspekte beschleunigen, verdichten und intensivieren. Mit den Worten einer Distanzreiterin: »Wenn man so viel Zeit darauf verwendet, für einen Ritt zu trainieren und sich darauf vorzubereiten, ist es kaum zu glauben, welche Bindung man zu seinem Pferd entwickelt. [Mein gefährlich unreitbarer Araber] Tom wurde von einem Verbrecher zu einem vertrauenswürdigen Partner.« Es ist fast so, sagen manche, als ob man die Gedanken des anderen lesen lernte. Interessanterweise geschieht dies nur zu einem einzigen anderen Zeitpunkt im Leben: wenn Mutter uns hochhebt und festhält, weil sie genau weiß, was wir wollen, obwohl wir das noch nicht mit Worten ausdrücken können. Ich möchte hier nichts behaupten, ich möchte nur darauf hinweisen. Ich weise nur darauf hin, dass dies der Seligkeit sehr nahe kommt.

Verrückterweise ist es auch ein Glück, sich in so großer Gefahr zu befinden. Niemand spricht darüber; es gehört offenbar nicht so wesentlich dazu wie zum Erlebnis des Fallschirmspringens oder Autorennenfahrens. Doch es lässt sich nicht leugnen; wie der amerikanische Ärzteverband berichtet, ereignen sich die Sportverletzungen, die am häufigsten zu Notaufnahmen führen, bei Unfällen im Zusammenhang mit Pferden. Alle acht Minuten wird ein Reiter so ernsthaft verletzt, dass er ärztliche Behandlung benötigt. Und 90 Prozent dieser Unfallopfer sind weiblich. Das ist zweifelsohne nur dem aktuellen Prozentsatz von Mädchen und Frauen im Pferdesport geschuldet, nicht ihren Fähigkeiten oder etwa einer Umkehrung der Zustände, die S. Sidney Ende des neunzehnten Jahrhunderts in seinem populären Buch *The Book of the Horse* zu der Bemerkung veranlassten: »Um es nicht gerade gewählt auszudrücken, die Mehrzahl der Reiterinnen reitet grauenhaft; so schlecht, dass man angesichts der Seltenheit von Unfällen annehmen muss, dass sie den sprichwörtlichen besonderen Schutzengel besitzen, der über das Leben von Idioten und Betrunkenen wachen soll.«

Nein, es passt kein solcher Schutzengel auf die Frauen auf, auch nicht im Gegenzug für die bisher noch nicht da gewesene Erlaubnis, sich auf buchstäblich demselben Feld wie die Männer zu messen. Zeitungsausschnitte fallen wie Herbstlaub aus meiner Sammelmappe: eine Vielseitigkeitsreiterin, Amanda Pirie Warrington, vor gar nicht langer Zeit im Alter von 29 Jahren auf einem Geländeritt in Maryland zu Tode gekommen. Die 28-jährige Amazone Bitsy Patterson beim Jagdrennen um den *Marion du Pont Scott Colonial Cup* nach dem Sturz über eine Hürde im Koma. Die britische Reiterin Polly Phillips beim Geländeritt der offenen schottischen Meisterschaften umgekommen und damit das dritte Todesopfer unter den britischen Vielseitigkeitsreitern im Jahr 1999. Die Amerikanerin Julie Krone, genannt der »siegreichste« weibliche Jockey überhaupt, gibt ihren Rückzug von der Rennbahn bekannt, nachdem sie so viele derart fürchterliche Verletzungen erlitten hatte (etwa einen Zusammenstoß, der ihr das Fußgelenk zerschmetterte und bei dem sie zusätzlich noch ein anderes Pferd im Vorüberlaufen voll in die Brust traf, sodass sie durch die Luft flog, und ein anderer, bei dem sie sich einen Bruch beider Handgelenke zuzog), dass die Erinnerungen daran ihr Selbstvertrauen untergraben hatten, sodass ihr das Weitermachen unmöglich war. Ich beobachte auch, dass nicht nur die Stars im Sattel Probleme haben; es erwischt genauso ganz gewöhnliche Menschen an einem ganz gewöhnlichen Tag. So liest man von einer 62-jährigen aus dem »Pferdeland« Virginia, die zeitweise vom Hals abwärts gelähmt war, nachdem ein Pony sie getreten hatte. Sechzehn Monate später ritt sie wieder, obwohl sie stürzte und sich wenige Jahre später ein Bein brach. (Wie sie sagt, wird auch dies sie nicht davon abhalten, wieder zu reiten.) Ein anderer Bericht: »Reiterin von Pferd im Park zerquetscht.« Die Vizepräsidentin der World Sidesaddle Federation, Marti Friddle, schreibt über ein Beispiel für die Art Unfall, die so unerwartet kommt, dass man sie immer und überall erwarten sollte:

»Das Pferd war die Gutmütigkeit selbst … Während einer Reitstunde galoppierten wir in einer großen Reithalle mit einer Holzbande, ganz gemächlich. Von einem Galoppsprung auf den nächsten hatte ich plötzlich kein Pferd mehr vor mir – es ging in die Knie und schlug hinter mir einen Purzelbaum. Ich wurde nach vorn gegen die Bande geschleudert, weil wir gerade in einer Ecke waren. Das Wissen, dass sich hinter mir das Pferd überschlug, genügte, um mich, ums nackte Überleben bangend, die Bande hochkrabbeln zu lassen … Ich kam mit nur ein paar Spreißeln in den Händen vom Klettern davon, doch der Unfall erteilte mir eine wertvolle Lektion: Sogar unter den günstigsten Umständen kann man verletzt werden.«

In der Tat. Noch eine Story: Sie handelt von einer jungen Frau, die jetzt – dank einer 40-jährigen Reiterin, die nach einem Abwurf starb – ein neues Herz hat. Natürlich legte sie ihre Furcht ab, und im Alter von 36 Jahren nutzte sie ihr »Geschenk«, um einen der höchsten Berge in den Vereinigten Staaten zu besteigen.

Die Vorstellung, dass Frauen beschützt werden müssten und das schwächere Geschlecht seien, ist derart absonderlich, dass wiederum nur der klassische Mechanismus der Projektion sie erklären könnte: Die Männer, die ahnen, dass ohne weiteres *sie* die Schwächeren sein könnten, dieses Wissen jedoch nicht bewusst akzeptieren können, machen es außerhalb ihrer selbst fest, als ob es dadurch wahr würde. Manche Frauen wünschen sich sehnlichst, dass das Unmögliche möglich würde, und zwar in Gestalt eines Experiments, in dem Männer auf ihre Fähigkeit geprüft werden, eine Entbindung auszuhalten. Sie glauben zu wissen, welches Ergebnis dabei herauskäme, wenn man bedenkt, wie hurtig viele Männer bei den ersten Anzeichen von Schnupfen ins Bett schlüpfen und über ihre fürchterliche Krankheit jammern. Die reale Erfahrung gibt absolut nichts her, was Frauen eine größere Schwachheit bescheinigte. Doch das Klischee ist so tief verwurzelt, zumindest in den Vereinigten Staaten, dass Frauen immer noch daran gehindert werden, gleichberechtigt an den letzten Aktivitäten teilzunehmen, die zu den sogenannten »heiligen« Bastionen der Männer zählen: aktiver Gefechtseinsatz und Football.

Nicht, dass es die Frauen nicht versucht hätten, oft und auf beiden Gebieten. Einen der interessanteren Vorstöße unternahm allerdings ein Mann, ein britischer Hauptfeldwebel, der 1898 im Sudan verwundet worden war. Seinen Überlegungen zufolge sollten berittene Krankenschwestern den Ort des Geschehens schneller erreichen können als Krankenträger zu Fuß oder die von Pferden gezogenen Ambulanzen. 1907 in London begann er seinen Plan in die Tat umzusetzen und fand nicht wenige Frauen, die sich begeistert einer Ausbildung in Erster Hilfe, Reiten (einschließlich einiger Kavallerieübungen), Fernmeldedienst und Feldlagerroutine unterzogen. Sie würden zur Vorhut gehören, sodass sie, sofern sie selbst den Angriff überlebten, den Verwundeten sofort beistehen konnten. Ihre Reitausbildung wurde von Kavallerieoffizieren überwacht, die feststellten, dass viele der Probandinnen durch zahlreiche Jagdsaisons bereits geübte Reiterinnen waren. Doch ihrer Bereitschaft und ihren Fähigkeiten zum Trotz sollten die Frauen der *First Aid Nursing Yeomanry* feststellen, dass sie ihre größte Schlacht gegen die Männer im eigenen Land auszufechten hatten. Eine Gruppe dieser Milizionärinnen, die in einem Brightoner Restaurant zu Mittag essen wollte, zwang man, an einem durch Wandschirme abgetrennten Tisch zu essen und sich durch den Hinterausgang hinaus begleiten zu lassen. Andere wurden auf der Straße ausgebuht oder sogar von Steinewerfern angegriffen, die sie für Suffragetten hielten.

Man dankte ihnen, indem man ihre freiwillige Meldung 1914 ablehnte.

Sowohl an Dominique als auch an Amelia imponiert mir am meisten ihre Furchtlosigkeit. Das bewundere ich immer an allen, die so wirken, und ich bin mittlerweile recht geübt darin, Echtheit und Bluff zu wittern, wenn auch nicht annähernd so gut wie ein Pferd oder ein Hund. Keine dieser beiden Frauen braucht so zu tun als ob, weil Furchtlosigkeit genauso ein Teil ihrer selbst ist wie ihr Fleisch und Blut. Doch da sie aus dem bereits erwähnten vergänglichen Stoff gemacht sind, sind sie nicht ganz und gar gefeit.

Das Geräusch von Hammerschlägen erfüllte den Stall, als ich ihn eines Morgens betrat. Stuart stand in einer der leeren Boxen und zog stabilen Maschendraht vor das Fenster und alle Gitterstäbe. Es wirkte, als ob Vorkehrungen gegen den Angriff eines Tigers getroffen würden. Doch wie mir Stuart erklärte, bekam Dominique eine neue Aufgabe: einen Lipizzanerhengst, der dem Vernehmen nach versucht hatte, seine Besitzerin umzubringen, indem er stieg, um sie zu Boden zu werfen und unter seinen Hufen zu zertrampeln. (So viel zu dem magischen Band zwischen Frauen und ihren Pferden.) Die Besitzerin wollte ihn nicht kastrieren lassen, und sie wollte ihn nicht verkaufen; sie wollte, dass Dominique herausfand, was mit ihm los war und ihn in ein Pferd verwandelte, das mit anderen auskommen konnte. Dominique, da bin ich sicher, sagte: »Sicher.« Zuerst wies sie ihn Amelia als Arbeitsaufgabe zu. Bald konnte man sie in seiner Box finden, wie sie leise mit ihm sprach, während sie ihn putzte, oder ihn an der Hand führte oder in der Reithalle longierte. Bald darauf betrat auch ich seine Box, als ob er ein ganz gewöhnliches Pferd wäre, um auszumisten oder frisches Wasser in seine Tränke zu gießen. Ich redete unablässig besänftigend auf ihn ein, ebenso sehr um meine Nerven wie die seinigen zu beruhigen. Allerdings machte er mir nie jenes höchste Kompliment, das mich immer mit heimlicher Freude erfüllt – spontan sein Kinn mit vollem Gewicht auf meine Schulter nahe der Halsbeuge zu legen.

Bald wurde der Maschendraht entfernt. Dominique zog einen Pferdemasseur hinzu, um herauszufinden, ob vielleicht Schmerz die Ursache seiner Missstimmung war, und sogar einen Hellseher, der behauptete, per Telefon die Gedanken von Pferden lesen zu können. Ja, es scheint, als sitze auf dieser Seite des Halses ein Schmerz; ja, er scheint Schwierigkeiten auf der rechten Hand zu haben. Die Arbeit und die Konsultationen gingen weiter.

Dann betrat Dominique eines Tages seine Box, um das Wasser in der Tränke zu erneuern; wenn etwas zu tun war und niemand sonst es erledigen konnte, was häufig der Fall war, dann musste sie selbst mit anfassen. Und als sie sich von ihrer unschuldigen Aufgabe abwandte, fand sie sich plötzlich auf halber Höhe der Boxenwand schweben, einen Meter Luft unter sich. Der Hengst hatte sich in das Fleisch ihres linken Oberarms verbissen.

Im Lauf der nächsten Tage und Wochen nahm die Verletzung verschiedene Formen und Farben an – die Haut dehnte sich, schwoll an, zog sich zurück, schrumpfte, als ob sie verbrannt worden wäre. Für Dominique war es ein fast mystisches Erlebnis gewesen; wie sie sagte, hatte sie gesehen, wie der Wahnsinn von seinen Augen Besitz ergriff, um genauso plötzlich durch Erkenntnis ersetzt zu werden. Da machte er seine Kiefer auf, und sie fiel wieder zurück auf den Boden. Normalerweise lassen Pferde nicht durch Aufmachen los, so erklärt sie mir; sie lassen los, indem sie durchbeißen.

Ob er nun seinen Verstand nach einer Reise in den Wahnsinn wiedergewonnen hatte oder nicht, Dominique arbeitete nicht mehr mit ihm. Sie betrat seine Box nicht mehr, und sie führte ihn nicht mehr hinaus zu den Koppeln. Einige Monate später war er weg.

Krieg gegen die Kreatur

◄O►

19 Ich stöberte gerne im Keller herum, obgleich die Luft dort unten vor lauter Modergeruch kaum zu ertragen war. Und zwar teilweise gerade wegen des Ursprungs dieses Modergeruchs: die alten Illustrierten meiner Mutter waren das Objekt meiner Neugierde. Sie lagen auf Regalen gestapelt, ganze Jahrgänge des *New Yorker*, der *Vogue* und von *House & Garden*. Sie waren damals von imponierendem Umfang, verlangten ergebene Lesertreue, hatten nichts von ihrer heutigen, pfennigfuchsigen, sparformatigen Ex-und-hopp-Erscheinung. Und in ihnen fand ich eine Landkarte zum Dasein meiner Träume, weg von dort, wo ich war: Es war ein Versuch, das Geheimnis zu ergründen, weshalb meine Mutter so großartig, so schön, so göttlich war, wie sie es in meinen Augen war. Die Frauen in ihren Satinhemdblusen und Stöckelschuhen, das tiefe Blau und Smaragdgrün der Kleider, die Drinks, die Pools, die Gärten im Abenddämmer; all das charakterisierte den Ort und die Person, den ich bewohnen und die ich werden wollte. Sie machten mich so trunken, dass ich mich am liebsten in die Fotos hineingestürzt und darin ersoffen wäre.

Die Jahre stutzten die Leidenschaft auf ein etwas übersichtlicheres Format zurecht. Ich wollte nur noch ein bisschen so aussehen wie diese Frauen, die sich selbst, ihre Schminkpinsel und ihre Ängste so fraglos in der Gewalt hatten. Meine Mutter schenkte mir ein *Vogue*-Abonnement, das zu jedem Weihnachtsfest mit einem diskreten, weißen Umschlag erneuert wurde, der in den Zweigen des Baumes steckte. Ich trat in ihre Fußstapfen, war Teil nicht nur einer matriarchalen, sondern einer kulturellen Tradition. Wusste ich, dass die Bilder nur so viel Tiefe hatten wie die Blätter, auf die sie gedruckt waren? Schein oder Sein – frage die Schönheit nicht danach.

Es folgt eine weitere Geschichte über das, was im Verborgenen bleibt.

Nach allem, was man weiß, wird im Osten, in Japan und China und anderen Ländern, die Menopause nicht wie ein medizinischer Notfall betrachtet. Die Frauen sehen keine Notwendigkeit, wegen Hitzewallungen oder aus Angst, dass ihre Knochen bald so löchrig wie ein Schwamm sein werden, einen Arzt aufzusuchen. Sie bekommen von den amerikanischen Illustrierten keine Anzeigen vorgesetzt, in denen lächelnde Models eines bestimmten Alters völlig sorgenfrei Gänseblümchen auf einer Wiese pflücken und ihnen suggerieren, dass sie sich, weil sie gegenwärtig mehr als eine Sorge haben, das Medikament verschreiben lassen müssten, für das die Anzeige wirbt.

In den Vereinigten Staaten nehmen mehr als neun Millionen Frauen – eine Zahl, die bald in die Höhe schnellen dürfte, da die Nachkriegs-Babyboom-Generation in die »Wechseljahre« kommt – Zuflucht zu einer Pille, die ihnen das Blaue vom Himmel herunter verspricht. (Unsere unnatürliche Begeisterung für Pillen scheint im allgemeinen nicht der Rede wert, selbst wenn ich jetzt darüber rede, um daran zu erinnern, dass auch unsere Halbgötter in Weiß Pillen schätzen, aber aus ganz eigenen Gründen. Ebenso die Pharmafirmen, die die Erfahrung machen, dass sie sich zu Herrschern des Universums oder zumindest von Körperschaften wie der amerikanischen Arzneimittelbehörde aufschwingen können, nur indem sie Dinge versprechen, die sich die Leute so verzweifelt wünschen, dass es keine Rolle spielt, dass keine Pille sie ihnen wirklich verschaffen kann.) Es gibt andere Mittel und Mittelchen – untersuchen wir wiederum, was in Japan anders ist –, doch hier zu Lande hat eine Pille allem anderen den Rang abgelaufen.

Sie ist das Geschenk der Pferdestute. Die steht, gemeinsam mit Zehntausenden ihrer Artgenossinnen, in einem Ständer in einer Massentierfarm. Es ist von Vorteil, dass in ihrer Ahnenreihe auch Kaltblüter sind, Rassen, die für ihre stoische Geduld bekannt sind, da sie nichts Anderes nötiger braucht. Sie ist trächtig, und sie kann sich kaum rühren. Der Boden unter ihren Hufen besteht aus Beton, und das Stroh, das ihn bedeckt, wird nicht so häufig gewechselt, wie man erwarten würde. Sie leckt an der automatischen Tränke, in der Hoffnung, sie könnte bald wieder laufen und Wasser hergeben, denn sie ist sehr durstig. Doch das geschieht nicht, und der Grund dafür hat zu tun mit der trichterförmigen Vorrichtung aus schwarzem Gummi zu tun, die an ihrem Hinterteil festgeschnallt ist und zwischen ihren Beinen scheuert. Ihr Urin erreicht niemals den Boden.

Sie spürt schon seit langem nicht mehr diese vage Panik, die immer in ihr aufstieg, als sie merkte, dass sie nicht aus der Box heraus konnte, dass sie genauso in der Falle saß, wie sie es nie hatte ertragen können, dass sie sich nicht den Rücken an der Erde scheuern konnte, dass sie schlichtweg nichts anderes tun konnte als stehen, scheinbar bis in alle Ewigkeit stehen. So konnte sie sich nicht freuen, als sie eines Tages kamen und sie losbanden. Das war jetzt nur eine weitere ihrer Verrichtungen. So viel Zeit war vergangen.

Ihr Fohlen kam. Manchmal, offenbar öfter als normal, kam das Fohlen nicht auf die Beine. Manchmal hatte es Mißbildungen oder Hufe wie aus weichem Lehm. Doch etwas regte sich noch in den Müttern, und die meisten der Fohlen wurden abgeleckt und ins Leben hochgestupst. Und gerade wenn das Gras so gut schmeckte und die Sonne schien, fuhr ein großer Doppeldeckerlaster zur Einfahrt hinein. Die Mütter konnten die Fohlen schreien hören – vermenschlicht die Erzählerin zu sehr, wenn sie den Laut verzweifelt, verängstigt nennt? Später, an dem anderen Ort, würden die Fohlen umherirren, vom Instinkt umsonst an die leeren Zitzen der anderen getrieben. Aber nur kurze Zeit.

Die Pille ist weltweit unter mehreren Namen bekannt: Premarin, Presomen, Prempro, Premphase, Prempak C, Premique, Premelle. Sie ist das meistverordnete Medikament in Amerika und die weitaus populärste Östrogensubstitutionstherapie (Ernährungsumstellung und Bewegung sind alles andere als populär). Die meisten Frauen, die sie einnehmen, wissen nicht, woraus sie hergestellt wird. Die Hersteller verraten es ihnen nicht einmal im Kleingedruckten, das in der Illustriertenwerbung eine ganze Seite einnimmt. Die Illustrierten verraten es ihnen nicht, nicht einmal in den Artikeln, die sich endlos darüber auslassen, welche Meinung welcher Mediziner zu Östrogen vertritt. Und die Mediziner verraten es ihnen auch nicht, aus ihren eigenen Gründen. Doch das Komische daran ist, dass sie die Wahrheit im vollen Licht verbergen: Pre(gnant)mar(e)(ur)in – »Urin trächtiger Stuten«. Das war clever, weil wenige auf die Idee kämen, diese Verbindung herzustellen.

Oder Anstoß daran zu nehmen. Das muss es sein.

Die Herausgeberin der *Vogue* stammt aus England und ist die leibhaftige Verkörperung der Frau, die sich im Griff hat. Sie ist gertenschlank, um zu demonstrieren, dass sie die Kontrolle über das, was sie isst, ausübt und nicht umgekehrt. Sie trägt einen *Louise-Brooks*-Bob, um zu demonstrieren, dass die Jahre ihr nichts anhaben können. Und als einige sehr schlechte, sehr dumme Menschen, denen es nicht gefiel, dass ihre Zeitschrift Bilder von Luxusmodels veröffentlicht, die »Sollen sie doch Kuchen essen!« rufen und ihre weichen Tierhäute um sich legen, ihr sehr frugales Mittagsmahl schändlich störten, indem sie ihr ein totes Etwas mitten auf den Teller warfen, dürfen wir davon ausgehen, dass sie sehr genau wusste, wie sie es ihnen heimzahlen konnte. Ihr war bewusst, dass mit Hilfe ihres Blattes bereits Millionen Farbtiegel und -tuben verkauft worden waren, die zuvor ein paar kleine Wesen in Käfigen umgebracht hatten, weil ihnen die Farben auf Augen oder Haut geschmiert worden waren, aber sie konnte noch mehr tun. Es würde mehr Bilder mit weichen Tierhäuten geben, größere Schlagzeilen und bessere Fotos, die den Glamour eines Outfits aus Affenfell in Szene setzten und jeder Frau den Wunsch einflößten, es zu besitzen, nur um zu demonstrieren, wie nonchalant sie so tun konnten, als sei es gar nicht vorhanden. Es würde Artikel über den wunderbaren Stoff geben, den alle haben wollten und den nur gekrönte Häupter besaßen: Er hieß Shah Tush und war deshalb so selten, weil die tibetischen Antilopen, die für seine unglaubliche Weichheit verantwortlich waren, starben, wenn man sie fing und schor, und deshalb von Minute zu Minute dem Aussterben näher rückten, was den Shah Tush noch begehrter, wenn auch illegal machte. Eine versteckte Andeutung machen, dass der Import »dem Vernehmen nach« verboten war, aber nicht mehr, und sie wusste, dass die Hälfte ihrer Leserinnen nicht eher ruhen würde, bis sie etwas Shah Tush für sich ergattert hatten.

Sie könnte die Parole ausgeben, dass für den Frühling Ponyfell angesagt sei – und es würde der Frühling für Ponyfell. Dann könnte sie noch ihren Gastrokritiker einspannen, weil er ohnehin schon ein Mann war, der gerne den Mund voll-nahm von dem, was er trinken wollte und der es liebte, das Mark aus den Knochen des Lebens zu saugen, im wörtlichen wie im übertragenen Sinn. Er würde die Leserschaft über die Feinheiten von Pommes – oder vielmehr, pardon, *frites* – auf-klären und ihnen die hehre Neuigkeit verkünden, dass die einzigen Pommes, die zu essen sich lohnte, zumindest dann, wenn man die Art Leben führen will, das die *Vogue*-Leserin so sehnlichst führen möchte, in Pferdefett frittiert würden. (In einem anderen Magazin würde er den endgültigen Artikel über die gefährliche Nachteiligkeit von pflanzlicher Kost ver-öffentlichen: »Salat: Der leise Mörder.«)

Die Herausgeberin weiß, dass der einzige Laut, der in dieser Welt wirklich zählt, dieses einfache »ich möchte« ist. Es ist zu ihrer ureigensten Kunst geworden, ihre Leserinnen dazu zu bringen, es bei jeder umgeblätterten Seite zu flüstern, dieses Wunschgefühl sogar als derart drängend zu empfinden, dass das Verlangen nach dem Besitz dieser Dinge, was es auch koste, bald untrennbar mit dem Verlangen verknüpft ist, ein Leben voller Glück und Freude zu führen.

Jetzt lächeln sie so betörend und bewegen sich mit Anmut. Ihr Herz ist erfüllt, denn sie wissen, sie gehen in Schönheit einher. Ihr Parfüm überdeckt den schwachen Todesgeruch, der merkwürdigerweise aus dem Boden aufzusteigen scheint.

Das Ende

◆—◇—◆

20 Wir haben uns selbst über alles gesetzt. Die Tiere, *mit* denen wir auf die Welt kamen, stehen jetzt alle *unter* uns. Die eine Art, die ihre eigene Population nicht steuert, hat sich daran gemacht, über die Kopfzahl aller anderen Arten zu bestimmen. (Natürlich passieren gelegentlich Fehler; das ist menschlich. Und so müssen wir gegenwärtig in diesem Land jedes Jahr etwa zwanzig Millionen Hunde und Katzen entsorgen. Zumindest wandern sie nicht alle auf den Müll! Manche erleben eine »glorreiche Wiederkehr« in den viel versprechend farbenfrohen Stiften und Töpfchen, die einer Frau helfen, das Beste aus ihrem Typ zu machen.) Wir wollen lieber nicht wissen, was davor und danach geschieht, nur dass der Überschuss weg ist, still und leise über Nacht fortgebracht wie unser Müll, und verschwindet – ein Verb, das meist für die Gegner eines Militärregimes gebraucht wird, die plötzlich nicht mehr da sind und von denen man nie wieder etwas hört; sein Gebrauch in diesem Zusammenhang mag Anstoß erregen, doch welches Wort könnte treffender sein, wenn diese Menschenjunta angesichts der Endgültigkeit ihrer Verdammungsurteile keine Opposition duldet, keine Zuflucht bietet? Unterdessen sprechen die Mahnmale für sich, wenn man weiß, wo man sie suchen muss: Schmierfettdosen, Shampooflaschen, Gummibärchentüten und Pillenröhrchen, alle stehen sie in stummer Reihe, bereit, Zeugnis abzulegen und die Regale unseres Heims zu einem angemessen ergreifenden Friedhof für diese Millionen unbekannter Toter zu machen. Am liebsten ist es uns, wenn wir nichts wissen. Erzähl mir nichts davon, bitte. Das verdirbt mir die Laune.

Genau wie auf der Internet-Seite des Gnadenhofs, die Besucher mit schwachem Magen vor dem weiteren Betrachten warnt, weil sie dort Videobilder sehen können, die zeigen, wie es in einem Pferdeschlachthof wirklich zugeht, folgt jetzt an dieser Stelle eine Warnung. Lesen Sie nicht weiter, wenn Sie lieber nicht wissen möchten, was mit Ihrem Westernpferd geschehen ist, nachdem es durch die Hände von drei Besitzern gegangen und schließlich bei einem lahm geworden war, der es nötig hatte, noch etwas Geld herauszuschlagen, wenn nichts mehr zu machen war. Oder was im September aus den Ponys wurde, die den ganzen Sommer lang die Lieblinge der Mädchen im Ferienlager waren (»Ach, meine Esmeralda . . .«); oder wo sich die Kutschpferde der Amish wiederfinden, wenn diese sanften, genügsamen Leute nichts mehr aus ihnen herausholen können; oder wohin alle Arten von verletzten oder unbrauchbaren Sportpferden, Rennpferden, Freizeitpferden, Wildpferden, Verleihpferden, Touristenkutschenpferden, Premarinhormon-Pferden, alten Pferden kommen, wenn ihr Ende naht. Wir würden unsere Freunde nicht essen – der Gedanke stößt uns ab, erschreckt uns –, doch wir haben nichts dagegen, wenn andere es tun, solange sie an ihren fremden Ufern bleiben. Dieses Flugzeug, in dem Sie sitzen – gerade jetzt könnte sein leise vibrierender Frachtraum unter Ihren Füßen die eingefrorenen Überreste unseres edelsten und Gefährten davonführen. Bestellen Sie Ihren Cocktail!

Und so sieht das Ende aus: Bis zu 36 Stunden in einem Transporter ohne Futter, Wasser oder Bewegung. Verwirrung, unversorgte Verletzungen, Angst. Elektroschocker für den Weg über die Rampe in den Laufgang, aus dem ein Entrinnen unmöglich ist, aber häufig versucht wird; an irgendeinem Punkt das Erkennen – es ist unheimlich, sagen Beobachter übereinstimmend, dass man ganz genau weiß, dass sie es wissen. Ein Bolzenschuss in den Kopf. Vielleicht noch einer, zwei oder drei. Eine Kette um ein hinteres Fesselgelenk, dann *hoch* – an einem Bein hängend, theoretisch noch lebendig, doch bald zu Tode ausgeblutet. Die einzige Methode, die sie für den späteren Verzehr brauchbar werden läßt.

Alle fünf Pferdeschlachthöfe (die Zahl schwankt) in den Vereinigten Staaten gehören Belgiern.* Beltex im texanischen Fort Worth schlachtet vier- bis fünfhundert Pferde pro Woche; landesweit beläuft sich die jährliche Zahl auf ein- bis zweihunderttausend. Manche von ihnen sind die mit Stolz gerühmten Symbole dieses großen Landes und sein größtes Sinnbild: die Wildpferde des Westens. Sie werden zu Mahlzeiten für Belgier, Franzosen, vielleicht Japaner, gelegentlich Mexikaner.

»Ich hege ernsthaft die Befürchtung, dass einige der ältesten Herden mit reinem, unverfälschtem Stammbaum schon bei

---

* Pferde werden in den USA nur in speziellen Schlachthöfen geschlachtet, was überaus lange, qualvolle Transporte zur Folge hat.

irgendwelchen Europäern die Toilette runtergespült worden sind ... Die Fohlen sind oft nichts wert, weil sie so klein sind. Also schlagen sie sie meistens einfach tot und werfen sie in den Karren für die Gedärme ... Selbst wenn eine Stute kurz vor dem Abfohlen stand, spielte das keine Rolle. Sie ging durch die Schlachtstraße, und sie schnitten sie einfach auf und warfen es in den Gedärmekarren ... Wirklich schwer fällt es mir, über ein Erlebnis zu sprechen, das ich hatte, als ich drinnen arbeitete und einmal zufällig nach unten schaute, weil ich einen Riesenkrawall in den Laufgängen hörte ... Sie versuchten, einen großen, schwarzen Hengst eine Rampe hochzutreiben. Aber er war sehr schlau. Er wusste, was kam. Er drehte sich herum und versuchte, über die anderen Pferde wegzuklettern, um wieder die Rampe hinunter zurückzukommen ... Also holten sie die ganze Mannschaft zusammen. Und sie versuchten, ihn mit Elektroschockern hochzujagen. Sie warfen ihm Seile um den Hals, um ihm hochzuzerren. Sie machten alles Mögliche. Sie brachten ihn schließlich in den Gang hinein, wo sie ein Bolzenschussgerät einsetzen konnten, das genau senkrecht mitten durch den Scheitel schießt ... Und schließlich kam der Kerl von der Schlachtebene herauf, rannte lachend die Treppe hoch. Und da sagt er doch: ›Also dieser Hundesohn wollte einfach nicht sterben.‹ Und weiter: ›Aber wir haben ihn gekriegt. Er hat sich an der Schlachtbox nach sechs Schüssen losgemacht, und sie mussten ein Gewehr nehmen, um ihn endlich umzubringen.‹ Und als er das sagte, wurde mir ganz traurig zu Mute bei dem Gedanken, dass wir diesen Lebensmut und Kampfgeist tagtäglich töten, ohne einen Gedanken daran zu verschwenden.«

Das berichtet ein anonymer Schlachtpferdeaufkäufer in dem 1995 erschienenen Buch *The Last Wild Horses*. Wir entscheiden, wer lebt und wer stirbt. Die Wertlosen sterben.

Was die Lektüre von Tiergeschichten zu einem so großen Vergnügen macht, ist unter anderem die Gleichförmigkeit ihrer unterschwelligen Antworten auf eine unterschwellige Frage: Wer ist denn nun tatsächlich klüger – Mensch oder Pferd? Die Erzählungen von geretteten Pferden – ein billiger Titel für eine entsprechende Textesammlung davon wäre »Vom Klepper zum Erfolgspferd« – gehen in dieser Hinsicht ins Extrem.

Margaret Cabell Self schildert die Geschichte von »Sky Rocket«, den sie als wundgerittenes Halbskelett an der Schwelle zum Schlachthaus zum ersten Mal sah. Etwas in seinen Augen – »der Adlerblick« – veranlasste sie, ihm eine Chance zu geben. Sie saß auf und merkte, dass er zwar schwach vor Hunger war, aber gute Grundgangarten besaß und eine gewisse Begabung zum Springen zeigte, auch wenn er bei der ersten Landung sofort in die Knie ging. Sie kaufte ihn für fünfzig Dollar (sein Schätzwert als Zehn-Dollar-Gerippe war rasch gestiegen), und unter ihrer Pflege kam er wieder zu Kräften. Dann bewies er, dass er gerne sprang, aus purem Vergnügen; tagelang sprang er aus seiner Koppel heraus und wieder hinein. Er wurde im Madison Square Garden vorgestellt und errang zwei Siegerschleifen; wäre er ein wenig größer gewesen, so glaubte Self, hätte er es bis zur Olympiateilnahme geschafft.

Eine andere, ähnliche Geschichte stammt von Vian Smith, dem britischen Journalisten, der in seinen bereits erwähnten und außergewöhnlich schönen Erinnerungen *Horses in the Green Valley* von seiner lebenslangen Erfahrung mit Pferden erzählt. Wie er berichtet, kehrten seine Kinder einmal mit einem Wesen aus Haut und Knochen vom örtlichen Ponymarkt zurück, auf dem halbwilde Dartmoor-Ponys sowohl neue Besitzer als auch den Weg in Hundefutterfabriken fanden. Sie stellten die Stute auf die Weide und überließen es ihr selbst, ob sie Menschen noch Vertrauen schenken wollte. Ganz langsam und allmählich lernte sie, dass die besten Leckerbissen im Haus zu finden waren, insbesondere dann, wenn die Familie bei Tisch saß. Käse wurde zu einem ihrer Lieblingshappen. Drinnen, so brachte sie ebenfalls in Erfahrung, konnte man auch einen spannenden Western im Fernsehen anschauen. Nachdem sie entdeckt hatte, wie aufregend es war, wenn all die Pferde über den kleinen Bildschirm trappelten, konnte man sie stets davor finden. Jeder einzelne ihrer Tage, so schien es, war eine Rüge für die entsetzliche Hybris von Menschen.

Sie weckt in einem den Wunsch, so viele von diesen Geschichten zu sammeln, dass man schließlich eine Handvoll Beweise hat, die man den Zweiflern unter die Nase reiben kann. »Godolphin Arabian«, einer der Stammväter der großen Rasse der Vollblüter, galt zuvor als gerade gut genug, um den Karren eines Wasserverkäufers in Paris zu ziehen.

1919 machte der Sportreiter Freddie Bontecu eine Einkaufsreise von New York nach Ontario. Er hatte bereits seine Wagenladung zusammen, als er einen einsamen grauen Dreijährigen auf einer Wiese schlottern sah; es herrschten zehn Grad unter Null. Er tat ihm Leid, und er kaufte das Jungtier für dreihundert Dollar. Aus dem Jungtier wurde »Ballymacshane«, ein Springpferd, das seinem Besitzer über 25 000 Dollar einbrachte und fünf Jahre lang mehr amerikanische Turniere gewann als alle anderen Pferde.

»Snow Man« lautete der Name eines Ackergauls, der 1956 für siebzig Dollar vom Laster des Abdeckers weggekauft wurde. Zwei Jahre später holte er sich den Sieg bei einigen der wichtigsten Springturniere des Landes, und sein Besitzer lehnte wiederholt ein Kaufangebot über 400 000 Dollar für ihn ab.

»Craansford«, in den fünfziger Jahren einer der königlichen Grauschimmel – der persönlichen Kutschpferde Ihrer Majestät, der Königin, die nur auf ihren Befehl hin angespannt werden dürfen –, begann sein Leben als Zugpferd eines irischen Bauernkarrens.

Ein Vollblüter mit 1,64 Stockmaß und 386 Kilogramm Gewicht, der an schweren Hufschäden und -geschwüren litt, weil er unbeschlagen geritten worden war, weckte die Aufmerksamkeit eines Ausbilders, der ihn 1992 zum Schlachtpreis von 450 Dollar kaufte. Nach vier Monaten intensiver Rehabilitation konnte sein neuer Besitzer feststellen, dass er eine ausgeprägte Begabung besaß: für die Dressur. Er gewann das First Level der *Connecticut Freestyle Championship*, eine Dressurkür nach Musik, und nahm daraufhin an den Lektionen des zweiten Levels teil.

Die Wertlosen sterben.

Brückenschlag

—◄o►—

21 »Dann stimmt es also, dass Sie eine etwas nach-
lässige Memoirenschreiberin sind«, fragt mich
der Interviewer mit einem Schuss künstlicher
Dramatik in der Stimme. Er hat bemerkt, dass da noch eine
Erinnerung in der Luft schwebt, ein wenig wie eine Motte, die
ein Schmetterling zu sein scheint, Bilder aus einer sehr frühen
Zeit, während ich doch ohne Unterlass beteuert hatte, es gebe
keine. (Aber darum geht es doch überhaupt, möchte ich gerne
zu meiner Verteidigung vorbringen – hingeführt zu werden
darauf, die falsche Rückwand des Schranks zu finden, hinter
der die *wahren* Schätze lagern.) Meine Erinnerung mag allerdings ein wenig fehlerhaft um die Ränder sein, also gekauft,

wie besichtigt. Danach stimmt es nichtsdestotrotz, dass ich über Zeiträume, die mir jedesmal stundenlang erschienen, und in einem Tempo, das man getrost als irrsinnig bezeichnen darf, vor und zurück schaukelte – auf einem Plastikpferd (braun, das Innere der Nüstern und die Zunge hellrot, feuriger Ausdruck in den Augen), aufgehängt an vier großen, silbernen Federn, die *quietsch, quietsch, quietsch, quietsch* machten. Häufig tat ich das in der stummen, aber angenehmen Gesellschaft unseres »Zweimal-die-Woche-Dienstmädchens« Julia, während sie bügelte. Ich weiß nicht, wo meine Mutter war. Es schien, dass sie sich nur zeigte, wenn sie anordnete, dass es Zeit für mich war, die einzigen Kleidungsstücke abzulegen, die ich tagaus, tagein zu tragen willens war: eine komplette Cowboyausrüstung bis hin zu kleinen, schwarzbraunen Stiefeln. »Ab und zu muss die Kleidung gewaschen werden«, so versuchte meine Mutter mir zu erklären, während ich schrie wie am Spieß und durch die Gartentür rannte wie ein Mensch, der von der zu allem entschlossenen Bewohnerschaft eines aufgestörten Hornissennestes gejagt wird.

Daher das Schaukelpferd, endlos schaukelnd, das ich ritt, und das nicht im Geringsten müde wurde. Anders als das Tier, das ich heute reite, das weniger nachsichtig ist.

Sind Menschen auch Tiere?

————◄o►————

22 Es ist Anfang Dezember, und ich befinde mich im Zentrum für therapeutisches Reiten. Ich weiß, dass gleich eine Stunde beginnt, doch man hat mich nicht über die Art der Patienten informiert. Sind sie blind? Gelähmt? Süchtig? Ich warte im kalten Stall auf ihre Ankunft, ziehe meine Handschuhe aus, um mir die Hände an der lebendigen Wärme eines Pferdes zu wärmen, das gerade für die bevorstehende Stunde aufgetrenst und gesattelt wird.

Gleich darauf sind sie da. Sechs Jungen kommen hereingerannt, gefolgt von der Stimme eines Lehrers: »Denkt daran, was wir über das Herumrennen in der Nähe von Pferden gelernt haben. Ich sagte, Steven, aufhören!« Kichern und ausgetauschte Blicke summieren sich zum Credo des Kindes: Ich habe dich gehört und werde gehorchen, aber verlange nicht von mir, das zuzugeben.

Ich mustere sie angestrengt, versuche einen Anhaltspunkt zu finden. Eine Behinderung? Welcher Art ist sie? Diese Sechs- und Siebenjährigen sind doch so normal, wie man es sich nur vostellen kann, manche still, manche schüchtern, manche richtige Satansbraten. Diese Kinder wirken weniger hilfsbe- dürftig als die Pferde, die in Ständern stehen und fast den ganzen Tag lang abgenutzte Sättel auf den Rücken geschnallt tragen. In ihrem meist fortgeschrittenen Alter müssen sie im- mer noch sieben Tage die Woche arbeiten. Die Jungen bekun- den wenig Interesse an den Tieren selbst, außer in Ausrufen wie: »Oh nein, nicht *Snowy*! *Den* mag ich nicht!« Schließlich muss ich einen der freiwilligen Helfer fragen, aus welchem Grund denn diese Kinder therapiebedürftig seien. Aufmerk- samkeits- und Hyperaktivitätsstörung, erfahre ich. Reiten soll ihnen helfen, sich konzentrieren zu lernen. In meinen Augen scheint sich hier eine Katze in den Schwanz zu beißen, und überdies scheint es von Katzen bei diesem Problem geradezu zu wimmeln. Wenn der Ursprung der Störung tatsächlich auf chemischer Ebene liegen sollte, wie kann sie dann durch eine nichtchemische Intervention beeinflusst werden (und wenn umgekehrt Verhaltenstherapie funktioniert, warum sollte man dann zu Medikamenten greifen, die niemals auf ihre Langzeit- wirkungen geprüft wurden?). Ganz eindeutig entgeht mir hier etwas, und die Jungen wirken nur so unkonzentriert, wie es alle Kinder in ihrem Alter sind und immer sein werden; eher un- willkürlich wende ich meine Augen ab, als sie mittendrin an- gewiesen werden, ihre Pferde anzuhalten, und ein Erwachse- ner ihnen nacheinander ihr morgendliches Quantum kleiner Tabletten verabreicht. Die Jungen konzentrieren sich bewusst auf die gütige Hand, die sich zu ihnen erhebt, um ihnen die wohltätige Medizin zu reichen.

Dann setzen sie den Unterricht fort, unter den Augen ihrer als Lehrerin engagierten, aber als Person sauertöpfisch dreinblickenden Schulmeisterin. Ständig schimpft sie mit ihnen und sieht als einziges Problem, sofern ihre Einstellung als Indiz gelten kann, nur Dickköpfigkeit. Einmal droht eine Auseinandersetzung zwischen zwei Pferden auszuarten, und mir geht der Gedanke durch den Kopf, dass die Pferde vielleicht etwas von der wahren Verfassung ihrer Reiter ahnen; schließlich habe ich gehört, dass sie die wirklich Schwachen oder Hilfsbedürftigen unentwegt beschützen. Jedenfalls macht die Reitlehrerin den beiden Jungen Vorwürfe wegen des Beinahe-Zwischenfalls, obwohl ein Beobachter genauso gut sie selbst dafür verantwortlich machen könnte, dass sich der Vorfall unter ihren Augen abspielen konnte, weil sie nicht sorgfältig genug aufgepasst hat.

Als es auf das Absitzen zugeht, hat ein kleiner Junge Schwierigkeiten, sein Pferd daran zu hindern, vorzeitig vom Hufschlag abzubiegen. Da es an Freiwilligen mangelt, gehe ich hin, um in die Zügel zu greifen und ihm zu helfen. Als wir dann dastehen und auf weitere Anweisungen warten, fährt eines der Pferde sein beeindruckendes Glied aus, um eine Linie dampfenden, gelben Schaums in den Sand abzuschlagen. Einige von den Jungen finden den Anblick fesselnd und erheiternd zugleich; es gibt Rufe und ausgestreckte Zeigefinger und Hände vor den Augen. »*Geil!*«, schreien sie einer nach dem anderen. Ich sage zu einem der Jungen, dass sein Penis so ziemlich dasselbe tue und dass er beim Pferd wie beim Jungen für die rein tierischen Funktionen da sei. Er stampft buchstäblich mit seinem kleinen Fuß auf. »Ich bin doch kein Tier!«, protestiert er. Und plötzlich steigt in mir Schulmädchengehässigkeit auf, als ich antworte: »Auch du bist ein Tier«, jetzt ganz und gar auf »bin ich nicht« und »bist du doch« eingestellt, möglichst bis ich ihn auf dem Kampfplatz auf den Rücken legen kann. Niemand hatte dieses kleine Wesen, diesen kleinen Leidenden über die grundlegendste Tatsache seiner Existenz aufgeklärt. Er wuchs heran, ohne zu wissen, was er war.

Wo liegt die Quelle meiner infantilen Gereiztheit in dieser Angelegenheit? Warum weicht das, was ich mit meinen Augen sehe, von dem ab, was andere mit den ihren erblicken? Was ist mit mir in dem Vierteljahrhundert seit diesem Bon-Voyage-Essen oder in den fünfunddreißig Jahren, seit ich *Wilbur und Charlotte* aus der Bücherei am Highland Square ausgeliehen habe, geschehen? Warum gelingt es mir jetzt nicht mehr, in dem Hinweis auf der New London-Fähre – Keine Tiere in diesem Bereich – ein unschuldig unwichtiges Schild zu sehen, sondern eine Anweisung voll gefährlicher Ironie, da überall menschliche Tiere auf ihr herumlungern? Es ist, als hätte ich einen kleinen, zolllangen Riss auf einer Meile Bürgersteig entdeckt und bei näherem Hinsehen erkannt, dass darunter eine Art Gewässer fließt, nein, ein Strom, an dem es Ufer mit Bäumen und ab und zu Städte und Schleppkähne und Fabriken gibt, doch zugleich eilen Menschen stur geradeaus blickend an meiner knieenden Gestalt vorüber. Mir bleibt die Spucke weg, mir wird übel, ich werde wütend und verzweifelt, und ich staune: Niemand *schert* sich darum, dass unter unseren Füßen eine ganze Welt existiert. Hallo, hallo, rufe ich mit schwach nachhallender Stimme in diesen winzigen, tiefen Spalt hinein, in dem sie zu verschwinden scheint, und ich setze mich völlig perplex hin, um nachzudenken.

Es muss etwas mit einer ersten winzigen Verleugnung, einer geringfügig schiefen Darstellung zu tun haben. Wir sind keine Tiere. Aber was für eine kaum beachtenswerte Kleinigkeit ist das, wenn doch so viele große Lügen im Schwange sind – man lese nur die Zeitung, sehe die Fernsehnachrichten! – und bebende Menschenmassen sich in Erwartung ihrer Schläge krümmen.

Denn wie sehnlich wünschen wir uns doch, keine Tiere zu sein. (Und die Mädchen, die zu Pferden werden ...?) Wir beharren darauf, keine zu sein, als ob die ständige Wiederholung – Mensch *und* Tier, Mensch *und* Tier – es wahr werden ließe.

Eine Parallele dazu finde ich in der weniger bedeutsamen, jedoch nicht weniger unerforschlichen Einkaufsliste, die meine Muter einmal aufstellte und die in den Fundus der Familienanekdoten eingegangen ist: Sie verlangte, dass jemand sich aufmachte und »Obst und Birnen« einkaufen ging. Wir wollen keine Tiere sein, und doch haben wir Zunge, Zähne, Ohren, Leber, genau wie sie. Mit welcher Logik also schreiben wir nur uns die Fähigkeit zu, zu fühlen, zu lieben, zu entbehren, zu kommunizieren und zu denken? Überdies sagen Zeugen einer Autopsie übereinstimmend, dass dieses Erlebnis einen von dem Irrglauben heile, es gebe einen substanziellen Unterschied zwischen uns und einer rohen Lammkeule. Wenn jedoch zwingende Beweise dafür, dass wir keine Tiere sind, fehlen, erfinden wir welche. Wir rufen die besten, genialsten Blüten unserer Kreativität zu Hilfe. Moral und die Seele: so vollkommen konstruiert, dass ein Existenzbeweis nicht zu erbringen und gleichermaßen schwer zu widerlegen ist. Dennoch – Basis, auf der so viel Tod und Schmerz gegründet ist – wird die Strafe ohne fairen Prozess verkündet. (Descartes soll, wie Nachbarn, denen sein Interesse an Anatomie unheimlich war, kolportierten, einen jaulenden Hund bei lebendigem Leibe seziert und auseinandergenommen haben wie ein Uhrwerk.)

Doch wie ich so dasitze, ist alles, was ich mit meinen neuen, fremden Augen sehe, brave, kleine »Menschen-Tiere« auf zwei Beinen, die Grundbedürfnisse haben und ihr kleines Leben damit zubringen, sie zu befriedigen. Während ich die sich verschiebenden Kontinentalplatten dieser schrecklich seltsamen Welt betrachte, im selben Augenblick, regt sich ein weiteres »Menschen-Tier« in mir, wartet darauf, geboren zu werden. Niemand wird es für richtig halten, dieses Lebewesen zu benutzen, nur um zu seiner persönlichen Erbauung festzustellen, wie es wohl reagieren würde, wenn es aller Wärme oder

Liebe beraubt würde, oder wie lange es dauern würde (Tage? Wochen? Halten wir es sorgfältig in unseren Unterlagen fest), bis es stirbt, wenn man ihm Backofenreiniger in die Venen spritzte, oder wie es sich in einem Käfig mit einem informativen Plakat davor machen würde. Dennoch ist es eine Tatsache, dass es weder Sprache noch Denkfähigkeit besitzt. Sein irdischer Status ist in den prüfenden Augen des Ethikers mit dem des Mastkalbs oder des Laborhundes identisch bis auf eines. Nein, nicht dass es menschlich ist und sie nicht, denn welches Recht leitet sich daraus ab? Es ist einfach nur so, dass sie *können*; sie können das mit ihm machen, was sie mit seinesgleichen machen, und mit dem »Menschen-Tier« in mir will ich sie das nicht machen lassen. Der ethische Grundsatz, den wir uns zur höchsten Leitlinie erkoren haben – »Wer die Macht hat, hat das Recht« –, enthält einen inhärenten, furchtbaren Sarkasmus, und ihr Klang ist entsetzlich. Also haben wir beschlossen, sie einfach nicht auszusprechen.

Im Falle meines eigenen zarten und hilflosen Säuglings lehren mich die Bücher, auf seine Bedürfnisse zu achten und sie zu erfüllen; auf diese Weise entsteht Vertrauen. Wenn man sie missachtet, sie zurückweist, macht sich im innersten Kern seines Wesens etwas Gefährliches breit, entsteht etwas wie unterhöhlter Boden. Das Kind wird das Aussehen der Straftäter vor Gericht annehmen, die ausdruckslos vor sich hin starren, während die Litanei ihrer unvorstellbaren Grausamkeiten vorgelesen wird und die Familien der Opfer vergeblich nach Anzeichen der Reue, der Einsicht in ihre Taten Ausschau halten. Wenn diese Zeichen ausbleiben, erklären sie, das Böse selbst sei anwesend. Wenn jedoch die Milch nach Wunsch fließt, nährt sie das Empfinden von Richtig und Falsch: Ich will es, und es ist richtig, dass du es mir geben sollst. Und wenn das Kind niemals die Erfahrung des Gebens macht, woher soll es dann lernen zu geben?

Diejenigen, die gut versorgt werden, saugen mit der Muttermilch das Gefühl ein, dass die Gesellschaft um sie herum sich kümmert, dass sie *Anteil nimmt*. Diejenigen, denen das vorenthalten wird, wonach ihr Tierherz schreit – Gerechtigkeit, Verständnis, Zuneigung, starke Arme, um sich darin geborgen und geliebt zu fühlen –, glauben, dass sie an nichts Anteil haben, was gut ist. Sie lernen genau wie jeder Fußsoldat, dass sie auf jede nur mögliche Weise dafür sorgen müssen, dass ihre Bedürfnisse befriedigt werden. Und ganz zuletzt öffnen die Gefängnisse ihre Arme, um sie aufzunehmen.

Das ist es, was wir sind. Bedürfnisse. Unsere Vorstellung des Universums strömt aus unserem Bauch heraus.

»Wir neigen dazu [das Wissen, dass Angst im Tierreich eine universelle Emotion ist] aus unserem Bewusstsein zu verdrängen, vielleicht, weil wir uns die ›Natur‹ als Reich der Unschuld bewahren müssen, in das wir uns zurückziehen können, wenn wir mit den Menschen unzufrieden sind,« schrieb Yi-Fu Tuan in *Landscapes of Fear*, einer peniblen Untersuchung der Frage, ob jene urmenschlichen Attribute von den religiösen bis zu den kulturellen Überzeugungen aller Schattierungen eine Reaktion auf jenes uranimalische Attribut, die Angst, darstellen.

Wir neigen dazu, das Wissen zu verdrängen, dass wir in jeder Hinsicht sind wie sie, damit nicht einige schecklich unappetitliche Details des Lebens, das wir uns so sorgfältig zurechtgezimmert haben, ans Licht kommen und wir sehen müssen, dass wir unsere Mauern mit sehr billigem Mörtel hochgezogen haben.

Die Verdrängung kann schon fast komische Dimensionen erreichen, sofern man einen etwas seltsamen Sinn für Humor besitzt. Dann genieße ich den New Yorker am meisten. (Vielleicht finden Sie Ihre Morgenzeitung ähnlich unterhaltsam.) Jede zweite Woche gibt es einen atemberaubenden Bericht über die neueste Forschung, die Indizien dafür gefunden hat, dass – Tusch! – Tiere über eine *rudimentäre Sprache* verfügen! (Ein Amerikaner, der nicht Spanisch spricht, glaubt meist dasselbe von Spaniern.) Schimpansen besitzen Kultur, bringen einander je nach ihrer geografischen Umgebung unterschiedliche Dinge bei! (Woraufhin irgendein Einstein einen empörten Leserbrief schreibt, dass Schimpansen schließlich keinen Mozart hervorgebracht hätten.) Die Wissenschaft hat festgestellt, dass Menschen sich gegenseitig mittels rätselhafter Duftstoffe, auch als Pheromone bekannt, anlocken! (Was? Wo wir doch die ganze Zeit dachten, wir fänden unsere Partner durch ein strenges und vorurteilsloses Auswahlverfahren?) Dann blättere ich um und finde auf der nächsten Seite einen längeren Artikel über die wachsende Zahl von agroindustriellen Schweinemastbetrieben, in dem es um Geld, Landwirte, Gestank, Orte, Meinungen, Witze und Prognosen geht. Meine Augen fliegen so rasch eine Spalte nach der anderen hinunter, bis fast die Schrift verschwimmt. Der Artikel endet mit einem *punktum*, und ich sitze da, in ungläubiger Betäubung. Da steht nichts, kein einziges Wörtchen, über die *Schweine selbst*. Die Geschöpfe, mit denen wir Zunge, Zähne, Ohren, Leber und den Drang teilen, kleinen, rosa Neugeborenen Milch zu geben. Die Geschöpfe, die wir dazu verurteilen, mit 25 Artgenossen in einem Koben zu leben, der sechs mal drei Meter misst. Die Geschöpfe, die so sehr sind wie wir, dass wir uns fürchten hinzuschauen, dass wir uns fürchten zu sehen, was aus uns geworden ist.

Ich sitze da und rätsele über die Wut und den Hass, der denen entgegenschlägt, die das Weiterbestehen von Sadismus, Gedankenlosigkeit und großzügiger Verleugnung in verschiedenen Bereichen – Nahrungsmittel, Mode, Kosmetik, Waffen, Arzneimittel – klar sehen und ihre Stimme dagegen erheben. Das Lieblingsetikett, das wie ein Pfeil auf sie abgeschossen wird, lautet »Extremisten«, und wir wissen genau, in welche Ecke *die* gehören. Als ob es möglich wäre, sich zu sehr um den Schmerz anderer zu kümmern, aller anderen, die Schmerz empfinden können. Hier deshalb ein Begriff nach Maß: Extremisten des Bürgerrechts.

Wie ich so dasitze, fällt mir wieder ein, wie ich zum ersten Mal auf den abfällig benutzten Ausdruck »Tierrechtler« in einer Pferdezeitschrift stieß. Heute treibt es mir die Blässe auf die Wangen, wie naiv ich damals war. Mich schockierte die Erkenntnis, dass eine Person nur deshalb, weil sie Pferde liebt, noch lange keine Tierfreundin ist. Tierrechtler sind sogar die Gegner bestimmter Pferdeliebhaber, solcher, die Pferde so lieben wie andere Steaks.

Als Beispiel ist eine Frau zu nennen, die einen Großteil ihres Erwachsenenlebens der Rettung von Pferden und anderen Huftieren vor Misshandlungen und dem Horror widmet, die ihnen häufig nur deshalb zugefügt werden, weil es zulässig ist. Sie verschickt Spendenaufrufe mit Bildern, die jedem, der halbwegs ein Gewissen hat, das Blut in den Adern gefrieren lassen. Doch für sie ist glasklar: Diese und keine anderen werden gerettet. Sie achtet sehr darauf, in der Presse als Realistin, nicht als Extremistin bezeichnet zu werden.

Dieselbe Haltung nehmen einige andere Frauen ein, von denen ich weiß, dass sie sich für das Wohl von Pferden einsetzen. Doch in ihrem Fall ist dies eine List: Sie wissen, dass nichts ihren Ruf und alles, wofür sie einstehen, in ein so schlechtes Licht rücken würde, wie die Tatsache, als … Vegetarierin bekannt zu sein. Ihre Sache ist ihnen so heilig, dass sie sogar in aller Öffentlichkeit ein Steak verzehren würden, um ihren Leumund als geistig gesunde Menschen zu bekräftigen, als Menschen, die wissen, wo sie im Sand ihres Mitgefühls den Strich ziehen müssen.

Sie sehen, auch ich habe Angst. Nicht, dass ich dessen nicht sicher wäre, was ich durch den Riss im Pflaster des Bürgersteigs sehe. Ich habe vielmehr Angst vor der Verzweiflung, vor diesem Gefühl der Sünde, in das ich durch das Dunkel falle, allein und voller Panik vor dem Moment des Aufschlagens am Ende, sogar während ich fürchte, dass er niemals kommt. Und die Verzweiflung erhebt sich jeden Tag, mit den tagtäglich neuen Belegen für die unaufhaltsame Ausbreitung unseres grausamen Geschäfts und der Verstocktheit unseres Schweigens darüber. Vor vielen Jahren hallten die Tempel der öffentlichen Meinung wider von Verurteilungen der Vivisektion, durch Männer und Frauen von Format und Verstand – John Ruskin und Abraham Lincoln, Königin Victoria und Albert Schweitzer, Mark Twain und George Bernard Shaw. Doch heute, wo die Vivisektion in einem Ausmaß institutionalisiert ist, die diese Vorkämpfer hätte zu den Waffen greifen lassen, zeigen sich ihre modernen Äquivalente zu diesem Thema sprachlos. Ich sitze da und rätsele, warum die guten, freundlichen Menschen um mich herum das Schreien der Millionen und Abermillionen ihrer Art, die zu Tode gequält werden, nicht hören können. Sie wissen doch bestimmt Bescheid? Warum also horchen sie nicht auf? Mir fällt etwas ein, das ich kürzlich im Radio gehört habe. Ein Mann sprach über die schändliche Zeit der offenen Rassentrennung: »Denken Sie daran,« sagte er, »die Mehrheit *kann* sich irren.«

Und ich habe Angst vor der Vehemenz ihres Hasses und ihrer Verachtung für diejenigen, deren Ohren und Augen so unglückselige Zeugen sind. Nicht, weil ich sie nicht verstehe, sondern weil ich sie verstehe. Ich glaube, es hat etwas mit Konrad Lorenz' Beobachtung zu tun, dass die gewalttätigste Form von Kampfverhalten in der Tierwelt – in unserer Welt – durch Angst motiviert ist. Wir haben Angst vor unserer Angst. Es wäre zu Angst erregend sich einzugestehen, dass wir genauso sind wie unsere stummen Opfer.

Um sie also weiterhin als »andersartig« betrachten zu können, damit wir sie weiterhin guten Gewissens für unsere zahllosen Zwecke benutzen können, wenden wir eine von zwei Methoden an. Achtung: Sie *scheinen* sich nur zu widersprechen.

Die gebräuchlichste könnte man nach dem Psychoanalytiker-witz als Elefant im Zimmer bezeichnen: die standhafte Leug-nung, dass etwas so Riesiges überhaupt existiert, in diesem Fall die immer gigantischere Infrastruktur des Todes, die den kaum je aufgesuchten Keller bildet, über dem wir unsere Gesellschaft errichtet haben. (So kann der Junior – mit Tränen in den Augen und Mitleid im Herzen – immer wieder den Film *Ein Schweinchen namens Babe* ansehen, der mit der Orwell'schen Eröffnungsszene in einer Schweinegroßmästerei beginnt und unterschwellig die menschliche Missachtung tierischen Lebens verdammt, um da-nach widerspruchslos zu Tisch gerufen zu werden, und sein Kotelett zu verdrücken.) Die andere ist neuerdings bestseller-mäßig populär: der religiöse Glaube an ein übernatürliches, »spirituelles« Band zwischen Tier und Mensch. Tiere erschei-nen in Träumen, kommunizieren mit den Toten, wissen uns davor zu bewahren, einer Katastrophe zum Opfer zu fallen, die wir nicht voraussehen können. Eine überaus nette Erhöhung, durchaus, aber blind für das Offensichtliche: Natürlich können wir eine tiefe oder sonstige Beziehung zu Tieren herstellen – schließlich *sind* wir Tiere, nur von einer anderen Sorte, wie Gor-gonzola gegenüber Cheddar. Daraus ein mystisches Ereignis zu machen, drängt sie wieder zurück auf ihre Seite der Mauer, wo sie schon so lange zu kauern und darauf zu warten gezwungen sind, dass wir endlich verstehen.

Ich sitze mit einem Buch in meinem Schoß da; vierhundert und ein paar zerquetschte Seiten wissenschaftlicher Artikel in dem Sammelband *Cruelty to Animals and Interpersonal Violence*, und das ist eine erhellende, allerdings wenig vergnügliche Lektüre. Schon der Titel des Bandes gibt mir Anlass zu der Überlegung, warum, wenn wir denn wirklich keine Tiere sind, die Psycho-logen so durchgängig einen Zusammenhang feststellen zwi-schen dem Drang, ihnen Schmerz zuzufügen, und dem Drang, Menschen Schmerz zuzufügen (»Ich bin doch kein *Tier*!«). Das

Haustier der Familie anzusengen oder den Kaninchen des Nachbarn das Genick zu brechen gilt heute als Sprungbrett zu einer späteren Karriere als Serienmörder.

Hier findet die Theorie, dass eine kleine Lüge eine ganze Welt größerer Lügen hervorbringen kann, reichlich Nahrung. Ich beginne eine Studie zu lesen, die Temple Grandin im Jahr 1988 zum »Verhalten von Schlachthof- und Versteigerungspersonal gegenüber Tieren« durchführte. Ich stelle fest, dass ich etwas von meiner früheren Zimperlichkeit verloren habe, seit ich kürzlich zu dem Schluss gelangte, dass ich, wenn ich der Wahrheit nicht ins Gesicht blicken kann, kein bisschen besser bin als ihre Leugner. Meine neue Einstellung macht mir jedoch ziemlich zu schaffen. Die Bilder, die ich betrachte, bereiten mir schlaflose Nächte und mir schießen zu den ungünstigsten Zeitpunkten des Tages zusammenhanglose Bruchstücke von Geschichten durch den Kopf. Dann verspüre ich den Drang, mich davon zu befreien, weiß aber, dass es unfair ist, andere beispielsweise mit dem Bild zu belasten, das mir immer wieder vor Augen steht: die trächtige Hündin, der ihre ungeborenen Welpen aus den Leib geschnitten wurden. Sie mühte sich verzweifelt, sie abzulecken – die Wissenschaftler vermerkten fasziniert, dass der Instinkt, sich um ihre Jungen zu kümmern, trotz der fixierenden Nägel durch ihre Pfoten unvermindert wirksam war –, noch während sie ihr für immer weggenommen wurden.

Die Zusammenfassung dieses Artikels macht mich damit vertraut, dass »Misshandlung von Tieren bei Versteigerungen und in Schlachthäusern oft vorkommen. Zu häufig beobachteten Misshandlungen gehören das Wegschleifen von gelähmten Tieren, Schlagen und übermäßiges Antreiben«. Ein »beunruhigendes Ergebnis« der Studie war, dass es auf der Hälfte der Handelsplätze, deren Umgang mit den Tieren als grausam eingestuft wurde, minderjährigen Farmerkindern erlaubt war, Tiere zu misshandeln, Schweine auf die Nase zu hauen, Rinder mit Planken zu prügeln, Kälber mit Elektroschockern zu quälen. Es wurde kein Versuch seitens eines Erwachsenen beobachtet, dies zu unterbinden. Die Autorin zitiert einen Schlachthofmitarbeiter, der mit den Kühen besonders grausam umging und später gestand, dass ihm als Kind sein Lieblingsochse weggenommen und getötet worden war, woraufhin er »niemals wieder ein anderes Rind lieben konnte«. Wieder ein Junge, dem die Gerechtigkeit verweigert wurde, nach der sein Tierherz schrie. Rechtfertigt das etwas?

Am häufigsten fährt das Management die Strategie der Verleugnung, wie die Studie herausfand. Das Wort *töten* wird nicht benutzt, sondern durch *abfertigen* oder *verarbeiten* ersetzt (und hat zum Gegenstück die glänzenden, kalten Rindfleischblöcke im Supermarkt, die dankenswerterweise in den Augen der meisten Menschen nichts mehr mit einem Stück Leichnam gemein haben). Die Menschen, deren Job es ist, die Tiere zu »verarbeiten«, mussten sich erfindungsreichere Methoden einfallen lassen. Einer früheren Studie zufolge »klang durch die meisten Antworten das Thema Selbstschutz vor dem vollen Ausmaß der Handlung durch die Abspaltung der eigenen Gefühle«. Verbreiteter ist »die mechanische Methode«, durch die es den Mitarbeitern gelingt, überhaupt keine Gefühle zu empfinden und so »über das Wetter und die Leute zu tratschen, während sie täglich Hunderte von Tieren töten«. Diese Desensibilisierung tritt jedoch keineswegs sofort ein, und die Mitarbeiter berichteten, dass ihnen die Tätigkeit anfangs schwer zusetzte.

Eine weitere Methode ist die sadistische; diese Mitarbeiter fügen den Tieren, die sie töten sollen, möglichst viel Schmerzen zu und rechtfertigen ihr Verhalten mit dem Satz: »Es sind bloß Tiere« (der den meisten Soldaten und jedem völkermordenden Diktator vertraut ist). »Durch die Entwertung des Tieres«, erklärt die Autorin, »rechtfertigt die Person vor sich die Grausamkeiten, die sie ihm antut.«

An dieser Stelle zitiert der Artikel die berühmten Experimente der 60er und frühen 70er Jahre, in denen sich scheinbar ganz normale Menschen auf den vermeintlichen Befehl der Wissenschaftler, die den Versuch leiteten, innerhalb kurzer Zeit in »Folterer« verwandelten; sie sollten »Schülern«, wenn diese bei einer Lernaufgabe versagten, Elektroschocks verabreichen, deren Stärke bei fünfzehn Volt begann und in Schritten von fünfzehn Volt zunahm. Die Schalter, die sie zu bedienen hatten, trugen Aufschriften wie »Gefahr: Schwerer Schock« sowie die noch unheilvollere »XXX«. Trotz dieses Wissens machten die meisten weiter. (Wie George Bernard Shaw bemerkte, lässt Gewohnheit die Leute sich mit jeder Scheußlichkeit abfinden.) Erich Fromm kam bei der Analyse dieses und eines ähnliches Experiments zu dem Schluss, dass diejenigen, die es *nicht in Konflikte* gestürzt hatte, den Knopf zu drücken – manche waren natürlich beunruhigt –, eine Prädisposition zum Sadismus hatten. Dies erwies sich für einen signifikanten Anteil der Stichprobe, etwa ein Drittel der Versuchspersonen, als zutreffend.

Der Schlusssatz des Artikels als Folge des Vorschlags, die immer höhere Anzahl der Schlachtungen, die von den Arbeitern gefordert wird und sie zu immer inhumanerem Verhalten treibt, zurückzuschrauben, erschüttert meinen Vorsatz, unerschütterlich zu bleiben. Es ist das Wort *paradox*, das etwas bezeichnet, nach dem ich in der Kunst suche, das ich aber aus der Welt der Wirtschaft lieber ausgeschlossen sähe. »Das Paradox liegt darin, dass es schwierig ist, Mitgefühl mit Tieren zu empfinden, wenn man an ihrer Tötung beteiligt ist.« So sind wir alle Sadisten durch Stellvertreter – jeder von uns ist an ihrer Tötung beteiligt.

Ich sitze immer noch da, die Abenddämmerung bricht schon herein, und sinne über die allgemein vertretene Ansicht nach, dass Mitleid ein knappes Gut sei, dass, wenn wir es nichtmenschlichen Wesen zuwenden, nichts für uns übrig bleibe.

Meine Freunde, sogar meine Verwandten sagen immer: »Ja, das ist furchtbar, all dieses Leid, aber wir müssen zuerst etwas für die Menschen tun.« Trotzdem habe ich im Anatomieatlas nachgeschlagen und keine besondere Herzkammer finden können, in die man Herzblut für diejenigen, die nicht genauso aussehen wie wir, abzweigen könnte. Ich frage mich, ob diese Menschen beim Anblick einer Katze, die mit gebrochenem Bein im Rinnstein liegt, mit bedrücktem Herzen und einer Erklärung auf den Lippen vorübergehen würden: Ich bedaure, dass ich dir nicht helfe, aber du wirst verstehen, dass das nicht in Ordnung wäre, bevor nicht allen leidenden Menschen geholfen ist, nicht wahr?

Jetzt bin ich ganz steif vom Sitzen auf dem Bürgersteig und kann nicht mehr aufstehen. Ich werde hier vermodern, festgenagelt durch eine tödliche Dosis Bestürzung. Doch zuvor, so hoffe ich, kommt die Post und mit ihr die Antwort auf meinen Brief mit der Bitte um weitere Information. Ich bin sicher, dass ich die Einzige bin, die jemals auf die Anzeigen reagiert hat, die jetzt schon seit Jahren ein Professor Dr. Hisatoki Komaki aus Japan in der *New York Times Book Review* schaltet. Die Überschrift verkündet, dass er ein hoffnungsloser Spinner (wenn auch einer mit Geld) sein muss: VIER SCHRITTE ZUM ABSOLUTEN FRIEDEN. Wenn der Leser zu Ziel II gelangt – Ziel I ist »Weltweite Abrüstung im Jahr 2010,« hahaha –, das da lautet »Totale Abschaffung fleischlicher Nahrung, von Tierexperimenten und Insektiziden«, weiß er, dass er es mit dem absoluten Wahnwitz zu tun hat.

   Doch zumindest ist es kein einsamer Wahnwitz. Pythagoras soll im sechsten vorchristlichen Jahrhundert gesagt haben: »Solange der Mensch weiter der unbarmherzige Zerstörer niederer Lebewesen bleibt, wird er niemals Gesundheit oder Frieden kennen. Solange Menschen Tiere hinschlachten, werden sie einander töten.« Edward Mayhew (1813–1868) zog nach:

»Wo ist der Nutzen dieses Aufhebens um die Moral, wenn es nur um ein Pferd geht? Die erste und schwierigste Lehre der Zivilisation betrifft das Verhalten des Menschen gegenüber ihm unterlegenen Wesen. Man mache die Menschheit freundlich oder vernünftig gegenüber Tieren, und Zwist oder Ungerechtigkeit zwischen Menschen fänden rasch ein Ende.« Der Schriftsteller Isaac Bashevis Singer war leidenschaftlich vom Zusammenhang von Brutalität gegenüber Tieren und Brutalität gegenüber Menschen überzeugt – »solange Menschen weiterhin das Blut von Tieren vergießen, wird es niemals Frieden geben. Es ist nur ein kleiner Schritt vom Töten von Tieren zum Bau von Gaskammern à la Hitler und Konzentrationslagern à la Stalin … alle diese Taten werden im Namen der ›sozialen Gerechtigkeit‹ begangen. Es wird keine Gerechtigkeit geben, solange der Mensch mit einem Messer oder einem Gewehr in der Hand dasteht und die vernichtet, die schwächer sind als er« –, genau wie Rachel Carson: »Es geht hier um die Frage, ob irgendein Kulturvolk einen erbarmungslosen Kampf gegen Lebewesen führen kann, ohne sich selbst zu vernichten und ohne das Recht zu verlieren, sich noch als Kulturvolk zu bezeichnen.« Ihnen voran gingen zu Anfang des neunzehnten Jahrhunderts der Arzt William Lambe sowie Mohandas Gandhi und zweifellos viele andere »geistesgestörte Schwachköpfe«, die alle glaubten, dass in der Ausrottung des Fleischverzehrs Hoffnung auf die Ausrottung des Krieges läge.

Der Mensch ist das Tier, das vielleicht am stärksten von unbezähmbarer Neugier beherrscht wird. Er hat sich nie gescheut, Experimente zu ersinnen, die man nur als bizarr bezeichnen kann; tatsächlich haben einige der absonderlichsten höchst bereichernde Erkentnisse erbracht. Es scheint, als gäbe es wenig, das er nicht ausprobieren würde. Außer diesem einen, denke ich, als ich kurz davor bin, das Bewusstsein zu verlieren und mit dem Kopf auf den Beton aufzuschlagen. Außer dem einen, das seine Träume in Erfüllung gehen lassen könnte.

Die Suche

23 Pferde sind nicht besonders intelligent. Ich nahm das jedesmal persönlich, wenn ich es hörte, so weit ging meine Identifikaton mit ihnen, mein sehnlicher Wunsch, sie sollten die vollkommensten Tiere auf Erden sein. Doch alle führten diese Weisheit im Munde, einschließlich derer, die ihr ganzes Leben mit Pferden verbracht hatten. Die Wiederholung war der Meißel, der sie in den Fels der Wahrheit eingrub. Und es schien wirklich so zu sein: Ganz gewiss konnte ein Tier, das sich angesichts einer Papiertüte auf dem Boden benahm, als sei diese Satan persönlich, nicht allzuviel Grips haben. Wir selbst waren so intelligent, dass wir das einsahen.

Nehmen wir den Fall des Klugen Hans. Die Moral dieser Geschichte sollte uns davor bewahren, auf die Vorstellung hereinzufallen, dass Tiere genauso gut denken könnten wie Menschen. Dieses deutsche Pferd machte, wie allgemein bekannt, um die Jahrhundertwende Furore, weil es angeblich zählen, Daten angeben und rechnen konnte. Doch die Demaskierer waren ihm dicht auf den Hufen. Ein Psychologe kam schließlich hinter den billigen Trick, der ein dummes Tier klug handeln ließ – natürlich war es ein Schwindel. Hans las die unbewusste Körpersprache der Menschen um ihn herum, die gar nicht anders konnten, als in so subtiler Weise auf die richtige Antwort hinzuweisen, dass es ihnen selbst nicht bewusst war. Der Betrug, den das Pferd begangen hatte, bestand darin, dass er im Stande war, minimale Kopfbewegungen, um etwa einen Fünftel Millimeter, wahrzunehmen.

Ein Schwindel, wenn Sie so wollen, aber nichtsdestoweniger eine Fähigkeit, die die Fähigkeit zu zählen oder zu addieren in meinen Augen weit hinter sich lässt. Ganz zu schweigen davon, dass es schlicht töricht ist, alle anderen Spezies immer nur an unserer eigenen messen zu wollen, denn Arroganz, die einzig von Egoismus geleitet wird, ist nichts anderes als das Kennzeichen eines unterentwickelten Geistes. Aber vielleicht machen wir ja gerade Fortschritte, denn nach Jahrhunderten tradierten Wissens bieten nun einige ausgewählte Individuen die Intelligenz auf, die diese gefährliche Gepflogenheit schließlich doch in Frage stellt. Eine der ersten, die ihre eigenen Untersuchungen über Pferde anzustellen versuchte, war eine britische klinische Psychologin und Pferdeliebhaberin (»meine große Leidenschaft, der Mittelpunkt meiner Kindheit«) namens Moyra Williams; 1956 veröffentlichte sie eine Studie, die auf Beobachtungen ihrer eigenen Pferde beruhte. Die 1979 erschienene deutsche Ausgabe trägt den Titel *Praktische Pferdepsychologie*. Williams bot ein Paradebeispiel für den echten Forschergeist des jugendlichen Erfinders, der nichts darauf gibt, was er sein Leben lang gehört hat und stattdessen unbedingt herausfinden will, wie es ist, das Rad ganz alleine neu zu erfinden. Die resultierenden Experimente mögen auf eine trotzige Weise spinnig sein, doch zuweilen verändern sie die Welt von Grund auf. In Moyra Williams' Fall bestanden sie beispielsweise darin, ihre Stute Portia in einen Zug zu verladen, sich mit Karten, einem Kompass, Proviant und einem Regenmantel zu bewaffnen und später im West Country auszusteigen. Dort saß sie auf, nahm aber die Zügel nicht in die Hand. Sie wollte sehen, was ein Pferd tat, wenn es in einer unbekannten Gegend sich selbst überlassen war. So ließ sie Portia verwirrt vor dem Bahnhof hin und her galoppieren, dann die halbe Nacht lang durch strömenden Regen entschlossen einer Nebenstraße folgen und schließlich außer Sichtweite laufen, als Williams so verzweifelt eine Ruhepause brauchte, dass ihr eine mit Gerümpel vollgestopfte »Hütte lieber war als ein Fünf-Sterne-Hotel«. Am Morgen machte sie sich auf die Suche nach ihrem Pferd und vertraute dabei auf ihre früher erworbene Kenntnis von Portias Vorlieben. Und endlich: » Auf der windabgewandten Seite lagen dreißig bis vierzig Schafe in tiefem Schlaf und mitten unter ihnen, monumental in ihrer Schönheit, meine Portia«.

Es ist schwer zu entscheiden, worüber man sich mehr wundern soll – darüber, dass es vor fünfundvierzig Jahren vorstellbar war, ein Pferd in Großbritannien frei laufen zu lassen oder dass Moyra Williams das tat, um etwas über ihr Pferd in Erfahrung zu bringen. Sie besitzt jedoch eine Tochter im Geiste in Evelyn Hanggi, der Vorsitzenden und Mitbegründerin der kalifornischen *Equine Research Foundation*. Hanggi untersuchte dort, wie Pferde lernen und Gelerntes behalten, wie sie sehen und überlegen und reagieren, statt darüber Vermutungen anzustellen, wie wir das lange getan haben. So viel von dem, was sie herausgefunden hat, widerspricht dem, was wir »wissen«. Etwa, dass es zwischen der linken und der rechten Hemisphäre des Pferdegehirns wenig Kommunikation gebe, die augenscheinliche, aber falsche Erklärung dafür, dass der Briefkasten, der auf dem Hinritt nicht die geringste Gefahr darstellte, auf dem Weg zurück zum Stall zu einer ernsthaften Bedrohung für Leib und Leben wird (die Wahrheit liegt in den Eigentümlichkeiten des ungewöhnlichen Gesichtsfeldes des Pferdes). Sie testet endlich die Intelligenz von Pferden und nicht die unsere, und natürlich finden alle möglichen Annahmen den ihnen gebührenden Platz unter einem Grabstein. Ihre Arbeit stellt auch die Art und Weise unseres üblichen Umgangs mit Pferden in Frage und prüft, ob dieser nicht schon immer von Grund auf falsch war. Wenn Pferde tatsächlich »intelligent« sind, was ist dann mit der sterilen Umgebung, in der wir so viele zwingen zu leben? Die Verhaltensstereotypien, die sie entwickeln, um damit fertigzuwerden – Koppen, Weben, Passgang – sind als Untugenden bekannt, doch sie sind eher Anzeichen einer Sensibilität, die an den Rand der Neurose gedrängt wird.

Was *ist* eigentlich Intelligenz? Woran sollen wir sie erkennen?

Da ich ein Mensch bin, der davon besessen ist, alles, was ich weiß, hundertprozentig sicher zu verstehen, gebe ich nur zögerlich zu, dass Gewissheit bei anderen tiefes Misstrauen in mir weckt. Ich wüsste nicht, dass ich jemals Menschen begegnet bin, die sich ihres Wissens sicherer sind als Pferdeliebhaber. »Pferde mögen das«; »Ach, das ist ihm egal«; »Das können sie nicht«. »Wirklich?«, frage ich dann. »Woher wissen Sie das?« Und ich ernte verärgerte Blicke statt einer Antwort. Auch weiß es jede Gruppe von Pferdeliebhaber besser als alle anderen: Die »Saddlebred«-Fans blicken verächtlich auf das Rodeo mit seinen Buckelgurten und Elektroschockern, seinen gebrochenen Wirbelsäulen und gebrochenen Beinen herab; die Jagdreiter fühlen sich abgestoßen von den Barbareien an den Saddlebreds mit ihrer hohen Knieaktion und den häufig angewandten Methoden wie Klötze oder Ketten um die Fessel, die an den empfindlichen Kronenrand schlagen und die Pferde so zu dieser Gangart bringen; die Rodeoleute spucken aus, weil sie wissen, dass Springpferde mit Kokain gedopt und mit Plastikstücken unter den Gamaschen geritten werden; die Dressurreiter beurteilen alle anderen aus der erhabenen Höhe der ältesten und traditionsreichsten Schule der Reitkunst, während alle anderen ungläubige Blicke zurücksenden, angesichts des Verfahrens, ein Pferd mit allzu kurzen Ausbindezügeln »zusammenzureiten« – was immer daran altehrwürdig oder auch nur ehrenwert sein soll.

In meiner Nische der Pferdewelt war sich Dominique ihres Tuns ganz sicher; auch Edith war sich sicher, obwohl die beiden manchmal völlig verschiedene Wege beschritten, um dasselbe erklärte Ziel zu erreichen. Monica verfuhr immer weiter in derselben Weise, obwohl es nichts nützte. Und in mir stieg etwas auf, das der Verzweiflung bedenklich nahe kam.

Ich wollte den Umgang mit Pferden nicht völlig abbrechen, doch wenn die einzigen Bedingungen, unter denen der Kontakt möglich war, mir Alpträume bereiteten, dann wusste ich nicht, wie lange ich es noch fertigbringen würde, so weiterzumachen: einem bejahrten Pony die Seele aus dem Leib zu prügeln oder ständig auf dem Zirkel zu traben, um mein Gleichgewicht zu verbessern, ohne einen Gedanken daran, wie diese Übung auf das stumme Wesen unter mir wirkte.

Man kann über das Internet sagen, was man will; mir öffnete es dort eine Tür, wo ich schon fürchtete, nur auf Mauern zu stoßen. Und es öffnete mir einen Weg, tief ins Herz der Ungewissheit zu reisen.

Auf der Suche nach Organisationen, die sich das Wohl von Huftieren auf die Fahnen geschrieben haben, stieß ich auf eine, die ein Buch mit dem Titel *The Natural Horse* vom Jaime Jackson, einem Hufschmied, empfahl. Ich bestellte es, und auf seinen Seiten fand ich eine Landkarte zu den Orten, an denen ich mit Pferden sein wollte. Es war eine Bestätigung meines Verdachts, dass wir so laut und unablässig davon geredet haben, wie Pferde seien, dass wir das Geräusch ihrer eigenen, leise geschnauften Proteste erstickt haben. Hier war einer, der das Pferd mit offenen Augen und offenem Herzen betrachtete, und überdies einer, der bereit war, sich später in aller Öffentlichkeit mutig gegen die Jahrhunderte alte Tradition seines eigenen Gewerbes zu stellen. Er verkündete, dass das Beschlagen von Pferden (»Kein Huf, kein Pferd,« so lautet die zählebigste Binsenweisheit der Reiterwelt), selbst »richtig« durchgeführt, durchaus für die Lahmheit und darauf folgende Entsorgung unzähliger Pferde verantwortlich sein könnte. Auch er hatte sich von den Pferden selbst belehren lassen, diesmal von den Mustangs des Westens. Durch geduldiges Beobachten, wie das soziale Verhalten die Fortbewegung beeinflusst und wie die Fortbewegung den Huf formt, gelangte er zu einem Konzept, das Pferd wieder in den Gesundheitszustand zurückzuführen, den die Natur vorgesehen hatte. Ich schickte dem »Blasphemiker« sofort eine E-Mail. Er antwortete, und ich hatte zumindest einen Menschen gefunden, der meine Fragen nicht ärgerlich oder realitätsfremd fand. Er nannte mir die Namen mehrerer anderer Menschen, die ebenfalls Fragen statt Antworten hatten, und ich begann auch mit ihnen quer durch das ganze Land zu korrespondieren. Sie konzentrierten sich vor allem im Westen, wo seit einiger Zeit das Interesse an *Natural Horsemanship* boomte. Als Mensch, der stets lieber zu dem greift, was das Etikett »natürlich« trägt, als zu Produkten, aus deren Zutatenverzeichnis der Glaube an die Segnungen der Chemie spricht, beschloss ich, dorthin zu fahren. Mir dämmerte erst später, dass ich nach jemandem suchte, dessen Gewissheiten meine eigenen rechtfertigten. Und noch später erst, als ich über diese Erkenntnis zwanzig Meilen hinaus war, kam mir folgende Frage: Wenn meine Gewissheiten eine Rechtfertigung brauchten, was für Gewissheiten waren es dann überhaupt? Doch plötzlich war sie da, die ewige Lockung des Gurus, dessen Garantien so unerschütterlich schienen, dass der wahre Jünger durch sie übers Wasser gehen konnte und niemals wieder die schreckliche Pest von Fragen zu fürchten brauchte.

Ich wurde Zeugin des Folgenden: ein Springpferdtrainer, der ein Pferd mit voller Kraft endlos lange Minuten in die Rippen trat (*wumm wumm wumm wumm wumm*), sodass die dumpfen Schläge weithin zu hören waren, während das Pferd verdattert dastand, ohne zu wissen, warum; ein berühmter Western-Lehrgangsleiter vor einem vielköpfigen Publikum, dessen junges Demonstrationspferd an die Grenze seiner Aufnahmefähigkeit für die Lektion gestoßen war, der aber seinem Publikum unbedingt eine erfolgreiche Vorführung liefern wollte und dem Tier daher mehrmals in die Flanke stieß, bis es dem Zusammenbruch nahe erstarrte; eine Saddlebred-Trainerin, die liebenswürdig plauderte, während hinter ihr ein Pfleger ein Pferd in seine Box zurückführte und ihm sorgfältig Lederfesseln mit schweren Silberketten anlegte; eine andere Springpferdausbilderin, die mit dem Tempo unzufrieden war, in dem ihr neues Vollblut an der Longe über die Cavaletti ging und ihm unvermittelt die Longierpeitsche über Brust und Hals zog, sodass es einen verängstigten Satz rückwärts machte.

Jeder dieser Menschen hatte eine Schar Anhänger, die ihm dankbar zu Füßen saßen und die die Lektion in verzücktem Schweigen in sich aufsogen. Diese wiederum missionierten dann im Brustton der Überzeugung ihren eigenen jungen Kader, spendeten kostbares Wissen, wie man Pferde dazu bringt, das zu tun, was wir wollen. Ich suchte mittlerweile nach einem Lehrer, der mich über die Lehrer informierte, der mir die eigentliche Wahrheit erzählte. Ich war mir sicher, dass ich sie heraushören würde. Die Wahrheit hat doch immer diesen hellen Klang, nicht wahr?

In Colorado gelang es mir nicht ein einziges Mal, Wildpferde zu Gesicht zu bekommen, obwohl ich drei Tage lang in einem Mietwagen auf den Schlagloch übersähten Pisten durch das stets schrumpfende Staatsland kurvte, wo sie immer noch ein freies und ungebundenes Leben führen dürfen. Irgendwann genoss ich die Aussichtslosigkeit, mit der das Unterfangen geschlagen zu sein schien und die mich immer weiter in die Irre trieb; ich sprach wie verrückt in meinen Kassettenrekorder, während ich über die langen, einsamen Straßen raste, hin zu einem weiteren angeblichen Wildpferdegebiet, in dem ich ganz bestimmt nichts als leeren Raum zu sehen bekommen würde. Ich ließ langatmige Tiraden gegen die Jäger vom Stapel, die überall da waren, wo die Pferde hätten sein sollen, weil ich nicht wusste, dass die Saison gerade eröffnet worden war und dass auch der allerletzte Bewohner dieses Staates von einer schon patriotischen Leidenschaft ergriffen war, Kugeln in warmes Fleisch zu versenken.

Bei der Rückkehr in die Halle meines Motels nahm ich mir eine kostenlose Wochenzeitung mit und las mein Horoskop, immer auf der Suche nach Führung, sogar dort, wo sicher keine zu finden war. Bei einem Satz erstarrte ich plötzlich, sodass der Lift die Tür öffnete, dann keine Lust mehr hatte, auf mich zu warten, und sie wieder schloss: »Schütze: Diese Woche gehen Ihnen die Pferde durch.« Blieben sie deshalb meinen geöffneten, aber nicht sehenden Augen verborgen? Was mir aber am Tag darauf zu sehen gelang, war eine wirklich bemerkenswerte Demonstration kooperativen Lernens von Pferd und Mensch in der Person von Marty Martens und einem schwarzen Tennessee Walker namens »Shadrach«. Der Cowboy trug Lederchaps und einen breitkrempigen Stetsonhut, und das Pferd trug seinen Dressursattel. Wie das

Treffen ausging, war offen. Shadrachs Besitzerin wollte, dass Marten ihr Pferd mit Fußfesseln vertraut machte, wenn auch nur als geistige Übung; er war bereit dafür, so glaubte sie. Und tatsächlich, wenn es je ein Pferd war, dann Shadrach. Eine beträchtliche Intelligenz, so etwas wie feierlicher Ernst ging von ihm aus. Es wurde einem in seiner Gegenwart fast unheimlich zu Mute, als ob so etwas wie eine Person in ihm steckte, die einem zuhörte und einen nach einem noch höheren Verhaltensmaßstab beurteilte, als gewöhnliche Menschen ihn anlegen. Marten sprach ruhig, erklärte den wenigen Menschen, die außerhalb des runden Pferches standen, sein Vorgehen, doch er sprach nicht mit Shadrach. Statt dessen sagte sein Körper alles Nötige, und während der folgenden Stunde führten sie beide fortwährend einen stummen Dialog. Als Marten sich vornüber beugte und sich mit Shadrachs rechter Vorderfessel beschäftigte, lugte das Pferd über seinen Rücken, um zu sehen, was da vorging, woraufhin Marten ohne sich umzudrehen, rasch sein Halfter ergriff und seinen Kopf dahin zurückschob, wo er ihn haben wollte. Ein zweites Mal, und dann sah ich, wie sich die Rädchen in Shadrachs Gehirn bewegten: *Ah, ich verstehe. Ich soll nicht meine eigene Neugier befriedigen oder einen Blick drauf werfen oder ein kleines Nickerchen machen; wenn ich mein Sattelzeug trage und etwas an mir gerichtet wird, soll ich aufmerksam dastehen. Okay.*

Was exakt das war, was Marten erklärte: Ein Pferd weiß nicht, dass der Unterricht um halb vier, wenn Sie aufsitzen, beginnt und dass die fünfundvierzig Minuten Putzen und Aufzäumen davor nicht dazu gehörten. Im Gegenteil, so betonte Marten, alles, was von dem Augenblick an, da Sie sich Ihrem Pferd nähern, auf dem Boden geschieht, gehört zur Lektion, die dann nahtlos ins Reiten übergeht. Das wirklich Wichtige geschieht vor dem eigentlichen Reiten. Außerdem ist es im höchsten Maße unfair, einem Pferd alle Entscheidungen zu überlassen, während der Mensch sich auf dem

Boden aufhält, und dann von ihm zu erwarten, dass es irgendwie weiß, dass sich die Regeln ändern, nur weil ein Fuß im Steigbügel steckt.

Die ganze Stunde lang arbeitete Marten geduldig, ließ zu, dass Shadrach gegen den Druck des Seils an seinen Füßen anging und selbst entdeckte, wie er sich bewegen musste, damit dieser nachließ. Das Räderwerk in seinem Gehirn arbeitete jetzt immer schneller (man konnte es förmlich sehen, genau wie man es bei einem Kind sehen kann, das etwas dreht und wendet; schließlich flammt unverkennbar Triumph in den Augen auf, wenn sich das Objekt glatt einfügt.) Das Ganze dauerte genauso lange, wie es eben brauchte; das war eindeutig Martens Methode. Obendrauf setzte er noch beharrliche Konsequenz. Es schien bemerkenswert einfach. Doch die beiden waren nicht weniger als der Ausdruck einer regelrechten Philosophie des respektvollen Umgangs mit Wesen, die der eigenen Sprache unkundig sind, unter anderem Kinder, Fremde und Angehörige anderer Spezies. Als ich so unter der kräftigen Oktobersonne dasaß, war mir plötzlich nach Lachen zu Mute, vor lauter Freude.

Als Shadrachs Aufnahmefähigkeit für diesen Tag erschöpft war, erkannte Marten dies und beendete die Lektion. Shadrachs Besitzerin kam zu mir herüber, setzte sich und sagte mit einem wissenden Lächeln auf den Lippen: »Na, haben Sie Ihre Meinung geändert?«

Auf dem Festplatz von Mesa County feierten Leere und Staub. Ich fuhr auf das Gelände, parkte meinen Wagen unter einem der drei Bäume in diesem Teil von Westcolorado und machte mich auf die Suche, wonach, wusste ich nicht genau.

Mir war zu Ohren gekommen, dass hier eine Graue Eminenz der Trainerwelt mit einigen seiner Schüler zu finden sein könnte. Zunächst einmal fand ich zwei Mädchen, die im Staub saßen und gebackenes Hühnchen aus Styroporschalen aßen, neben sich einen Hund, der ein Nickerchen machte. Als ich ihnen erzählte, dass ich etwas über die verschiedenen Methoden der Ausbildung von Pferden erfahren wollte, legten beide zugleich wie aus der Pistole geschossen los. »Also, wenn Sie etwas über Pferde lernen wollen, dann unbedingt von Roy Yates. Alle anderen können Sie vergessen. Die sind entweder Schwindler oder Betrüger und können nicht mal reiten. Roy sagt, dass sie *Angst* haben vorm Reiten; ist Ihnen schon aufgefallen, dass keiner von ihnen jemals auf ein Pferd steigt, dass sie es nur bis zum Satteln bringen, und das war's dann? Roy ist wirklich ein Reiter, und seine Methode leistet wirklich ganze Arbeit. Deshalb sind wir hier, deshalb würden wir ihm überall hin folgen. Wir verbringen Monate hier, acht Stunden täglich, und wir kommen immer wieder.«

In diesem Augenblick fuhr ein Pickup heran, und die Mädchen klopften den Staub aus den Sitzflächen ihrer Hosen, als eine große silberne Gürtelschnalle an einem schlanken, weißhaarigen Mann dem Kleinlaster entstieg. Im Nu war er umrundet von lachenden Schülerinnen, die aus dem Nichts aufgetaucht waren; ich hatte geglaubt, die langen Stallgebäude seien leer, doch jetzt sah ich, dass eines halb voll mit Pferden stand. Es war, als ob dieser Mann die Macht hatte, Wesen erscheinen zu lassen.

Ich stellte mich vor und fragte, ob ich einen Nachmittag lang zuschauen dürfe. »Natürlich, solange Sie sich nicht alle meine Tricks aufschreiben und dann als Buch veröffentlichen wie diese andere Frau, die das, was ich ihr erzählt habe, zu Geld gemacht hat, obwohl doch ich ein Buch hätte schreiben sollen.«

Im Gehen fragte er mich, was ich über das Reiten wüsste, und ich erzählte ihm, was meine Dressurlehrerin mir beigebracht hatte. Ob sie immer mit Sporen und zwei Gerten ritte? fragte er mich mit eindeutig hochgezogener Augenbraue. »Hat Sie Ihnen je erklärt, warum es in der Dressur so viele

›ewige Anfänger‹ gibt, Leute, die noch nach jahrelangem Unterricht keinen Galopp hinkriegen, geschweige denn eine Piaffe oder Passage?« In geziertem Ton machte er eine Damenreiterin nach, die ihrem Stolz darüber Ausdruck gab, dass sie endlich zu traben gelernt hatte, und schnaubte dann verächtlich. »Schauen Sie sich das an«, sagte er und forderte einige seiner Schülerinnen auf, ihre Pferde für die Nachmittagsarbeit fertig zu machen.

Ich setzte mich auf die Tribüne und sah zu, wie Roy Schenkelweichen, Schulterherein und die langsamste Galopppirouette vollführte, die ich je gesehen hatte, hin und wieder sein Pferd halten ließ, um einer Schülerin die nächste Aufgabe zu geben. Seine Assistentin, eine junge Frau von vielleicht Mitte Zwanzig, ritt mit völlig unsichtbaren Hilfen, fast lockeren Zügeln, und ihr Pferd ging so leicht und versammelt und aufgerichtet wie Blütenblätter, die auf Wasser schwimmen. Die letzten Überreste meines früheren und ignoranten Snobismus, das Westernreiten sei eigentlich überhaupt kein Reiten, lösten sich an diesem Punkt auf; Dominiques Pferd wirkte im Vergleich dazu wie ein Schwimmer, der stets kurz vor dem Ertrinken war. Unterdessen versammelten sich andere Schülerinnen um mich und stimmten einen Chor von »Roy sagt dies« und »Roy sagt das« an.

Im Stall zeigte man mir ein dreijähriges ungarisches Warmblut, das vor kurzem zwei Leute ins Krankenhaus gebracht hatte, darunter eine Grand-Prix-Dressurreiterin, die eine gebrochene Hüfte davongetragen hatte. Das Pferd galt als zu nichts anderem mehr nütze als zum Leimkochen, doch vorläufig hatte das Schicksal eingegriffen und es hierher geschickt. Als Erstes warf es den Meistertrainerschüler Rick ab, der in einem nahe gelegenen Motel wohnte, um zusammen mit seiner Frau die gemeinsame Ausbildung bei Roy Yates fortzusetzen. Also mussten sie bei diesem Pferd zu »harten Bandagen« greifen. Dazu gehörte, es umzuwerfen – sie banden ihm drei

Beine zusammen und schubsten es, bis es sanft auf den Boden kippte (»Aber nicht so wie im Film«). Man sagte mir, dass dies auf das Pferd wie ein Medikament wirke und dass es sich nach dem dritten oder vierten Mal im Staub mit reinem Frieden in den Augen erhebe. Roy tritt dafür ein, alle Pferde zu legen, wie man mir erklärte, damit sie lernen, im Falle eines Falles nicht hysterisch zu werden, im Stacheldraht um sich zu schlagen oder hastig aufzuspringen, wenn die Füße des Reiters noch im Sattelzeug verheddert sind. Jetzt spielte das türkisäugige Mädchen aus Kanada, die Vielseitigkeitsreiterin werden will, mit dem Gedanken, das Warmblut zu kaufen.

An diesem Abend in meinem Motelzimmer, bei Popcorn aus der Halle zum Abendessen, weil ich in dem Bergstädtchen eingetroffen war, als alle Restaurants schon geschlossen hatten, begann das Stimmengewirr von Yates' stimmgewaltigen Schülerinnen in meinen Ohren zu verhallen. Vor meinem inneren Auge rollte ein Stummfilm aus Bildern ab: der Fanatismus seiner Anhängerschaft, das allzu wissende Lächeln, das er aufsetzte, als er allen anderen gegenwärtig lebenden Trainern auf den Zahn fühlte, die scheinbar unerklärliche Arbeit im runden Pferch mit einem Stutfohlen, das ein Bosal trug und in regelmäßigen Abständen durch wiederholtes schnelles Zurückreißen am Nasenriemen so jäh in seiner Vorwärtsbewegung unterbrochen wurde, dass es mehrere Schritte zurückwich, dabei den Kopf hochwarf und das Weiße in seinen Augen als zunehmender Halbmond sichtbar wurde. Vor allem aber die Gewissheit, die absolute Gewissheit, die wie eine Gewitterwolke über dieser Ecke des Festplatzes hing.

Je länger ich suche, dachte ich, während ich mir mit einem Waschlappen Salz und Fett von den Händen rieb, desto weiter entferne ich mich von der Gewissheit. Es gibt zwei Möglichkeiten, und ich habe noch nicht herausgefunden, welche die richtige ist. Entweder ist Verwirrung die höchste Form der

Antwort, und diese Leute, die Roy Yates und Genossen zu Füßen liegen und glauben, die Erleuchtung erlangt zu haben, haben das Denken eingestellt. Oder er ist Gottvater. Und ich bin zu verwirrt, um das zu erkennen.

Volte rechts

———◄o►———

24 Es sieht nur aus wie ein in seiner Einfachheit schönes schwarzes gusseisernes Standbild eines Pferdes, möglicherweise Man O'War, auf meinem Kaminsims. Doch in Wirklichkeit ist es ein geheimer Talisman, der im Dienst einer uralten Hoffnung steht. Es ist eine Leihgabe meiner Freundin und Nachbarin, die es als Unterpfand dafür erhielt, dass sie eines Tages die Pferde besitzen würde, nach denen sie sich so sehr sehnte; es wirkte, wie man sich das bei jedem Versprechen wünscht. Wenn es auch bei mir wirken sollte, würde die Sehnsucht, die immer den höchsten Punkt an meinem Horizont markierte, sich plötzlich eines Tages in weites, ebenes Land auflösen, in dem Augenblick, da der Hänger in die Auffahrt einböge. An seine Stelle träten die Pferde (niemals eines allein; wie könnte man den Anblick eines einsamen Herdentieres ertragen?), die ich von meinem Fenster aus heimlich bei ihrem Tun und Treiben beobachten könnte. Ich male mir aus, wie sie mir durch die tiefen Schatten des steilen, steinigen Waldstücks hinterher klettern, ein kleines gemeinsames Abenteuer auf unserem Weg zur Hochweide, wo sie wahrscheinlich keine Notiz von der großartigen Aussicht über das hingebreitete, schimmernde Tal nehmen würden, das die Berge teilt. Doch ich wäre glücklich zu wissen, dass sie da sind, an einem Ort, der mir wie die Krönung der ganzen grünen Welt vorkommt.

Vielleicht würde ich beschließen, sie niemals zu reiten, aus Achtung der lang vergessenen Tatsache, dass sie nicht zum Gerittenwerden geschaffen wurden, genauso wenig wie ich dazu geschaffen wurde, beispielsweise endlos auf einem Bein zu stehen, nur weil mein Körper dazu im Stande wäre. Oder vielleicht würde ich tagelang dasitzen und ihnen zuschauen, versehen mit einem Notizbuch und Proviant, um auf einer Bergweide zu übernachten, während ich beobachte, wie und wohin sie sich bewegen, wann sie grasen, und wie lange sie wie angewurzelt still stehen, um auf das Rascheln von Koyoten, Rehen oder wilden Truthähnen zu lauschen, die durchs Gebüsch huschen. Nur weil es mir gefiele, würde ich lange Minuten in der Nähe ihrer grasenden Köpfe sitzen, verloren in der zeitlosen, rhythmischen Musik, die sie mit Gras, Boden und Zähnen als Instrumenten erzeugen, mit dem Bassecho, das die feste Erde von sich gibt, wenn sie das Gras von ihrer Oberfläche reißen und große, jedoch unglaublich feinfühlige Greiflippen schmackhafte Kräuter gezielt von den ungenießbaren scheiden.

Ich könnte aber auch beschließen, sie nur so zum Spaß auf ein kleines, ländliches Turnier mitzunehmen, auf dem ich meine erste Dressurprüfung ritte, zweifelsohne sehr schlecht, wo ich mir jedoch den ansteckenden Gedanken einfangen würde, dass wir mit ein wenig mehr Fleiß, ein wenig mehr Ehrgeiz vielleicht zunehmend Geschmack an den süchtig machenden Freuden der Arbeit fänden. Nach und nach würden wir merken, wie es ist, sich als Einheit zu bewegen, dann zu verschmelzen und uns mit der ganzen Kraft und Grazie eines Fabeltieres über die Erde zu erheben.

Am Tag ihrer Ankunft wird die Sehnsucht endlich Vergangenheit sein, die mich jetzt schneller durch meine Träume schleppt, als ich vorwärts will, und meine Füße unter den Bettlaken zucken lässt, während ich versuche, den Umrissen wehender Schweife und synkopisch trommelnder Hufe zu folgen, die bereits zum Horizont hin entschwinden, den ich niemals zu erreichen vermag.

Als ich noch ein kleines Kind war, spann ich mir aus meinem übermächtigen Selbstmitleid und der Überzeugung, dass ich für meine Qualen niemals gebührend entschädigt wurde, eine langatmig lockende Phantasie: Eines Tages würden Wissenschaftler zu ihrem verblüfften und medienwirksamen Erstaunen herausfinden, dass mein Nervenkostüm doppelt so sensibel war wie das aller anderen Menschen und ich daher Schmerzen erdulden musste, die jeden anderen umgebracht hätten. *Dann* würde ich sowohl für meine Tapferkeit gepriesen als auch in meinem Leid getröstet werden.

Schon die Idee, meinen Namen mit dem Begriff »Tapferkeit« in Verbindung zu bringen, kommt mir heute symptomatisch vor. Weniger für die normale Hybris einer Sechsjährigen, als vielmehr für eine derart schwere Fehlkalkulation, dass sie gänzlich am Kern der Sache vorbeigeht, nämlich meiner Persönlichkeit. Und die ist ein Feigling, ein rettungsloser. Der Gedanke an das Elend, das in eben diesem Augenblick erduldet wird, ist eine Qual für mich, war es immer, wie sehr ich mich auch bemühe, ihn durch stumme Strafpredigten, Selbstgeißelung, Desensibilisierungsprogramme oder einen gelegentlichen doppelten Bourbon auszurotten. Ich kann den heißen Atem des Wahnsinns an meiner Wange spüren, wenn ich auch nur für einen Moment innehalte, weil mein Geist dann sofort zu den Hochglanzfarbfotos zurückfliegt, die die zahllosen Qualen der Vernunftlosen durch die Hände der Gedankenlosen festhalten. Andere amüsieren sich darüber, wenn eine weibliche Figur in einem Film aus dem vergangenen Jahrzehnt Sitzung um Sitzung bei ihrem Therapeuten über den Müll nachgrübelt, der in großen Frachtern über die Ozeane geschippert werden muss, weil ihn niemand haben will. Ich fühlte dagegen tief in mir ein jähes Wiedererkennen. Wie soll man auch schlafen können, wenn alles immer so weitergeht?

Ich sage, dass es immer schon so war, doch es gibt die Möglichkeit, dass es noch schlimmer wird. Ich sah genau, wie weit es mit mir gekommen war, als ich mir neulich, als reife Erwachsene, ein Kindervideo von *Black Beauty* anschaute. An der Stelle, wo »Black« und seine dem Untergang geweihte Gefährtin Ginger auf ein nobles Anwesen gekommen sind und eine Dame dem Fahrer dringend ans Herz legt, den Aufsatzzügel, der die Köpfe der Pferde in modische Höhe zwingt, nicht noch enger zu schnallen, konnte ich es nicht länger ertragen, auf diesem dahinrasenden Güterzug der Erzählung zu bleiben, der mit Volldampf in den Untergang brauste, ohne dass ich eine Chance gehabt hätte, meine Hand an die Bremse zu legen. Anna Sewells Geschichte vermag die ihr eigene Wirkung – auf mich, auf Millionen kindischer Genossinnen – nur auf Grund eines einzigen literarischen Mittels zu entfalten: der ersten Person. Und dass ich plötzlich die Stimmlosen sprechen höre, lässt mich in Schweiß ausbrechen und mich erbeben, lässt die Panik anschwellen, bis ich, um mich zu retten (weil ich nichts tun kann, um sie zu retten), ausschalten muss.

Freud beschrieb meine Wenigkeit ungewöhnlich treffend, als er über Kinder sagte: »Es [das Kind] gesteht dem Tiere ohne Bedenken die volle Ebenbürtigkeit zu; im ungehemmten Bekennen zu seinen Bedürfnissen fühlt es sich wohl dem Tiere verwandter als dem ihm wahrscheinlich rätselhaften Erwachsenen.« Meine Eltern verkörpern nichts weniger als die Gesellschaft, in der ich lebe, selbst wenn sie sich aus meinen Altersgenossen zusammensetzt. Sie sind in allem so weit von mir entfernt wie die Erwachsenen, als ich vier war. Sehen Sie mich *Die Farm der Tiere* lesen, und sehen Sie mich außer Stande (mich, die ich einen Magister in Literatur an einer guten Universität gemacht habe), es als Parabel oder Fabel, wie Orwell selbst sein Werk genannt hat, und nicht als ein aufrüttelndes Manifest zu lesen – okay, zumindest den Anfang. Ich stehe mit den Tieren auf, um aus vollem Herzen »Tiere von England« zu singen; ich erschauere bei den Reden, in denen sie den Menschen für den erbarmungslosen Raub ihrer Arbeit und ihres Lebens anprangern. Und wenn das Arbeitspferd »Boxer« – dessen wiederholtes »Ich will noch härter arbeiten« angesichts seiner Ausbeutung durch zynische Betrüger mir das Herz bricht – den Märtyrertod stirbt, betrogen bis zum Letzten, sehen Sie mich tatsächlich weinen. Auf der Stelle. Gibt es noch einen Platz für meinesgleichen?

Vielleicht einen, wenn ich bereit bin, mich auf das von den »Leute heute«-Seiten der Zeitungen kolonisierte Territorium zu wagen, Orte, die so kurios sind, dass sie nur als unterhaltsame Zwischenspiele in der Realität gelten können. Ein solches Ausrufungszeichen von einem Ort liegt auf halbem Wege um die Welt, in der Wüste von Rajastan im Nordwesten Indiens und ist die Heimat der Bishnois, eines Volkes, für das Tiere und Bäume nicht weniger Bedeutung haben als alle anderen Wesen. Ihre Geschichte kennt legendäre Episoden wie die Selbstopferung Hunderter Dorfbewohner, die ihre hölzernen Freunde vor Holzfällern bewahren wollten, oder die Frau, deren häufig nachgedrucktes altes Foto sie beim Stillen eines verwaisten Rehs zeigt. Dass bei ihnen der normale Gang der

Dinge auf den Kopf gestellt ist, dass sie, wie sie sagen, jedem nachstellen und ihn verprügeln, der versucht, den Tieren nachzustellen, mit denen sie ihren Angaben zufolge in uneingeschränktem wechselseitigen Vertrauen zusammenleben, stimmt mich überaus fröhlich. Das einzige Mal, dass ich in letzter Zeit etwas gelesen habe, das mich ähnlich aufmunterte, war die folgende Episode während der Dreharbeiten zu einem neueren, sehr erfolgreichen Kinofilm, in dem Pferde mitspielten: Das Makeup, mit dem den Pferden Wunden aufgeschminkt wurden, wurde zuvor sorgfältig auf menschlicher Haut getestet.

So bleibe ich für immer mit dem Kind verbunden, das ich war. Der Augenblick, in dem ich zum ersten Mal Liebe spürte, ist bewahrt in dem Schmerz der Erkenntnis, dass sie auch einen Verlust voraussetzt. Sonst könnte sie nicht so wichtig sein, dass man alles, wirklich alles dafür geben würde. Das Geschöpf, zu dem ich geworden bin, ist enthalten in dem Geschöpf, das ich war, und ein doppelter Strang der Sehnsucht hat sich zu einem einzigen verflochten. Denn das Pferd ist nichts anderes als der Inbegriff des Begehrens, das Versprechen der Sattheit für die unaufhörlich Hungernden. Es ist der Gipfelpunkt unserer Träume, stolz und edel, weil wir keine Worte haben, mit denen wir das Begehren benennen könnten. Und es ist da, wenn wir erwachen, direkt vor unseren Fingerspitzen und ihrem Hunger nach genau diesem Gefühl und keinem anderen.

Immer ist es da. Stets als das Andere, immer als das entschieden Nichtzurückführbare; da und doch nicht da. So verkörpert es von Natur aus ein Rätsel; und wen würde ein Rätsel nicht reizen? Ich habe Sie sicherlich vor eines gestellt. Ich habe es eigentlich nie zu fassen gekriegt: der Ruf des Eros, Kind-Ersatz, Machtwerkzeug, Lebensgefährte. (Stalltratsch, Allerweltssorte: »Ja, sie hat sich 'ne dicke Lippe geholt, als sie ihm einen Weihnachtskuss geben wollte – er hat ihr eine gescheuert.«) All dies und auch wieder nichts davon. Es erging mir wie einem Kind am Strand, das zu nah am Wasser ein Loch buddelt, sodass sich mit jeder Schaufel Sand, die es herausholt, das Loch sogleich wieder füllt.

Doch wie Sie wissen, sind die wahrsten, verlockendsten Rätsel gerade die, die niemals gelöst, niemals ganz zur letzten Ruhe gebettet werden. Sie leben für immer weiter, belebt von der Reibungsenergie der Paradoxa, die sie umschließen. Und von den großen, unermeßlichen Träumen, die sie Wirklichkeit werden lassen. Denn der Mensch, verbündet mit dem Pferd, ist der Löwe, der zusammen mit dem Lamm lagert, das wildeste Raubtier, das sanft wird in Gesellschaft der Pflanzen fressenden Beute, die keine Angst mehr hat. Die Frau mit dem Pferd ist die Vollendung des Mädchens mit der Sehnsucht nach dem Pferd, eine Volte zurück in die Vergangenheit durch das Insichaufnehmen der Gegenwart.

Das Bild trägt den Titel *Hoffnung* – sentimental, gewiss, aber zutreffend. Darauf dreht das große, braune Pferd den Kopf, um den Menschen anzublicken, dessen Hand auf seinem Rücken ruht. Ihre Augen begegnen sich und ruhen ineinander. Es ist unvollendet. Ein bisschen vage und unergründlich. Doch ich möchte eine Vermutung über die künstlerische Absicht hinter dem Bild wagen. Es geht sowohl um Vergangenheit als auch Zukunft, um das, was war und was sein könnte. Und um das Verringern von Distanz. Es scheint zu sagen: Das Pferd wird für uns sprechen, gerade weil es keine Stimme hat. Im Gegenzug müssen wir für das Pferd beten.

Dank

Dieses Buch mag keinen großen Umfang haben, doch die Hilfe, die mir während der Jahre, in denen ich daran arbeitete, zuteil wurde, war umfangreich. Viele Menschen schenkten mir großzügig ihre Zeit, ihre Geschichten, ihre Vorschläge, ihre Begeisterung. Mein Dank gilt Susan Kessler, Laura Yorke, Mary Johnson, Joan Bishop, Susan Wagner von *Equine Advocates*, Robin Duxbury von *Project Equus*, Marion Kasselle, Melanie Southard, Peter Dervis, Gypsy da Silva, Bridget de Sosio, Peggy Jett Pittenger, Janet Biggs, Wendy Klemperer, Linda Yablonsky, Patty Cronin, Annie Ellicott, Diana Coe, Peggy Whitfield, Stacie Lorenson, Judy Spillman, Jeanne Rejaunier, Virginia Ebey, Michelle Draghetti, Cheryl Hibbard, Christine Cole, Lynn Auld, Kerri Glynn, Deanne Prusak, Donna Fay Matern, Vourneen Pettigrew, Sarah Moore, Hillary Davis, Sally Rowley-Williams, Sara Smyth, Catherine Klein, Katherine Russell, Pamela Lavin, Debbie Hanzlik, Jeanette Lundgren, Mary Trager, Cynthia Reed, Mary Cochran und Jean Craig Smith. Besonders dankbar bin ich der ganzen Familie des Vassar College, von der einige Personen hier genannt sind und andere nicht (was ausschließlich auf lückenhafte Aufzeichnungen zurückzuführen ist). David Frost, Forschungsfreiwilliger, verdient eine Siegerschleife. Mein inniger Dank geht an Rina Deych.

Randlett Walster hat mich viel gelehrt – nicht nur über Pferde, sondern auch über Tapferkeit, Takt und Liebe.

Linda Krause gibt mir nach wie vor, mit Mitgefühl und Verständnis, was ich brauche, um weiterzumachen.

Amy Cherry von Norton hat sich wiederum als eine Lektorin erwiesen, wie sie sich alle Autoren erhoffen, aber nur selten bekommen.

Und Luc Sante ist wie stets, mein Ein und Alles.

Schließlich ist den Pferden selbst – denen, die den Lauf der menschlichen Geschichte geändert haben, denen, die persönliche Schicksale verändert haben, denen, die ich geritten und gekannt habe – dieses Buch gewidmet.

Literatur

Ich habe einiges von dem beschrieben, was wir den Tieren antun, die wir doch als unsere Schützlinge betrachten; die komplexe Psychologie unserer einschlägigen Fähigkeiten erklären die Werke der Schweizer Psychoanalytikerin Alice Miller (obwohl sie seither ihren Beruf aufgegeben hat), insbesondere *Das Drama des begabten Kindes, Das verbannte Wissen* und *Am Anfang war Erziehung*.

Jaime Jacksons *The Natural Horse: Foundations for Natural Horsemanship* liefert die theoretische und philosophische Grundlage für einen Umgang mit dem Pferd in dem Respekt, den es verdient. Das Mitteilungsblatt *The Hoof Care Advisor* setzt vieles davon in die Praxis um, indem es eine neue, faszinierende Entwicklung propagiert, die in Wirklichkeit alt ist: den Pferdehuf in seinen natürlichen, eisenlosen Zustand zurückzuversetzen und dadurch viele der Krankheiten, die heute als unheilbar gelten, zu verhindern oder zu heilen (Star Ridge Publishing, P.O. Box 2181, Harrison, AR 72601; Tel. 1 800 499 5606).

Problem Solving ist Marty Martens überaus einfühlsames und pferdefreundliches Buch, das auf einer soliden Grundlage in der Bodenarbeit mit Pferden beruht.

Die monatlich erscheinende Zeitschrift, die ich nicht missen möchte, heißt *The Trail Less Traveled*, ein Universalleitfaden für den angehenden Reiter, der ein Feind überkommenen Wissens ist (Winsor Publishing, 720 Front Street. Louisville, CO, Tel. 800 271 805, www.ttlt.com).

Informationen über Premarin erhält man aus zahlreichen Quellen, darunter dem *Physicians Committee for Responsible Medicine* (5100 Wisconsin Avenue, N.W., Suite 404, Washington, D.C. 20016, www.pcrm.org), *People for the Ethical Treatment of Animals* (501 Front Street, Norfolk, VA 23510, www.peta.com) und *Equine Advocates* (P.O. Box 670217, Flushing, NY, Tel. 113670217, www.equineadvocates.com). Die faszinierenden politischen und wirschaftlichen Verflechtungen im Zusammenhang mit der Hormonsubstitutionstherapie beschreibt detailliert Sandra Coney in: *The Menopause Industry: How the Medical Establishment Exploits Women*. Wenn Sie mehr über Alternativen zu Premarin wissen wollen, lesen Sie: *Iss dich fit* von Neal Barnard, *Wechseljahre: der andere Weg* von Linda Ojeda und *Das Hormonbuch. Was Frauen in den Wechseljahren wissen sollten* von Susan Love.

»Welches Pferd könnte auch nur von einer Stadt träumen, geschweige denn in einer leben?« Dies ist nur eine der schmerzhaft unbeantwortbaren Fragen der Hauptfigur, eines Pferdes, in John Hawkes' *Sweet William: A Memoir of Old Horse*, eine Art moderner *Black Beauty*. Es ist durchaus lesenswert, aber seien Sie gewarnt: Es geht zu Herzen.

Erika Riemann

Die Schleife an Stalins Bart

*Ein Mädchenstreich,
acht Jahre Haft und die Zeit danach*

Acht Jahre, von 1946–1954, musste Erika Riemann hinter bewachten Mauern verbringen, weil sie als vierzehnjähriges Mädchen ein Stalinbild mit ihrem Lippenstift bemalt hatte. Erst heute hat sie die Sprache gefunden, um über ihre gestohlene Jugend zu berichten – und über die Zeit danach, die allmähliche Befreiung aus ihren inneren Mauern. Ein erschütternder Lebensbericht aus der jüngsten deutschen Vergangenheit.

256 Seiten, gebunden

**HOFFMANN
UND CAMPE**
www.hoffmann-und-campe.de